KAMIL GLIK

Liczy się charakter

CW01667440

Autoryzowana biografia

KAMIL GLIK

Liczy się charakter

Michał Zichlarz

Kraków 2016

Kamil Glik. Liczy się charakter

wsqn.pl www
WydawnictwoSQN
wydawnictwosqn
SQNPublishing
wydawnictwosqn
WydawnictwoSQN
Sprzedaż internetowa labotiga.pl
E-booki
Zrównoważona gospodarka leśna
Tempora mutantur 226

Copyright © Kamil Glik 2016
Copyright © Michał Zichlarz 2016
Copyright © for the Polish edition by Wydawnictwo SQN 2016

Redakcja – Joanna Mika
Korekta – Piotr Królak
Projekt typograficzny i skład – Joanna Pelc
Okładka – Paweł Szczepanik / BookOne.pl
Fotografia na I stronie okładki – Łukasz Grochala
Fotografia na IV stronie okładki – Katarzyna Plewczyńska/fotostyk.pl
Fotografia na stronach tytułowych wewnątrz książki – Łukasz Grochala

All rights reserved. Wszelkie prawa zastrzeżone.
Książka ani żadna jej część nie może być przedrukowywana ani w jakikolwiek inny sposób reprodukowana czy powielana mechanicznie, fotooptycznie, zapisywana elektronicznie lub magnetycznie, ani odczytywana w środkach publicznego przekazu bez pisemnej zgody wydawcy.

SQN
WYDAWNICTWO SINE QUA NON

Wydanie I, Kraków 2016
ISBN: 978-83-7924-674-8

WSTĘP

Pierwszy raz zwróciłem uwagę na Kamila, kiedy miał 15 lat. I wcale nie chodziło o boisko, choć już wtedy z powodzeniem dawał sobie radę na murawie. Wodzisławska Szkoła Piłkarska wybierała się akurat na kilkudniowy obóz na Węgry. Oprócz meczów sparingowych przewidziany był także wyjazd na spotkanie międzynarodowe. Węgrzy i Polacy kończyli wtedy kolejne nieudane dla siebie eliminacje. Chodziło o Euro 2004. Mecz na budapeszteńskim Nepstadionie czy, już wtedy, na stadionie imienia Ferenca Puskása, był pierwszym zetknięciem Kamila z mistrzostwami Europy. Nie mógł pewnie wówczas przypuszczać, że kiedyś samemu wystąpi na tej wielkiej imprezie.

Gdy w październiku 2003 roku wchodziłem do autobusu wiozącego nas z Wodzisławia do Kecskemét, zwróciłem uwagę na zachowanie wysokiego blondyna. Siedział akurat za mną i troskliwie opiekował się swoim młodszym o sześć lat bratem. Kamil, jak mówi jego mama, od wczesnego dzieciństwa zajmował się młodszym rodzeństwem, które ubierał i zaprowadzał do przedszkola.

Na jastrzębskim osiedlu Przyjaźń przyszły kapitan Torino FC szybko musiał dorosnąć. Po części zmusiła go do tego trudna sytuacja w domu. Pomogło mu to potem w podejmowaniu ważnych życiowych decyzji, jak choćby o wyjeździe do Hiszpanii w wieku ledwie 17 lat.

Niniejsza książka to historia o tym, jak mimo wielu przeciwności, kłopotów, krytyki czy niepowodzeń można osiągnąć sukces i zrealizować swoje marzenia: zostać zawodowym piłkarzem, grać w słynnym klubie, zadebiutować w reprezentacji Polski, awansować z nią do wielkiej międzynarodowej imprezy i zostać kapitanem szanowanego zespołu.

Kamil ma niemieckie pochodzenie. Jego pradziadek Paweł Glück był sołtysem w niewielkiej wsi na Opolszczyźnie o nazwie Siedlec. I choć „Glück" po niemiecku oznacza „szczęście", Kamil do wszystkiego doszedł dzięki ciężkiej pracy, poświęceniu i szalonej ambicji. Bez tej determinacji i wytrwałości nie znalazłby się w miejscu, w którym jest teraz – nie byłby kapitanem Torino FC i jednym z liderów reprezentacji Polski.

Ta książka opowiada także o tym, że nie ma cudownego środka, który sprawi, że jeden czy drugi młody zawodnik zostanie w przyszłości znakomitym piłkarzem. Kamil nie był ani najbardziej utalentowany, ani najbardziej błyskotliwy. Do wszystkiego doszedł mozolną, codzienną harówką. Nie załamało go roczne zawieszenie przez Śląski Związek Piłki Nożnej, dwa kolejne spadki, najpierw z Piastem, a zaraz potem z włoskim Bari, czy fala internetowego hejtu oraz ostrej, a często chamskiej krytyki futbolowych ekspertów. Robił swoje, a teraz zbiera owoce tej pracy. Euro 2016 to dobre podsumowanie tej długiej wędrówki.

W biografii Glika nie ma analizy jego poszczególnych meczów czy sezonów. Chodziło raczej o pokazanie drogi, która sprawiła, że jest teraz w tym konkretnym miejscu.

Książka podzielona jest na trzy części. Pierwsza to początek przygody Kamila z piłką w rodzinnym Jastrzębiu-Zdroju, a potem w Wodzisławskiej Szkole Piłkarskiej. Nie brak w niej wątków dramatycznych – jako maluch Kamil przebył sepsę i zapalenie opon mózgowych, najbliżsi drżeli o jego życie. W tej części znalazło się też kilka podrozdziałów poświęconych wyjazdowi i grze w Hiszpanii, w czwartoligowej UD Horadada, a potem w trzecim zespole Realu Madryt. Materiałowo jest najobszerniejsza.

Kolejna część poświęcona jest Włochom. Początkowo Kamil grał tam w Palermo, później w Bari, a od pięciu lat jest podporą Torino FC. Będąc na miejscu, w Turynie, mogłem się przekonać, jak bardzo jest tam szanowany i jak wielką cieszy się popularnością. Polskiego piłkarza już porównuje się do największych gwiazd Torino FC, klubu z wielką, wspaniałą, ale też tragiczną przeszłością.

Trzecia część dotyczy reprezentacji, z którą Kamil ma zagrać na mistrzostwach Europy we Francji. Nie udało mu się cztery lata temu, kiedy w ostatniej chwili pominął go Franciszek Smuda, uda się za to teraz. Niewielu wie, że Kamil mógł pójść drogą Lukasa Podolskiego czy Miroslava Klose (z którym zresztą utrzymuje dobry kontakt), gdyż jako 16-latek pojechał z kadrą Brandenburgii na kilkunastodniowe zgrupowanie. Na szczęście wszystko potoczyło się inaczej. Zresztą zawsze myślał tylko o jednej reprezentacji.

W kadrze juniorów i młodzieżowej przebijał się powoli, czy raczej, jak mówi trener Andrzej Zamilski, dosyć opornie, „bo techniką nie grzeszył". W pierwszej reprezentacji też mozolnie budował swoją pozycję. Jeszcze niedawno był pod ostrzałem krytyki, wieszano na nim przysłowiowe psy. W eliminacjach Euro 2016 należał jednak do najlepszych. Został zresztą wyróżniony przez UEFA.

Książka oparta jest w równej mierze na wypowiedziach samego Kamila co na relacjach osób, które towarzyszyły czy towarzyszą mu w jego karierze. Większość cytatów prasowych pochodzi z mojego własnego archiwum.

Jako że znam Kamila od czasów trampkarskich, a pierwszy tekst pisałem o nim, kiedy miał 16 lat, łatwiej było mi przystąpić do pracy. Przy kwerendzie prasowej korzystałem też z innych źródeł, co każdorazowo jest zaznaczone w tekście.

Pomysł napisania książki wyszedł od przyjaciela Kamila, Damiana Seweryna, z którym obecny reprezentant Polski grał w Piaście Gliwice.

Chciałem podziękować za pomoc przy pisaniu książki mamie Kamila, pani Grażynie, a także jego babci, pani Krystynie. Zawsze skłonne były do udzielenia dodatkowych informacji. Dziękuję też Januszowi Pontusowi – to dzięki niemu mogłem towarzyszyć piłkarzom Wodzisławskiej Szkoły Piłkarskiej w wielu miejscach. Chciałem także podziękować swoim przewodnikom po Turynie – bez pomocy Francesca Bevilacqui czy Alberta Lovisolo nie miałbym możliwości dowiedzenia się tylu ciekawych rzeczy na temat jednego z najsłynniejszych włoskich klubów, jakim jest Torino FC.

Oprócz tego kieruję podziękowania do Damiana Seweryna, pomysłodawcy tej książki, dziennikarza Marka Wawrzynowskiego – za cenne i celne rady – oraz do tych wszystkich, na których pomoc mogłem liczyć. Dziękuję też Wydawnictwu SQN z Krakowa, które wzięło na siebie trud wydania niniejszej publikacji.

Michał Zichlarz

I. POLSKA I HISZPANIA

BABCIA MODLI SIĘ ZA WNUCZKA

„Boże, nie odbieraj mi dziecka!", krzyczał zdesperowany Jacek. Babcia Krystyna pobiegła do kościoła przy Katowickiej i błagała Boga o życie wnuka. Kamil miał wtedy niespełna półtora roku.

Gdy przyjechał z mamą do babci, był cały siny. Usta, twarz. I te dziwne plamy. Nie dał się nawet z wózka wyciągnąć. „Synowa z synem pojechali do sanatorium dla dzieci po chorobie Heinego-Medina. Niestety, nikogo tam nie było. Potem skierowali się do szpitala", wspomina Krystyna Glik.

W szpitalu lekarz kazał rozebrać chłopca. Wybroczyny pokrywały całe jego ciało. Doktor pokręcił głową. Nie wierzył, że maluch jest w stanie jeszcze ustać na nogach. „To bardzo silny chłopak", powiedział. Ale jego reakcja sugerowała, że sytuacja jest dramatyczna. W tym samym czasie sześcioro dzieci w okolicy zmarło na sepsę.

„Kazali nam czekać na wyniki do 23.00. Kiedy przyszły, okazało się, że to cała litania. Wszystko było zajęte! – opowiada z przejęciem Krystyna Glik. – Kamil płakał, a zrozpaczony Jacek krzyczał. Ile ja wtedy wylałam łez… Potem dowiedziałam się od pielęgniarki, że dwa razy robili mu punkcję kręgosłupa. Pobierali płyn rdzeniowy. Miał być nawet przewieziony do szpitala w Katowicach, żeby sprawdzić, czy ropy nie ma w głowie. To był cud, cud od Boga, że z tego wtedy wyszedł".

Od początku był silnym chłopcem – zapewne po pradziadku. Paweł Glück był kowalem, a jednocześnie uprawiał sześciohektarowe gospodarstwo w Schedlitz na Opolszczyźnie, miejscowości, którą po wojnie przemianowano na Siedlec.

„Zaczęło się od niewyleczonej do końca anginy. Dostał za słabe antybiotyki i wszystko przeszło z gardła do krwiobiegu. To był czerwiec, lipiec 1989 roku", wspomina Grażyna Glik, mama Kamila.

Lekarze zdiagnozowali sepsę i zapalenie opon mózgowych. „11 dni spędził w szpitalu dziecięcym, który znajdował się wtedy tam, gdzie teraz jest Urząd Skarbowy, przy ulicy 11 Listopada. To były czasy, kiedy nie można było towarzyszyć dziecku, mimo to oboje z mężem praktycznie cały czas, na zmianę, przebywaliśmy z nim w szpitalu. Leżał w izolatce, a my zaglądaliśmy przez okno. Byliśmy przejęci. Chodziliśmy do kościoła, żeby się modlić, bo jak trwoga, to do Boga. Organizm był jednak młody i jakoś z tym wszystkim sobie poradził. Potem pamiętam, jak ordynator mówił, że jeden procent dzieci na świecie wychodzi z tego wszystkiego tak szybko, jak Kamil", mówi pani Grażyna.

Osiedle Przyjaźń w Jastrzębiu-Zdroju, jedno z najstarszych w tym górniczym mieście. Powstawało w latach 60. ubiegłego wieku naprzeciwko Kopalni Węgla Kamiennego „Jastrzębie". Niewysokie, dwu- czy trzykondygnacyjne bloki mieszkalne kontrastują z tymi na innych jastrzębskich osiedlach, budowanymi z wielkiej płyty w kolejnych dekadach i przeznaczonymi dla przybyszów z całej Polski, którzy w PRL-u masowo przyjeżdżali na Górny Śląsk. W zamyśle komunistycznych władz powstająca miejscowość miała być „wzorcowym miastem socjalistycznym", jak Tychy czy Nowa Huta.

Jastrzębie-Zdrój przez lata było znanym uzdrowiskiem, którego początki sięgają 1861 roku. Dziś trudno w to uwierzyć, ale sto lat temu nazywane było perłą Górnego Śląska. Wszystko dzięki odkrytym solankom. Natrafiono na nie przy poszukiwaniu złóż węgla. W krótkim czasie powstały stylowe domy, łazienki kąpielowe, sala inhalacyjna, pijalnia wód czy park zdrojowy. Bad Königsdorff-Jastrzemb, bo taką nazwę nosiła wtedy miejscowość, cieszył się wielką popularnością i zyskał uznanie dzięki dobrym wynikom w leczeniu.

Jeszcze przed II wojną światową działały tam 54 obiekty uzdrowiskowe, z których usług korzystało ponad pięć tysięcy kuracjuszy rocznie. Znajdowało się tam na przykład Sanatorium im. Marszałka Józefa Piłsudskiego, które służyło inwalidom z czasów I wojny światowej i byłym powstańcom śląskim. Do dziś można zobaczyć stylowe budynki z tego okresu, jak choćby Dom Zdrojowy czy wspomniane sanatorium, które teraz jest Wojewódzkim Szpitalem Rehabilitacyjnym dla Dzieci.

Po wojnie Jastrzębie-Zdrój stało się znane dzięki węglowi. Do dziś w mieście fedruje kilka kopalń, na przykład „Jas-Mos", „Borynia" czy „Zofiówka", a o konflikcie z początku 2015 roku pomiędzy górnikami a zarządem Jastrzębskiej Spółki Węglowej mówiła cała Polska.

Pierwszą kopalnią, która zaczęła fedrować, była KWK „Jastrzębie". Jej otwarcia dokonał sam Władysław Gomułka, I sekretarz Komitetu Centralnego Polskiej Zjednoczonej Partii Robotniczej. Było to 4 grudnia 1962 roku. Towarzysz „Wiesław" z uznaniem wypowiadał się o „nowatorskim obiekcie, w całości opartym na polskich rozwiązaniach technologicznych".

Osiedle Przyjaźń, czy raczej osiedle mieszkaniowe przy ulicy Połomskiej, bo taką nazwą posługiwano się na początku, zaczęto budować w sąsiedztwie, zanim jeszcze Jastrzębie-Zdrój uzyskało prawa miejskie w 1963 roku. Tam przybywali pierwsi pracownicy nowo powstałej kopalni.

„Nie wszędzie było jeszcze światło, wszystko się rozbudowywało, ale dla mnie ważne było, żeby się urwać z »prywatki« w Rybniku.

Wynajmowaliśmy tam z mężem po ślubie mieszkanie w trzech miejscach, a to ostatnie to był koszmar – kilka osób w jednym pokoju. W Jastrzębiu byliśmy wreszcie na swoim", wspomina pani Krystyna Glik, która na jastrzębskim osiedlu mieszka wraz z mężem od lat 60.

Wiesław Śmigielski, trener Kamila z osiedlowego zespołu piłkarskiego, na osiedlu Przyjaźń mieszkał od 1966 roku przez kilkadziesiąt kolejnych lat. „Przeprowadziliśmy się akurat z Chorzowa. Był Zdrój, Przyjaźń, lasy i pustynia. Nic prawie nie było, a wszystko się rozbudowywało, wszystko było na dorobku. Na osiedlu były bloki, sklep, bar i tyle. Na początku nawet kościoła brakowało, musieliśmy chodzić do Zdroju. Z kolei ring bokserski był umieszczony w cechowni KWK »Jastrzębie«, bo hali sportowej też oczywiście jeszcze nie postawili", opowiada.

Marcin Boratyn, kierownik Galerii Historii Miasta, autor wielu opracowań o historii Jastrzębia-Zdroju, opisuje, jak w sierpniu 1974 roku miasto odwiedził zastępca sekretarza generalnego ONZ Enrique Peñalosa. Dziś trudno w to uwierzyć, ale zaliczył je do największych światowych osiągnięć urbanistycznych i uznał za wzór dla innych ośrodków miejskich.

„Pierwsza połowa lat 70. to powstawanie osiedli i duża atomizacja przyjeżdżających tutaj ludzi – opowiada Boratyn. – Warto dodać, że połowa z tych werbusów potem wyjechała. Nie dali rady pracować na kopalniach czy po prostu się nie przystosowali. W 1975 roku pojawiają się pierwsze symptomy zastoju, a pięć lat później wybuchają strajki. Miasto stało się stolicą śląsko-dąbrowskiej »Solidarności«. Wielu przyjezdnych mieszkało w hotelach robotniczych. Pomstowali na komunistyczny system, bo w pracy byli poniżani, a na tematy polityczne na kopalniach nie można było dyskutować. Ludzi zmuszano też do harowania w soboty i niedziele. Miejscowi byli raczej wycofani. Ślązaków nauczyła tego przeszłość. O tym się za dużo nie mówi, bo nie było ofiar, ale pierwsze użycie siły, po wprowadzeniu stanu wojennego, miało miejsce na KWK »Jastrzębie«. Rozpoczął się strajk okupacyjny i to tam najpierw pojawiły się oddziały ZOMO, które jechały od strony Wodzisławia.

15 grudnia był dniem wypłaty. Górnicy byli zgromadzeni w okrągłej cechowni, gdzie się modlili. ZOMO wpadło około 8-9 rano. Użyto gazu, a z robotnikami obchodzono się bardzo brutalnie. Było kilkuset rannych. Potem pacyfikowano Moszczenicę i Manifest Lipcowy. Na tej drugiej kopalni użyto już broni. Następnego dnia był Wujek w Katowicach. W latach 80. wiele osób w mieście było represjonowanych".

Kamil mieszkał na osiedlu Przyjaźń z rodzicami, Grażyną i Jackiem – górnikiem w KWK „Jastrzębie" – a później też młodszym bratem Mateuszem, przez kilkanaście lat.

„Najpierw mieszkaliśmy przy ulicy Górniczej, tuż obok kopalni. Mieliśmy tam jeden pokój, a wprowadziliśmy się w 1990 roku. Potem przenieśliśmy się do większego mieszkania", opowiada pani Grażyna Glik.

Mama piłkarza pochodzi z miejscowości Ryńsk. To wioska położona niedaleko Torunia. Tata pracę na kopalni rozpoczął w wieku 18 lat, w 1985 roku. Pobrali się dwa lata później. Kamil urodził się 3 lutego 1988.

Dramatyczna historia ze szpitalem miała potem jeden pozytywny skutek. „Kamil dostał leki odpornościowe i później jakoś zupełnie nie było problemów z przeziębieniami. Był na nie odporny i nie chorował", zwraca uwagę mama.

Jako kilkulatek całe dnie spędzał na dworze, goniąc z dzieciakami. „Był tylko rower, rower i rower", wspomina Grażyna Glik. Kaśka, jak wołają na nią znajomi, dalej mieszka na tym jastrzębskim osiedlu przy ulicy Kopernika. Nieopodal, na ścianie jednego z sąsiednich bloków, wisi tabliczka z napisem „Zakaz gry w piłkę nożną".

W niedużym mieszkaniu na parterze jest sporo piłkarskich fotografii Kamila. Kręci się też w nim ulubiony piesek piłkarza i jego żony, Kejsi.

Pytam, kiedy Kamil zaczął się uganiać za piłką. „Jak odstawił rower, to pojawiła się piłka. Mógł mieć wtedy z pięć, sześć lat”, odpowiada pani Grażyna, zaciągając się papierosem.

Kamil jest podobny do matki – te same rysy twarzy, kolor włosów, oczy. Jego mama jest wysoka, to po niej odziedziczył dobre warunki fizyczne. Oboje mają blond włosy i wyraziste spojrzenie. „Ostatnio znajoma, która w telewizji widziała jeden z meczów, mówiła: »O Jezu, jaki on jest podobny do ciebie«”, mówi Grażyna Glik.

W rodzinie grało się w piłkę. Dziadek Walter kopał amatorsko w LZS-ie Siedlec, małym klubiku z Opolszczyzny, a tata i wujek w nieistniejącym już Społem Jastrzębie. Z ganianiem za futbolówką nie było problemów. „Tuż obok bloku jest nieduże boisko, a dalej koło kopalni kolejny plac do kopania. To tam grał i trenował pod okiem Wiesława Śmigielskiego”, opowiada mama piłkarza.

Osiedle Przyjaźń przez lata nie miało dobrej opinii. Nie brakowało tam chuliganerii i po zmroku trzeba było uważać, żeby przypadkiem nie dostać po głowie. „Można powiedzieć, że czas się tam zatrzymał. Osiedle, jakie było, takie jest i teraz: dość ponure, szare i na pewno uznawane w mieście za niezbyt przyjazne, choć sama nazwa wskazuje inaczej. Bogactwa, że tak powiem, to tam nie było i nie ma, za to charakter się sam wypracował”, mówi Kamil.

Na osiedlu bójki się zdarzały, ale nigdy nie było to nic poważnego. W szpitalu nie wylądowałem. Kłótnie nie dotyczyły dziewczyn, raczej spraw boiskowych. Coś ktoś komuś odpowiedział i się zaczynało. Do tego dochodziły porachunki osiedlowe. Tu trzymała ze sobą jedna grupka, a tam kolejna. Grupka z mojego bloku nie przepadała za inną, no i dochodziło do scysji. Takie zwykłe młodzieńcze przepychanki. Nic poważnego.

* Wyróżnione wypowiedzi pochodzą z rozmów z Kamilem przeprowadzonych w 2016 roku. Pozostałe zbierałem w latach wcześniejszych – przyp. autor.

Jak w wielu takich miejscach, nie tylko w Polsce, odskocznią był sport. Wiesław Śmigielski był przewodniczącym rady na osiedlu Przyjaźń. Mieszkał tam przez 40 lat. „Osiedle miało straszną opinię – wspomina. – Było jednym z najgorszych w mieście. Starsi nic nie robili, siedzieli na ławkach albo w barach, a w rodzinach patologia. Zachęcałem chłopaków do grania, namawiałem ich do przyjścia na boisko. To byli chłopcy z trzeciej, czwartej klasy czy młodsi. W ten sposób można było coś zrobić, mieć nad nimi kontrolę. Traktowałem ich jak swoje dzieci. Mieliśmy całkiem sporo chętnych, z których kilku gra teraz w dorosłej piłce, jak Kamil Glik, Tomek Świerzyński czy Kamil Szymura. Glik od początku był za piłką. Zadziorny, z charyzmą, miał charakter. Nie lubił dawać się ogrywać. Nie pozostawał dłużnym, jak ktoś mu coś zrobił. Kłopotów wychowawczych nie sprawiał, ale na boisku trzeba było go temperować, bo kłócił się z sędziami, jak to w ferworze walki".

„Teraz to się już zmieniło, ale wtedy, kiedy mówiło się, że impreza ma być u nas na Przyjaźni, wszyscy podnosili głos. »O matko, mamy tam jechać!«, mówili. Na osiedlu nie raz spotykało się wyrostków, którzy pytali, do kogo. Mówiło się, że do Glika na imprezę, i był spokój", tłumaczy Marta Glik, żona Kamila, która też wychowywała się na Przyjaźni.

Jastrzębie-Zdrój jest specyficznym miastem. Szalikowcy miejscowego GKS-u 1962 na meczach często skandują: „Zawsze polskie, nigdy śląskie Jastrzębie!". Na ligowych spotkaniach pozostałych górnośląskich klubów – Ruchu, Górnika, GKS-u Katowice czy wielu innych – to nie do pomyślenia.

W publikacji *Jastrzębie Zdrój. 50 lat miasta 1963–2013* można przeczytać, że wzrost liczby mieszkańców nie miał sobie równych w historii Polski. Tychy do dziesięciokrotnego zwiększenia swojej populacji potrzebowały 25 lat, tymczasem Jastrzębiu wystarczyło ledwie dziesięć. Wzrost był możliwy dzięki ogromnemu napływowi ludności z zewnątrz, jak choćby z Małopolski, ziemi świętokrzyskiej,

Warmii i Mazur, Rzeszowszczyzny czy okręgu wałbrzyskiego. Przez wielu Ślązaków Jastrzębie określane jest jako miasto „goroli", czyli przyjezdnych. Na budowanym w latach 1962–1969 osiedlu Przyjaźń miało zamieszkać 3300 osób. Jako że było znacznie oddalone od centrum, szybko stało się dzielnicą niedoinwestowaną i słabo zintegrowaną z miastem.

Historyk Marcin Boratyn wspomina, że w gębę można było dostać także gdzie indziej: „Przyjaźń nie była tutaj wyjątkiem. Miasto to była taka dżungla, a łobuzerka była wszędzie. Taka była specyfika Jastrzębia. Osiągało się jednak pełnoletniość, szło się na kopalnię i łobuzerka się kończyła. Sam mieszkałem na osiedlu Arki Bożka, na dziesiątym piętrze. Na Przyjaźń się nie zapuszczałem. To był inny świat. W porównaniu z innymi jastrzębskimi osiedlami to było położone na uboczu. Ojciec wprawdzie pracował na KWK »Jastrzębie«, ale wiadomo, dziecka tam nie zabierał, bo po co. Schemat był taki, że ojcowie spędzali dnie w pracy na kopalniach, a matki zajmowały się domem i robieniem zakupów. Dzieci zostawione były same sobie. Nie że puszczone samopas, bo rodzice dbali i starali się, jak mogli, ale biegało się z resztą pod swoim blokiem, w którym mieszkało nieraz i z 50 dzieci. Zdane na siebie musiały się uczyć zaradności wśród innych. Wiele osób, to idzie w setki, wyjechało z miasta, część przebywa za granicą i świetnie radzi sobie w różnych dziedzinach. Glik jest tutaj dobrym przykładem". Sam Boratyn urodził się i dorastał w Jastrzębiu, lecz jego rodzina pochodzi z Rzeszowszczyzny.

„Proszę uważać z oceną osiedla, bo można komuś zrobić krzywdę. Jeśli Kamil widział, wracając późno z treningów, różne podejrzane osoby kręcące się po osiedlu, to być może to jeszcze bardziej motywowało go do pracy", mówi z kolei Anna Wodecka, doświadczona nauczycielka z Zespołu Szkół nr 2 im. Wojciecha Korfantego w Jastrzębiu-Zdroju, była wychowawczyni Kamila z liceum.

Syn Wiesława Śmigielskiego, Adam, który też grał w osiedlowym zespole, a od reszty chłopaków był starszy o parę lat, zaliczył potem kilka występów w ekstraklasowej Odrze Wodzisław. „Grałem z nimi, kiedy mieli po 11 czy 12 lat, w turniejach halowych czy w turniejach dzikich drużyn na normalnym boisku. Może trochę mnie podpatrywali, bo nie dość, że byłem dużo starszy, to jeszcze trenowałem w ligowym zespole. Kamil był normalnym, solidnym, ale niczym się niewyróżniającym zawodnikiem. Nigdy bym nie przypuszczał, że znajdzie się w miejscu, w którym jest teraz", podkreśla Adam Śmigielski.

Chłopcy zamiast włóczyć się po osiedlu jeździli na festyny, turnieje, rozgrywali mecz za meczem, a pan Wiesław fundował puchary i nagrody. Często nie musiał tego robić, bo jego zespół świetnie sobie radził w amatorskich zawodach.

„Było nas chyba z dziesięciu. Spotykaliśmy się regularnie, przynajmniej raz w tygodniu, i graliśmy na boisku albo w hali, a przy okazji jeździliśmy na mecze i wiejskie turnieje. Wszystkim zajmował się pan Wiesław. Trenował nas, organizował wyjazdy. To nie było nic profesjonalnego, raczej łapanka, ale coś wspólnego z piłkarskim zespołem już to miało", wspomina Kamil.

Z osiedlową drużyną był związany do tego stopnia, że później, gdy już na co dzień regularnie trenował w klubie, dalej udzielał się w podwórkowej ekipie. „Nawet jak już u Pontusa w Wodzisławiu grał, nadal występował u nas. Są nawet nagrania z tego czasu. Raz zmierzyliśmy się z drużyną »Solidarności«. W naszym zespole sami młodzi chłopcy. Wygrali z nami wtedy tylko 2:1", opowiada Wiesław Śmigielski.

> Jeden taki turniej szczególnie utkwił mi w pamięci. Jechaliśmy na festyn do Bukowa. Mieliśmy kłopoty, żeby tam dojechać, bo dysponowaliśmy ledwie jednym samochodem, a było nas kilkunastu. Lał straszny deszcz, a Wiesiek Śmigielski, który, zdaje się, miał wypadek na kopalni, kulejąc, latał po ulicy i zatrzymywał samochody, krzy-

cząc do kierowców, żeby chłopaków na turniej zawieźć. W końcu załatwił jakąś furgonetkę, załadowali nas na pakę i podrzucili na mecz. Śmiesznie to wszystko wyglądało.

PIENIĄDZE NA BOISKO

Lato 2015 roku. Przerwę w rozgrywkach Kamil spędza z rodziną na Mazurach i w Jastrzębiu-Zdroju. Na początku lipca na osiedlu Przyjaźń dochodzi do niezwykłego wydarzenia. Na piaszczystym i nierównym boisku, gdzie przed laty sam uganiał się za futbolówką, pojawia się prezydent miasta Anna Hetman. Kamil jest razem z żoną i córeczką Victorią.

Prezydent mówi: „Bardzo się cieszę, że tak znany w kraju i na świecie jastrzębianin, który tutaj, na tym osiedlu, wyrósł i który na tym boisku stawiał pierwsze kroki, powraca do tego miejsca i stara się pokazać, że można coś zrobić dla swojej małej ojczyzny. Dziękuję za jego gest i inicjatywę".

Kamil porozumiał się z Urzędem Miasta co do budowy boiska Orlik na Przyjaźni. Z własnej kieszeni postanowił wyłożyć 150 tysięcy złotych. „Kiedy tutaj grałem, to boisko wyglądało jeszcze gorzej niż teraz. Cieszę się, że we współpracy z panią prezydent i Urzędem Miasta udało się sfinalizować ten projekt. Przy dobrych wiatrach w przyszłe wakacje dzieci już będą mogły na nim grać", mówił.

Boisko będzie usytuowane pomiędzy ulicami Kopernika i Moniuszki, a więc w miejscu, gdzie piłkarz się wychowywał. Dzięki niemu chłopcy na Przyjaźni będą mogli grać i trenować w zupełnie innych warunkach niż on i jego koledzy w latach 90. „Cieszę się, że z właścicielem terenu, czyli miastem, udało się doprowadzić projekt do realizacji. Chciałem coś zrobić, żeby pomóc. W innych częściach miasta nie brakuje boisk, a na moim osiedlu, na Przyjaźni, nie ma gdzie grać. Teraz się to zmieni", mówi zadowolony Glik.

Porozumienie w sprawie budowy boiska Kamil z prezydent miasta podpisali w świetle kamer i fotoreporterskich fleszy. Obiekt ma powstać do listopada 2016.

„Czytałem i słyszałem o tym. Wspaniała inicjatywa. Może podjęta trochę za późno, bo wiadomo, że teraz nie ma już na osiedlu tyle dzieciaków co wcześniej, ale dla tych, które wciąż tam są, to zawsze jakaś rozrywka. Będzie przynajmniej gdzie pograć. To boisko ma powstać w miejscu między blokami, gdzie znajdował się niewielki plac do gry o wymiarach 30 na 20 metrów. My mecze osiedlowe z Szeroką, Trójką czy Zdrojem rozgrywaliśmy na trawiastym, położonym obok kopalni Jastrzębie. Grali tam zresztą w B-klasowym, nieistniejącym już klubie Społem tata i wujek Kamila", wspomina Wiesław Śmigielski, a jego syn dodaje: „Nikt czegoś takiego tutaj nie zrobił. Zresztą jak Kamil przyjeżdża, to zawsze znajdzie czas, żeby porozmawiać, powspominać stare czasy, da jakieś zdjęcie czy podaruje koszulkę. Jest otwartą osobą. To, co osiągnął, zawdzięcza swojej pracy".

„Któregoś dnia byłem z trójką swoich synów w kościele. Nagle chłopcy mówią mi, że z przodu stoi Kamil Glik. Patrzę, a tu wysoki blondyn. Faktycznie to on. Był akurat chrzestnym, nie wiem czyim. Dla trójki moich chłopców zobaczenie go z bliska było najważniejszym wydarzeniem w życiu. Ma tutaj status gwiazdy, jest bożyszczem", mówi Marcin Boratyn.

Przekazanie pieniędzy na budowę boiska to nie jedyny gest Kamila wobec Jastrzębia-Zdroju. Regularnie wspiera też schronisko dla bezdomnych psów w Szerokiej, jednej z dzielnic miasta. Podczas którejś z wizyt w tym miejscu, gdzie przebywa około setki zwierząt, miałem okazję Kamilowi towarzyszyć. Było to w lipcu 2013 roku.

Kamil przyjechał tam z żoną Martą, która była już w zaawansowanej ciąży. Oboje, przy okazji pobytów w rodzinnym domu, starają się odwiedzać schronisko. Wtedy przekazali karmę i koce. „Skąd taki sentyment do czworonogów? Jakoś tak samo z siebie. To nie są przecież żadne wielkie pieniądze. Z drugiej strony sami mamy pieska yorka", tłumaczył piłkarz, przechadzając się między klatkami, w których ujadały smutne psy.

MIAŁ ZOSTAĆ BRAMKARZEM

Od osiedlowej kopaniny był już tylko krok do regularnych treningów. Na pierwsze zajęcia w MOSiR-ze Jastrzębie Kamil poszedł z mamą.

„To była trzecia czy czwarta klasa szkoły podstawowej, marzec albo kwiecień. Przychodzę, a trener Stanisław Filip narzeka, że to za późno, bo niedługo wakacje, że może zacznie jesienią, ale w końcu dał piłkę Kamilowi i kazał biegać po boisku. Obserwował go jednym okiem. Syn radził sobie na tyle dobrze, że po zajęciach trener już nie zgłaszał żadnych zastrzeżeń, a wręcz zachęcał do przyjścia na kolejne", opowiada Grażyna Glik.

Jastrzębie-Zdrój ma piłkarskie tradycje. Nie tak bogate jak w sąsiednich miastach, w Wodzisławiu Śląskim czy Rybniku, ale jednak. Kiedy Kamil przyszedł na świat, w lutym 1988 roku, miejscowy GKS, mający wtedy możnego sponsora w potężnym górniczym Zjednoczeniu, właśnie bił się o historyczny awans do ekstraklasy. Zespołowi, któremu ton nadawali tacy gracze jak Bogdan Kuśmierski, Leszek Powiecko, Józef Łuczak, Andrzej Biczak czy Zenon Swędera, udało się ten cel zrealizować. GKS zagrał jednak w ekstraklasie tylko jeden sezon. Spadek z elity wiązał się z transformacją ustrojową.

Kopalnie odwróciły się od futbolu, a GKS z hukiem, w przeciągu dwóch lat, zleciał do trzeciej ligi.

Nie znaczy to, że pochodzący z Jastrzębia czy związani z MOSiR--em albo GKS-em zawodnicy nie grali wśród najlepszych. Z miasta wywodzą się tacy piłkarze jak Marcin Radzewicz (Odra Wodzisław, Piast Gliwice, Dyskobolia Grodzisk) i Maciej Małkowski (Odra, GKS Bełchatów, Zagłębie Lubin).

Fot. Mirosław Zieliński

Kamil Glik (drugi z lewej) w MOSiR Jastrzębie z rękawicami bramkarskimi

„Byłem pierwszym wychowankiem MOSiR-u, który zagrał w ekstraklasie czy w reprezentacji Polski. Zaczynałem u trenera Jerzego Kuliga. Potem do ligi, oprócz mnie, Kłusa czy Małkowskiego, trafili też Nowak, Glik, Pielorz, Kopacz, Midzierski. W tym mieście jest potencjał. Gdyby w klubie piłkarskim były większe pieniądze, bez problemów można byłoby grać choćby na zapleczu ekstraklasy. Dzwonią do mnie menedżerowie i pytają o utalentowanych zawodników. Jarosław Kołakowski już podpisał umowy z trzema zdolnymi chłopakami. Tutaj mogłaby funkcjonować ligowa piłka", uważa Radzewicz, który w 2003 roku zaliczył dwa występy w biało-czerwonych barwach. Dwa mecze w reprezentacji ma też na koncie inny z wychowanków MOSiR-u, Maciej Małkowski.

„Sam identyfikuję się z miastem poprzez GKS Jastrzębie. Wychowywałem się zresztą przy ulicy Harcerskiej, gdzie znajduje się stadion. W tym mieście był i jest piłkarski potencjał. Parę lat temu wziąłem na mecz w pierwszej lidze przeciwko GKS-owi Katowice dziennikarza z Litwy. Na stadionie komplet dziesięciu tysięcy kibiców i wszyscy dopingują. Gość był zdziwiony, że na spotkanie w niższej lidze przychodzi u nas tyle osób. Szkoda, że klub nie miał szczęścia do działaczy. Zbieram się teraz do pisania książki o GKS-ie. Niestety, nie ma wiele materiałów dotyczących składów, wyników. Przez lata zajmowali się tym przypadkowi ludzie, którzy w żaden sposób nie identyfikowali się z klubem, jak to jest w innych miejscach, a do pracy w nim zostali skierowani odgórnie", opowiada historyk miasta Marcin Boratyn.

Na razie w Jastrzębiu, w porównaniu ze sponsorowanymi przez bogatą Jastrzębską Spółkę Węglową siatkówką czy hokejem, futbol jest na dalszym planie.

Sebastian Wojciechowski do dziś jest serdecznym kolegą Glika. To niezły futsalista. Gra w kadrze i ma na koncie zdobycie Pucharu i Superpucharu Polski z Wisłą Krakbet Kraków w 2014 roku. „Kamila pamiętam, jak razem z nami pojechał na obóz do Barcic w Małopolskiem. Wchodził do drużyny i trener Filip zdecydował, żeby w pokoju znalazł się razem z jego synem Pawłem i ze mną. Z wejściem do zespołu, a byliśmy akurat w starszym roczniku, nie było żadnych problemów. Kamil szybko swoją grą przekonał do siebie kolegów. W meczu sparingowym na obozie zagrał ze starszym rocznikiem 1986 i zdobył nawet bramkę", wspomina. „To było w meczu z Sandecją. Grał tam wtedy u nich znany z ligowych boisk Maciej Korzym. Kamil strzelił im dwa gole. W starszej grupie występował na pozycji forstopera, przed ostatnim obrońcą, bo bardzo dobrze grał głową", dodaje Stanisław Filip, pierwszy klubowy trener Glika.

Niewiele brakowało, a Kamil zostałby... bramkarzem. „Jechaliśmy na turniej do Ostrawy i tuż przed zawodami nasz golkiper złamał rękę. Już nie pamiętam nawet, dlaczego to ja stanąłem w bramce, ale tak zostało i gdzieś ze dwa lata występowałem na tej pozycji", opowiada.

Jako bramkarz radził sobie nie gorzej, niż biegając po boisku. Świadczą o tym słowa kolegów z drużyny. „Na jednym z turniejów w Gliwicach wybronił nam wiele sytuacji. Był jednym z najlepszych w zespole, a nam udało się awansować do finału, gdzie pokonała nas dopiero kadra Śląska 2:1. Sam dokładnie też nie pamiętam, jak to było i dlaczego Kamil stanął na bramce. Czy sam chciał, czy ustawiono go tam dlatego, że był wysoki? Po tym turnieju pięciu czy sześciu z nas dostało powołania do kadry Śląska. My ostatecznie z Kamilem nie pojechaliśmy, jako młodsi niż reszta kolegów. Na kadrę zaczęliśmy jeździć później", mówi Sebastian Wojciechowski.

Kamil nieźle sobie radził w bramce. „Z tego co pamiętam, to kiedyś zagrał nawet jako bramkarz w meczu reprezentacji Polski juniorów. Nie miał akurat kto bronić, bo jeden był kontuzjowany, a drugi pauzował za kartki, więc między słupkami stanął Kamil. U nas spisywał się bardzo dobrze. Raz pamiętam taką zimę, gdy wygraliśmy trzy halowe turnieje w Wodzisławiu, Rydułtowach i Marklowicach. Kamil w bramce należał do najlepszych", opowiada trener Filip.

Meczem w biało-czerwonej kadrze, o którym wspomina jastrzębski szkoleniowiec, było spotkanie zespołów do lat 19 Polski i Hiszpanii w młodzieżowych eliminacjach mistrzostw Europy we Włocławku. Doszło do niego w październiku 2007 roku. Za czerwoną kartkę z boiska wyleciał Bartosz Białkowski. Wyszedł poza pole karne i niepotrzebnie zagrał ręką. „Nie potrafię racjonalnie wytłumaczyć jego zachowania, ale myślę, że on sam miałby z tym kłopot", mówił wtedy trener naszej młodzieżówki Andrzej Zamilski.

„Białkowski wtedy zwariował. Mieliśmy wykorzystany limit zmian i nikt nie mógł przewidzieć takiej sytuacji. Stanęliśmy przed dylematem: albo nakazowo decydujemy, kto staje do »klatki«, albo ktoś sam się zgłosi. Wtedy niespodziewanie wyskoczył Kamil, mówiąc: »Trenerze, ja mogę, bo trochę umiem bronić«. Było wtedy 0:0 i wszystko się mogło wydarzyć. Hiszpanie zaraz trafili jednak z wolnego, choć akurat Kamila o tę stratę nie można winić", wspomina po latach całą sytuację trener Zamilski.

Mirosław Zieliński przez 18 lat pracował – jak podkreśla – społecznie jako kierownik drużyny MOSiR Jastrzębie. Pamięta, kiedy Kamil zaczął treningi w tamtejszej szkółce, do dziś ma zresztą jego zdjęcia. Są one o tyle unikatowe, że Kamila można na nich zobaczyć w bramkarskim stroju. Spotykamy się w zimny marcowy dzień przed sklepem OBI, po meczu siatkarzy Jastrzębskiego Węgla, którzy dzięki wygranej z Cuprum Lublin akurat wywalczyli awans do czołowej czwórki PlusLigi sezonu 2014/15. Zieliński pokazuje na ciemnym i słabo oświetlonym parkingu wycinek z niemieckiej gazety, relację z międzynarodowego turnieju, w którym MOSiR uczestniczył. „Trafił do nas, a jako że był postawny, to bronił. Zdaje się, że dopiero potem, jak przeniósł się do Cefpolu, do Pontusa, zaczął występować jako obrońca", opowiada.

Jaki był jako początkujący zawodnik? „Orzeł do treningów! Tak jak wtedy, tak jest i teraz. Miał trudną sytuację w domu, ale na zajęcia przyjeżdżał regularnie. Trenowaliśmy na boisku w Moszczenicy przy ulicy Kościelnej [tam GKS Jastrzębie grał swoje mecze w ekstraklasie pod koniec lat 80. – przyp. aut.], a zimą na starej hali. Treningi były dwa–trzy razy w tygodniu, no i do tego mecze w soboty – mówiąc to, Zieliński pokazuje wycinek z gazety z lutego 2002 roku. – Akurat pojechaliśmy na turniej do Niemiec. To było tuż za granicą z Austrią, gdzie od lat mieszka i pracuje były piłkarz GKS-u Marek Rzepecki. To on pomógł nam w organizacji tego wyjazdu. Zajęliśmy tam piąte miejsce, a Kamil świetnie radził sobie w bramce. Jechaliśmy tam zresztą rocznikiem 1987. Z młodszego był tylko Kamil, no i »Rambo«, czyli Sebastian Wojciechowski".

W końcu Kamil zaczął z powrotem grać w polu. Stało się to wtedy, kiedy rocznik 1988 przejął w MOSiR-ze Mirosław Szwarga. To były ligowy piłkarz GKS-u Jastrzębie i Odry Wodzisław. Na boiskach ekstraklasy, głównie w wodzisławskiej jedenastce, rozegrał 76 meczów. Kibice klubu spod czeskiej granicy zapamiętali go z jednego ze spotkań sezonu 1997/98, kiedy to w ostatniej minucie zdobył wyrównującego gola dla Odry w meczu z Wisłą Kraków (1:1). „W starszym rocznikowo zespole Kamil był bramkarzem i faktycznie radził sobie bardzo dobrze – opowiada. – Ja widziałem w nim jednak umiejętności zawodnika z pola. Powiedziałem mu: »Bramkarzem możesz zostać zawsze. Ale lepiej, żebyś spróbował swoich sił na boisku«. I chwała Bogu, że tak się stało".

Szwarga podkreśla jednak, że nie ma zamiaru kreować się na osobę, która zrobiła z Glika obrońcę. „Dobrze grał lewą i prawą nogą, a przy tym był wysoki i świetnie radził sobie w główkowych pojedynkach. Na turniejach, na których graliśmy, wybierany był na najlepszego zawodnika. Miał charyzmę, wściekał się, kiedy przegrywał, jak to u młodych chłopców. Był ambitny i agresywny na boisku. Teraz też pokazuje te cechy".

To był już jednak koniec występów Kamila w MOSiR-ze Jastrzębie, bo wkrótce przeniósł się do sąsiedniego Wodzisławia, ale nie do grającej wtedy z powodzeniem w ekstraklasie Odry, tylko do szkółki piłkarskiej prowadzonej przez byłego zawodnika tego klubu Janusza Pontusa.

TRENINGI W WODZISŁAWIU

W 1997 roku Janusz Pontus założył własną szkółkę, Wodzisławską Szkołę Piłkarską. Na początku nazwa klubu brzmiała Cefpol, od nazwy firmy piłkarza i biznesmena, którą założył z żoną na początku lat 90.

W przeszłości pochodzący z Miastka w województwie pomorskim Pontus był niezłym ligowym zawodnikiem. W 1983 roku przeszedł z Gryfa Słupsk do Górnika Zabrze, z którym dwa lata później wywalczył nawet mistrzostwo Polski. Grał jednak niewiele, bo konkurencja w najmocniejszym wtedy polskim klubie była ogromna. Przez Górnik Knurów i Odrę Opole trafił potem do drugoligowca z Wodzisławia, gdzie przez kilka lat był podstawowym i czołowym graczem. Był znany przede wszystkim ze świetnej gry głową.

W założonej przez niego szkółce szybko znaleźli się utalentowani zawodnicy z regionu byłego Rybnickiego Okręgu Węglowego.

„Postanowiłem założyć tę szkółkę, bo młodzież w Odrze była, moim zdaniem, źle trenowana. Mam szesnastu zawodników, dla których zabrakło miejsca w tym klubie. Moja selekcja nie była chyba najgorsza, skoro po kilku miesiącach pracy pokonaliśmy o rok starszych trampkarzy Odry 5:1", mówił na początku swojej działalności („Gazeta Wyborcza Katowice", 6 maja 1998, str. 9)*.

Jego sposób działania budził spore kontrowersje. Kierownik Mirosław Zieliński tak wspomina moment odejścia Kamila z MOSiR-u: „Wiadomo, jak to było. Był młody i nie miał żadnych zobowiązań wobec klubu, a Pontus wyciągał wtedy co bardziej uzdolnionych. Z Jastrzębia było co najmniej kilku takich chłopaków – oprócz Glika także Matuszek, Miehle czy Gut. To, co Pontus wtedy robił, nie było w porządku – mącił im w głowach. Kusił zawodników nowym sprzętem, torbami, butami do grania, a oni lecieli na to jak pszczoły do miodu. Nie żebyśmy mieli z nim jakąś wojnę, bo wyzwiska nie padały i nikt nikomu nie ubliżał, ale robił nam świństwa, wyciągając chłopaków w ten sposób".

Inni mieli na temat Pontusa odmienne zdanie. „Uważam Janusza za niewykorzystany trenerski talent. Kogoś podobnego, z takim zapałem, werwą i chęcią, nie spotkałem. Wielu rzucało mu kłody pod nogi, nikt nie chciał pomóc, a on od początku wierzył, że jego chłopcy będą dobrymi piłkarzami", ocenia Arkadiusz Kampka, były ligowy zawodnik takich klubów jak Górnik Zabrze czy Odra Wodzisław, który w ekstraklasie rozegrał 129 meczów i strzelił 19 bramek.

„Ja do szkółki trafiłem z Górnika Radlin z Krzyśkiem Królem i braćmi Stępieniami: Arkiem i Dawidem – mówi Michał Tofilski, który kilka lat temu założył Akademię Piłkarską Champions, gdzie trenuje około trzech tysięcy dzieci z całej Polski. – To był 1997 albo 1998 rok. Na początku zbieraliśmy baty od Naprzodu Rydułtowy czy Odry, ale z czasem zaczęły się pojawiać efekty. Zresztą wszystko było ukierunkowane na długofalowe, a nie krótkofalowe cele. U Janusza wszystko było inne, świeże, innowacyjne. Zresztą, powiedzmy sobie szczerze, jeśli nie jesteś otwarty, lepszy od innych, to cię połykają".

---

* W cytatach z prasy i dokumentów zachowano pisownię oryginalną.

W pracy szkoleniowej Pontusowi pomagali Wiesław Peczka i Tomasz Pocialik, były bramkarz Odry Wodzisław, syn znanego przed laty ligowego bramkarza, między innymi Gwardii Warszawa, Zbigniewa Pocialika. Wśród szkolonych przez Pontusa piłkarzy byli też wtedy dwa jego synowie: Marcin i Piotr.

Szkółka była w opozycji do mocarstwowej wtedy Odry, którą żelazną ręką rządził prezes, a także ówczesny prezydent miasta Ireneusz Serwotka. Pontus głośno i krytycznie mówił o tym, że szkolenie młodych graczy w ekstraklasowym klubie było fatalne. „Co z tego, że Odra w 1998 roku zdobyła mistrzostwo Polski juniorów, skoro i tak nikt z tych chłopaków potem nie zaistniał w ligowej piłce", podkreślał.

W związku z tą i podobnymi wypowiedziami nie mógł liczyć na praktycznie żadną pomoc ze strony miasta. Szkółkę finansował wraz z rodzicami trenujących tam dzieci, których po kilku latach było 80, w czterech grupach wiekowych.

„Co roku rozgrywamy kilkanaście spotkań z zespołami z zagranicy. Jeździmy na obozy i mecze do Chorwacji, Włoch czy Portugalii. Utrzymujemy bardzo bliskie kontakty z klubami z Czech i Węgier. Przygotowujemy naszych zawodników do profesjonalnej piłki. Obowiązuje system grania 4-4-2, z czwórką obrońców w linii. Chłopcy mają też zajęcia uzupełniające: aerobik, rytmikę", mówił Pontus przy okazji sześciolecia istnienia szkółki („Gazeta Wyborcza Katowice", 25 września 2003, str. 22). Budżet szkoły wynosił wtedy 80 tysięcy złotych. „Są to darowizny od rodziców i sponsorów. W tym roku po raz pierwszy dostaliśmy też dotację od władz miasta w wysokości 6 tysięcy złotych", podkreślał. Do współpracy zapraszał też popularnych w regionie trenerów, w tym między innymi Ryszarda Kamińskiego, znanego z występów w GKS-ie Katowice Grzegorza Borawskiego czy Czecha Libora Palę.

Marzeniem każdego z nas była gra w ekstraklasie. Chłopcom, którzy trenowali w Odrze, na pewno było łatwiej niż nam. Kiedy z nimi graliśmy, dało się odczuć, że nie jest to normalne spotkanie, jak z Żorami czy innym rywalem, i czuło się napiętą atmosferę, bo na meczu zawsze sporo było rodziców z obu stron. Na pewno rywalizacja z nimi była zacięta. Odra była wtedy oczkiem w głowie miasta, miała dotacje czy inne przywileje. Januszowi nie było tak łatwo.

Działania Pontusa wzbudzały kontrowersje nie tylko wśród działaczy czy trenerów Odry, ale też oficjeli z Katowic. „On handluje młodymi piłkarzami – grzmiał wiceprezes Śląskiego Związku Piłki Nożnej Grzegorz Termiński. – Taka rola klubu nie pasuje do XXI wieku. Zwracamy mu uwagę na piśmie, że działalność szkółki nie jest moralna, nic więcej nie możemy jednak zrobić".

„To, że inni patrzyli na nas tak, a nie inaczej, to była siła tej akademii, klubu Janusza. Zawsze czuliśmy się poszkodowani. Nie było przecież pieniędzy z miasta, nikt nam nie pomagał, wręcz odwrotnie: wszyscy byli przeciwko nam. Czuło się to szczególnie wtedy, kiedy grało się spotkania z Odrą. Janusz wpajał nam też wysoką samoocenę, budowanie swojej wartości. Mieliśmy tam stworzone warunki do wygrywania – zagraniczne obozy i wyjazdy na mecze z silnymi rywalami, do tego świetne treningi. Choć po czasie wielu rodziców było obrażonych, że to ktoś inny, a nie ich pociecha, zaczął grać w Realu Madryt, podczas gdy reszta kopała w podrzędnym klubie z Hiszpanii", opowiada Michał Tofilski.

Pontus parę lat temu miał kłopoty z prawem. W 2009, za wyłudzenie partii pomidorów o wartości ponad 200 tysięcy złotych, prawomocnym wyrokiem sądu skazany został na półtora roku więzienia.

„Na pewno w moim piłkarskim życiu odegrał dużą rolę. W Jastrzębiu to była zabawa, a w jego szkółce – profesjonalne treningi i w pełni profesjonalne podejście. Bardzo dużo mi to dało – podkreśla Kamil.

– Wiadomo, że chciał zarobić, jak każdy. Na działalność sportową poświęcił mnóstwo czasu i pieniędzy. Wybudował boisko, organizował wyjazdy, a wszystko to z własnej kieszeni, bo w Wodzisławiu była Odra i z miasta nie miał żadnej pomocy".

Marcin Pontus opowiada: „Ojciec był fanatykiem piłki, tylko to się dla niego liczyło. Swój czas i zarobione pieniądze inwestował w chłopaków i szkółkę. A to jeden czy drugi jechał na kadrę i trzeba było mu coś kupić do ubrania, a to trzeba było z którymś skoczyć do dentysty. Przez to zaniedbał i zadłużył spółkę, a na koniec wiadomo, za wszystko odpowiada prezes. Poniósł za to cenę nie tylko on, ale i jego najbliżsi".

„U nas się wtedy nie przelewało, a on mu kupował buty do grania, za zagraniczne wyjazdy też nie musieliśmy płacić. To była duża pomoc. Ale... Któregoś dnia, jak Kamil był już w Hiszpanii, to przyjechał do mnie do domu z żoną i żądał zwrotu pieniędzy, które syn rzekomo miał pożyczyć od jego syna. Nie wiem, jakie były ustalenia między nimi, my o niczym nie wiedzieliśmy", opowiada pani Grażyna. W styczniu 2015 roku, w magazynie „Mecz", użyła słów mocniejszych niż w rozmowie ze mną kilka miesięcy wcześniej: „Zażądał od nas zwrotu kosztów za wyjazd do Hiszpanii. Przyjechał do domu, straszył komornikiem. Nie daliśmy, bo nie było skąd, poza tym chłopaki powiedzieli, że oddali pieniądze synowi Pontusa. Dostawali po tysiąc euro. Od tamtej pory Kamil nie chce mieć kontaktu z tym panem" („Mecz", styczeń 2015, str. 16).

Janusza Pontusa mocno ubodły te słowa: „Ręce mi opadły, jak to przeczytałem. Albo ktoś chciał ubliżyć mnie i mojej rodzinie, albo to zwykła głupota i słowa mamy Kamila zostały przekręcone. Że niby ja wchodziłem im do domu i straszyłem komornikiem!? Nic takiego nie miało miejsca. Sukces Kamila i Krzyśka Króla to moje największe osiągnięcie, i to nawet nie sportowe, ale pedagogiczne. Wiadomo, w jakich środowiskach obaj się wychowywali. Kiedy Kamil do nas przyszedł, to zdania dobrze nie potrafił sklecić, a jak się teraz ładnie wypowiada… Fakt, traktowałem go ostrzej niż innych. Czasami się na niego mocno pokrzyczało, ale nie było wyjścia. W zespole miałem ponad 20 chłopaków, a do każdego trzeba było podejść indywidualnie. Ile razy jego matka dzwoniła z płaczem, jak jest ciężko. A teraz obraża mnie i moją rodzinę?".

Pontus nawet na mnie się obraził i przez kilka miesięcy unikał rozmowy, podejrzewając, że to ja stałem za całą sprawą. Nie pomogły tłumaczenia, że tak nie było. Sytuację wyjaśniła dopiero rozmowa autorów artykułu z „Meczu", Łukasza Olkowicza i Piotra Wołosika, z innym byłym zawodnikiem WSP, Krzysztofem Królem. „Nie miałem rodziców. Mama zmarła, ojciec nas zostawił. Gdyby był przy mnie, toby Pontusowi łeb przekręcił. Może miał pecha, że w więzieniu siedział. Gdyby nie siedział… Pontus myślał, że wszystko może ze mną zrobić", opowiadał Król (ofensywni.przeglądsportowy.pl, 3 kwietnia 2015). „Tak było. Wszyscy to wiedzą. Janusz nie traktował nas dobrze", tłumaczył mi potem wychowanek Górnika Radlin.

Pontus do dziś nie może się pogodzić z takimi ocenami: „Wyciągnąłem ich z patologicznego środowiska, a teraz obrażają mnie i moich najbliższych. To boli".

Jak twierdzi Janusz Pontus, w przypadku Kamila chodziło o to, że aby młody zawodnik mógł się przenieść do trzeciego zespołu Realu Madryt, zaległych pieniędzy z UD Horadada miał się zrzec jego syn Marcin Pontus. Podobno chodziło o 27 tysięcy euro. Glik stanowczo zaprzecza: „Co ma jedno do drugiego? Przecież czym innym była sprawa naszego przejścia do Realu, a czym innym rozliczenia Janusza z Horadadą. Co my mieliśmy do tego? Jako trener młodzieży Janusz dobrze to wszystko prowadził i dawał radę, jako menedżer już niekoniecznie".

Marcin Pontus tłumaczy, że czwartoligowy klub chciał sporych pieniędzy za piłkarzy, w innym wypadku nie godził się na ich odejście. W końcu wszyscy postawili się, że chcą odejść. Skończyło się na tym, że warunkiem wydania karty zawodniczej będzie rezygnacja

Fot. Piotr Kucza

Z Krzysztofem Królem pod Estadio Santiago Bernabéu

starszego z braci Pontusów ze sporej gotówki. Tak się też stało. Potem pojawiła się kwestia prowizji za przejście do Realu. „Real to potężne przedsiębiorstwo, nikt tam nie wypłaci pieniędzy ot tak, z przysłowiowej kieszeni. Była więc kwestia prawna, jak uregulować całą sprawę. Stanęło na tym, że do pierwszej wypłaty Król, Matuszek i Glik otrzymają po tysiąc euro, które przekażą nam. Z ojcem wróciliśmy potem do Wodzisławia, w firmie już się nie przelewało i nie było kolorowo. Nagle jednak chłopcy przestali odbierać telefony. Milczeli. Zrobiła się niezdrowa atmosfera. Janusz wtedy jechał do pani Glik, tłumaczył jej wszystko, ale na pewno nie straszył komornikiem. W końcu pieniądze przyszły. Co do słów Kamila, że nie był dobrym menedżerem… Jak nie szło im w Realu, gdzie nie potrafili się przebić i grali – albo siedzieli na ławce rezerwowych – w drugim czy trzecim zespole, to w końcu sami zadzwonili skruszeni i prosili o pomoc. Ojciec dzięki swoim kontaktom dwóm pomógł przejść do Jagiellonii, a Kamilowi do Piasta”.

Jeszcze inaczej na wszystko patrzy babcia Kamila, pani Krystyna Glik, która nie raz jeździła na mecze do Wodzisławia, kiedy jej wnuczek grał w WSP, a potem w gościnnie występującym w tym mieście ekstraklasowym Piaście Gliwice. Kiedy pytam o Pontusa, mówi: „Dla mnie był to bardzo porządny człowiek. To on Kamila wyprowadził na dobrą drogę. Wszędzie go ciągnął. Włożył w to wszystko dużo wysiłku, trudu i chęci. Przywoził i odwoził chłopaków, nieraz i obiad zafundował komuś z rodziny. Ja nie korzystałam, ale to było miłe. Nie podobało mi się, że go Kamil na ślub nie zaprosił. Powinien był to zrobić. A że niektórzy źle o Pontusie mówią? Ludziom nikt nie dogodzi".

Pontusowi udało się wyłuskać i wyszkolić kilka prawdziwych perełek. Wkrótce na konsultacje kadry Polski zaczęła jeździć spora grupa chłopaków z Wodzisławskiej Szkoły Piłkarskiej. Wśród nich znaleźli się między innymi Arkadiusz Miehle i Kamil Wilczek, a później Kamil Glik.

„Graliśmy jakiś mecz przeciwko szkółce z Wodzisławia – nie pamiętam, czy sparing, czy ligowy w trampkarzach. Potem Janusz Pontus przyjechał do nas do Jastrzębia i namawiał mnie i rodziców do przeniesienia się do jego klubu", opowiada Kamil, a jego mama dodaje: „Pani Matuszek, która pracowała w firmie pana Pontusa, zadzwoniła do mnie kiedyś i zapytała, czy nie byłabym zainteresowana tym, żeby i mój syn jeździł na treningi do Wodzisławia. Tak się zaczęło. Pani Matuszek, której syn też tam grał, odbierała i zawoziła chłopaków".

Pontus wspomina: „Jako bodajże 12-latek przyjechał do nas na jeden z treningów, który mieliśmy w hali w Rybniku-Boguszowicach. To było w grudniu 2000 roku. Nie od razu mnie przekonał. Przyjechał z nawykami, które trzeba było zmienić. Trzeba też było zmienić sposób jego myślenia". W tym czasie szkółka działała już od kilku lat. Kamil musiał się odnaleźć w nowej grupie. „Był jednym z wielu. Niczym szczególnym się nie wyróżniał, a wręcz odstawał

– ciągnie trener. – W szkółce było od niego w tym roczniku wielu bardziej utalentowanych chłopaków, jak Arek Miehle, Kamil Wilczek, Krzysztof Gut, siostrzeniec byłego reprezentanta Polski Zbigniewa Guta, czy grający, podobnie jak Kamil Glik, na środku obrony Daniel Lubszczyk".

Ten ostatni, jak mówi Pontus, miał wielki potencjał do gry w piłkę na wysokim poziomie. W wieku 14 lat zrezygnował jednak z treningów, żeby potem występować w podrzędnej Fortecy Świerklany. Podobnie było z innym utalentowanym zawodnikiem szkółki, Arkadiuszem Miehle. Powoływany do juniorskich reprezentacji Polski piłkarz nagle niespodziewanie zrezygnował z gry. „Miał propozycje z Lecha, z Pogoni. Do dziś nie wiem, dlaczego przestał grać". Pontus bezradnie rozkłada ręce.

„Kamil trafił do nas jako niewysoki chłopak, żeby nie powiedzieć: kurdupel. Był chyba nawet mniejszy od niewysokiego do dziś Arka Stępnia. Nie wyróżniał się wtedy ani wzrostem, ani umiejętnościami. Zresztą z tego, co pamiętam, to w Jastrzębiu bronił. Pracą i treningami z moim ojcem, czy to w niedzielę, czy w święto, szybko jednak nadrobił wszystkie zaległości", opowiada Marcin Pontus.

Arkadiusz Miehle też dojeżdżał na treningi do Wodzisławia z Jastrzębia. „Trafiłem do szkółki po Szymonie Matuszku, a przed Kamilem Glikiem – mówi. – Potem doszedł jeszcze Krzysiek Gut. Też zaczynałem w MOSiR-ze u trenera Staszka Filipa. O ile mnie pamięć nie myli, kiedy Kamil trafił do WSP, był bramkarzem. Na pewno nie było nam łatwo. Już sam dojazd na treningi do Wodzisławia stanowił wyzwanie. Po szkole rzucało się torbę i często bez obiadu pół godziny jechało autobusem na trening. Wracało się wieczorem. Na początku odstawaliśmy od chłopaków z Wodzisławia, którzy zaczęli trenować wcześniej niż my i byli od nas lepsi. My niczym się nie wyróżnialiśmy".

Kamil Wilczek pamięta jeszcze Kamila Glika z czasów, kiedy ten grał w MOSiR-ze Jastrzębie. „Mieliśmy wtedy chyba ze 12 lat i graliśmy w turnieju halowym w Boguszowicach. Kamil bronił w bramce przeciwnika, a w pewnym momencie doszło do spięcia na boisku, jak to w rywalizacji między dwoma drużynami. Trochę się wtedy poszarpaliśmy, ale nic wielkiego się nie stało, wszystko w ferworze walki". Incydent z szarpaniną na boisku nie przeszkodził Glikowi w wejściu do zespołu. Jak wspomina Wilczek, „w szatni panowała świetna atmosfera, więc nie było kłopotów z akceptacją nowych graczy. Trzymaliśmy się razem na boisku i poza nim. Jeździliśmy na przykład w kilkunastu na dyskoteki do Kokoszyc czy Krzyżanowic, kiedy byliśmy już starsi".

Michał Tofilski opowiada: „Kiedy Kamil do nas trafił, byliśmy już zgraną ekipą z mocnym poczuciem tego, że tworzymy jeden zespół. Szybko jednak wkomponował się w drużynę. Jeśli chodzi o umiejętności techniczne, nie był wybijającym się graczem, ale pod względem charakteru już tak. Miał wysoką samoocenę. Trzy główne rzeczy, jakie go w tamtym czasie charakteryzowały? Pierwsza to »dobitka« – w obronie zawodnika był w stanie przebiec całe boisko. Był agresywny, ale w pozytywnym tego słowa znaczeniu. Nie dał sobie w kaszę dmuchać, a że graliśmy wtedy sporo meczów z drużynami z Czech czy Słowacji, z Rużomberka, Opawy czy Karwiny, to zawsze sporo się działo, bo tamtejsze zespoły znane są ze zdecydowanej i ostrej gry. Druga rzecz to fakt, że był zawodnikiem meczowym. Nie miał słabych spotkań – rozgrywał albo solidne, albo bardzo dobre. Ostatnia sprawa to świetna gra głową. Co ważne, omijały go kontuzje. Kiedy zaczął rosnąć, pojawiły się problemy z plecami, ale oprócz tego nigdy nie miał żadnych kłopotów ze zdrowiem".

W Cefpolu, a potem WSP, Tofilski grał na środku obrony razem z Kamilem. „Śmieję się, że nie byłby taki dobry, gdyby nie ja. Musiał przecież po mnie łatać te dziury". Potem, jako nastolatek, Michał został piłkarzem Banika, a następnie terminował w trzecioligowym Rozwoju Katowice.

W lutym 2001 Kamil wraz ze swoim nowym zespołem poleciał do Portugalii. „To był mój pierwszy tak poważny zagraniczny wyjazd. Dla kilkunastolatka na pewno było to przeżycie. Wtedy też pierwszy raz leciałem samolotem", przyznaje z uśmiechem.

Chłopcy z Cefpolu lecieli z Warszawy do Lizbony przez Amsterdam. Zostali zakwaterowani w hotelu Catalazete nad samym Atlantykiem. Trenowali na plaży i kąpali się w zimnych wodach oceanu. Odwiedzili też słynne portugalskie sanktuarium w Fatimie, a także zrobili sobie pamiątkowe zdjęcie na słynnym obiekcie Benfiki Estádio da Luz. Wszyscy w eleganckich dresach, prezentujący się jak prawdziwa zawodowa drużyna.

Celem wyprawy do Portugalii nie było jednak zwiedzanie czy odpoczywanie na plaży, ale mecze sparingowe z wymagającymi rywalami. Z Benficą Cefpol przegrał 0:4, a z Belenenses aż 0:5. Po tym pierwszym spotkaniu dwóch graczy z wodzisławskiej szkółki, Arek Janeta i Krzysztof Król, w nagrodę za dobrą grę zostało przez gospodarzy wyróżnionych koszulkami słynnego lizbońskiego klubu. W ostatnim meczu na Półwyspie Iberyjskim Cefpol przegrał z União Leirią 2:3. „Graliśmy tam z naprawdę wymagającymi rywalami. Kamil w meczu z Belenenses przekonał mnie do siebie. Przegraliśmy, ale widać było, że ma duży potencjał", opowiada Pontus.

W Portugalii młodzi chłopcy z Górnego Śląska zetknęli się też z wielkimi gwiazdami światowej piłki. Okazało się bowiem, że zespół Benfiki U-15, z którym przyszło im grać, prowadzony był przez byłego świetnego reprezentanta Portugalii Fernando Chalanę, jedną z gwiazd mistrzostw Europy w 1984 roku. Z kolei grając z Belenenses, mieli możliwość spotkania z ówczesnym pierwszym szkoleniowcem zespołu – Marinho Peresem. Brazylijczyk miał na swoim koncie kilkanaście występów w reprezentacji Canarinhos, między innymi podczas mundialu w 1974 roku, kiedy to jedenastka z Ameryki Południowej przegrała w meczu o trzecie miejsce z Polską 0:1.

Portugalia to był pierwszy poważny zagraniczny wyjazd. Niewiele istniało szkółek w Polsce, które mogły sobie na coś takiego pozwolić. Dla 12- czy 13-letniego chłopaka na pewno było to przeżycie. Dawało poczucie jakiejś wartości. Inni nie mieli przecież takich możliwości.

Poza samymi meczami najbardziej zapamiętałem wyjazd do Fatimy. Oprócz meczów ta wizyta była największą atrakcją. 13-latek pooglądał stadion, ale oprócz grania najważniejsze było zwiedzanie. Reszta nie miała znaczenia. W Fatimie kupiłem sobie wodę święconą. Do dziś mam ją w szafce.

O sobie mogę powiedzieć, że jestem osobą wierzącą, ale nie aż tak, żeby co tydzień chodzić do kościoła. Jak trzeba się pomodlić, to modlę się w domu. Kiedy trzeba iść do kościoła czy się wyspowiadać, robię to.

Każdy z chłopaków wchodzących do zespołu musiał przejść przez piłkarski chrzest. Nie ominęło to też Glika. „Trzeba było coś zaśpiewać, opowiedzieć kawał, a także zatańczyć z mopem. Z tego, co pamiętam, to Kamil miał taki chrzest w Portugalii", wspomina Kamil Wilczek. „Faktycznie tak było – śmieje się Glik. – Tańczyłem z miotłą czy mopem i coś śpiewaliśmy, ale już dokładnie nie pamiętam co. Kilku nowych nas tam wtedy było. Chyba chrzest miał też wtedy Krzysiek Gut. Wszystko na wesoło. Byliśmy zresztą gnojkami, więc musieliśmy być pod opieką dorosłych. Pamiętam, że był wtedy z nami pan Tofilski".

Po powrocie z Portugalii Kamil na stałe zaczął ćwiczyć w wodzisławskiej szkółce. Ćwiczyli cztery razy w tygodniu. W programie były nie tylko treningi piłkarskie, ale i zajęcia uzupełniające: akrobatyka, aerobik, fitness czy basen. Problemem były dojazdy do odległego o kilkanaście kilometrów Wodzisławia Śląskiego.

Szymon Matuszek, który podobnie jak Kamil swoją przygodę z piłką zaczynał w MOSiR-ze Jastrzębie, wspomina: „Na treningi na »Łączkach« dojeżdżaliśmy z Jastrzębia we czwórkę. Był Kamil, byłem ja, a do tego Krzysiek Gut i Arek Miehle. Na początku woziła nas moja mama. Pracowała w firmie Cefpol u Janusza Pontusa jako przedstawiciel handlowy. Nierzadko w ramach pracy jechała z nami na trening. Potem albo dowozili nas rodzice, albo sam Janusz z nami jeździł. Na pewno wymagało to sporego poświęcenia ze strony dorosłych. Byli chłopcy, którzy z powodu dojazdów rezygnowali. Potem, gdy byliśmy już starsi, jeździliśmy autobusem E-3.

W Cefpolu była wtedy prawdziwa zbieranina chłopaków z pobliskich miejscowości. „Była ekipa z Rydułtów, Rybnika, my z Jastrzębia, chłopcy z Żorów, Gorzyc czy Gorzyczek. Nieraz trzeba było się dostać na halę albo boisko w tym czy innym miejscu. Komunikacja i zorganizowanie tego wszystkiego to było spore wyzwanie. Janusz Pontus dwoił się i troił, żeby to wszystko jakoś ogarnąć. Na treningu nieraz słyszało się: »Nie ma jeszcze Rybnika« czy »Jastrzębie jest jeszcze w PKS-ie«", mówi Matuszek.

Grający obecnie w Górniku Zabrze pomocnik wspomina, że Kamil nie miał problemów z wejściem do drużyny: „Był bezkonfliktowy, a w grupie panowała bardzo fajna atmosfera. Kamil na pewno wyróżniał się warunkami fizycznymi, a resztę dopracował potem treningami. W MOSiR-ze wprawdzie bronił, ale Janusz widział go na boisku, jako obrońcę. U nas już między słupkami nie stawał".

ZAGRANICZNE WOJAŻE

Dużym plusem gry i treningów w Wodzisławiu były częste wyjazdy zagraniczne. Na przykład pod koniec 2002 roku Wodzisławska Szkoła Piłkarska, bo taka już wtedy była nazwa klubu, poleciała do Tunezji. Tam młodzi Ślązacy zagrali z czołowym zespołem kraju, Espérance Tunis. Skończyło się na porażce 1:4 oraz na zwycięstwie 4:3. Drużynie towarzyszył wtedy ówczesny Szef Wyszkolenia Śląskiego Związku Piłki Nożnej Zdzisław Podedworny. Nie był to przypadek, bo doświadczony szkoleniowiec w latach 90. ubiegłego wieku z powodzeniem pracował w Tunezji. W latach 1991–1993 był trenerem właśnie w Espérance.

„Nowiny Wodzisławskie" (1 stycznia 2003) tak podsumowywały pierwsze pięć lat działalności szkółki:

Pierwszym spektakularnym sukcesem Szkoły było powołanie jej zawodnika Marcina Pontusa do reprezentacji Polski do lat 17. Marcin jest zresztą najbardziej utytułowanym adeptem Wodzisławskiej Szkoły Piłkarskiej, bowiem z drużyną Banika zdobył tytuł mistrza juniorów młodszych Republiki Czeskiej.

Również selekcjonerzy reprezentacji Polski U-15 i U-14 często powoływali zawodników WSP na konsultacje kadry. Pośród 60 najlepszych w kraju 15-latków znalazło się aż czterech piłkarzy tego klubu: Arkadiusz Janeta, Arkadiusz Miehle, Krzysztof Król i Michał Tofilski, a w tej samej liczbie potencjalnych reprezentantów kadry 14-latków było pięciu zawodników WSP: Kamil Glik, Łukasz Grzegorzek, Krzysztof Gut, Kamil Wilczek i Rafał Wójta. Wodzisławski klub był najliczniej reprezentowany w szerokiej kadrze najmłodszych drużyn narodowych.

Wielką satysfakcją dla Szkoły jest fakt, że jej przedstawiciel Kamil Wilczek wpisał się do kronik polskiego futbolu, zdobywając pierwszą bramkę w historycznym, pierwszym międzypaństwowym meczu przeciwko Słowacji, powołanej po raz pierwszy reprezentacji Polski U-14.

Kamil Wilczek i Kamil Glik. Ich losy zawsze się ze sobą splatają

Fot. Irek Dorożański / Edytor.net

„W moim wypadku to były tylko konsultacje. Grać zacząłem dopiero od »siedemnastki«, a takim pełnoprawnym członkiem stałem się jeszcze później, w zespole do lat 19 czy 21. W Wodzisławiu było zresztą wtedy kilku bardziej utalentowanych zawodników ode mnie, jak Miehle, Wilczek, Król czy Matuszek", przyznaje Glik. Kamil Wilczek podkreśla: „Arek Miehle faktycznie był najbardziej utalentowany. Miał to coś, czego nie mieli inni. Z kolei Kamil braki nadrabiał walecznością, zadziornością, nieustępliwością i charakterem. Nie dawał się".

„Co pomogło Glikowi w zrobieniu kariery? Charakter. Do tego podejście do treningów, zawziętość, ambicja, krew, pot i łzy. Te cechy sprawiły, że jest piłkarzem tak wielkiego formatu", ocenia Pontus.

Kilkakrotnie towarzyszyłem Wodzisławskiej Szkole Piłkarskiej podczas zagranicznych wyjazdów. Pierwszy raz – w październiku 2003 roku. Szkółka jechała wtedy do Kecskemét, urokliwego miasta położonego pomiędzy Budapesztem i Segedynem. Z tamtejszym klubem WSP przez dość długi czas utrzymywała kontakt. Bogdan Tofilski, ojciec Michała, piłkarza szkółki, świetnie mówił po węgiersku, co znacznie ułatwiało komunikację.

Oprócz gier kontrolnych, w których drużyna Pontusa pokazała klasę, zorganizowano też wyjazd na Nepstadion w Budapeszcie. W eliminacjach do Euro 2004 Biało-Czerwoni zagrali tam z Węgrami i po dwóch golach Andrzeja Niedzielana zwyciężyli 2:1. To było pierwsze zetknięcie się Kamila z mistrzostwami Europy.

Kolejny wyjazd miał miejsce kilka miesięcy później. Wiosną 2004 roku kilku chłopców z WSP – Marcin Pontus, Kamil Glik, Krzysztof Król i Arkadiusz Stępień – pojechało na turniej FIFA Blue Stars/Youth Cup w Szwajcarii. Samochód prowadził Tomasz Pocialik, ja towarzyszyłem zawodnikom jako obserwator i dziennikarz.

Te prestiżowe zawody organizowane są od kilkudziesięciu lat, a przyjeżdżają na nie czołowe młodzieżowe zespoły z całego świata. Młodzi gracze z wodzisławskiej szkółki mieli występować w barwach

FC Zürich, który prowadził były reprezentant Polski i piłkarz wielkiego Górnika Zabrze z lat 80., Ryszard Komornicki.

Szwajcarzy skończyli wtedy turniej na drugim miejscu za Manchesterem United. Trzeci byli Boca Juniors, a czwarta Barcelona. „Dla mnie był to bardziej staż niż granie – wspomina Glik. – Zdaje się, że grał tam wtedy tylko Marcin Pontus. W moim przypadku skończyło się na treningach". „Nie pamiętam już dokładnie, czy Glik grał w tym turnieju, czy nie – mówi Komornicki. – Na pewno dało się zauważyć, że i on, i inni chłopcy, którzy do mnie przyjeżdżali z Polski, mieli talent i potencjał. Wcześniej z dwójką piłkarzy z Gwarka Zabrze, Piszczkiem i Bandrowskim, przyjechał trener Janusz Kowalski. Dało się u nich wszystkich zauważyć, że mieli kłopoty z szybkością w grze. Nie z szybkością w bieganiu, ale z szybkością w operowaniu piłką. Piszczek, który grał jako napastnik, mówił potem, że zanim się zastanowił, co zrobić z piłką, już jej nie miał".

Komornicki, specjalista od pracy z młodzieżą, który w Szwajcarii mieszka i pracuje od lat i który trenował wiele ligowych zespołów, w tym FC Luzern czy FC Aarau, szczególnie zapamiętał Glika: „Widać było, że ma predyspozycje. Już pomijam nawet to, że był wysoki. Niektórzy mają ciało, ale nie widać ich na boisku. On poza tym, że umiejętnie grał głową, po prostu dobrze rokował. Zresztą trzeba pamiętać, że niektórzy zawodnicy potrzebują więcej czasu i trzeba się w podejściu do nich wykazać cierpliwością, żeby się przebili i rozwinęli".

Szwajcarzy byli zainteresowani wstępną współpracą z WSP, ale ostatecznie, kiedy z klubem z Zurychu pożegnał się Komornicki, plany spełzły na niczym. „Rozmawiałem wtedy z dyrektorem FC Zürich, Fredym Bickelem, żeby sprowadzić jednego czy dwóch z chłopaków do nas – mówi trener. – Pomagał mi w tym odpowiadający w klubie za skauting Axel Thoma, ale nic z tego nie wyszło. Szefowie tłumaczyli, że wcześniej nic takiego nie robili, że nie mają doświadczenia w sprowadzaniu tak młodych graczy, którym, wiadomo, trzeba zapewnić opiekę. No i pomysł upadł".

W maju 2005 roku szkółka z Wodzisławia pojechała na sparing z rówieśnikami z Dynama Drezno. WSP po efektownej grze wygrała wtedy 5:2, a jej poczynaniom przyglądali się ówczesny pierwszy trener klubu z Saksonii, Christoph Franke, a także Frank Lippmann, który w Dynamie odpowiadał wówczas za pracę z młodzieżą.

Z tego wyjazdu najbardziej pamiętam zdjęcie siedzących na ławce Kamila Glika, Kamila Wilczka i Krzysztofa Guta, które zrobił Irek Dorożański. Poszło wraz z tekstem w pierwszym wydaniu regionalnego katowickiego „Faktu" 1 czerwca 2005 roku i wisiało w redakcji na honorowym miejscu. Tabloid informował:

Trójka piłkarzy z Wodzisławskiej Szkoły Piłkarskiej: Kamil Glik, Kamil Wilczek i Krzysztof Gut (wszyscy 17 l.) będzie od nowego sezonu występowała w Dynamie Drezno.

We wtorek z działaczami i trenerami Dynama rozmawiali Janusz Pontus, szef i trener Wodzisławskiej Szkoły Piłkarskiej, oraz Antoni Jeleń. Ten ostatni to były piłkarz m.in. Górnika Pszów i Dynama. W klubie z Drezna otwierają przed nim wszystkie drzwi, bo jako piłkarz spędził tam pięć sezonów.

Trójka młodych piłkarzy z Wodzisławia miałaby trafić do klubu z Saksonii latem. Glik i Wilczek byli już sprawdzani przez Dynamo. W Dreźnie zacierają ręce, bo ten pierwszy ma niemieckie papiery i świetne kwalifikacje do gry na środku obrony. Bardzo prawdopodobne, że trener dobrze spisującego się wiosną w rozgrywkach 2. Bundesligi Dynama, Christoph Franke, włączy go do kadry pierwszego zespołu.

Wilczek w meczach Ligi Juniorów zdobył już w tym sezonie ponad 60 goli. Z kolei Gut ma piłkarskie korzenie, bo jego wujek Zbigniew grał w reprezentacji Polski na mistrzostwach świata w 1974 roku.

„Chłopcy mieli pojawić się w Dreźnie na stałe od lipca. Kamil przyjechał ze swoim świętej pamięci ojcem na miejsce, żeby wszystko dograć. Podobnie było w przypadku Kamila Wiczka, Krzyśka Guta i Szymona Matuszka. W Dreźnie spędzili z rodzicami kilka dni, a klub wszystko opłacił", relacjonuje Antoni Jeleń, który za zachodnią granicą grał nie tylko w Dynamie, ale też w Unionie Berlin, Sachsen Lipsk czy Borea Drezno. Młodzi Polacy mieli o tyle łatwiej, że akurat w tym czasie bardzo dobrze w barwach Dynama radził sobie były reprezentant Polski Mariusz Kukiełka. „Wszystko było już dogadane i uzgodnione z dyrektorem sportowym Steffenem Heidrichem i odpowiadającym za młodzież Frankiem Lippmannem – ciągnie Jeleń. – Chłopcy mieli trafić do zespołu A-Jugend, a na stałe mieszkać w internacie. Klub zapewniał też 25 godzin nauki języka niemieckiego, a także, raz w miesiącu, przyjazd rodziców na koszt klubu. Mieli też możliwość wyjazdów do Polski razem z Mariuszem Kukiełką. WSP miała otrzymać dziesięć tysięcy euro w sprzęcie i procent od przyszłego transferu. Wtedy jednak Janusz zgłosił aneks do umowy i zażądał 250 tysięcy euro. Powiedziałem mu tylko, żeby robił, co chce. I temat upadł".

Do Niemiec WSP udawała się wiele razy. „Janusz ciągle jeździł i pokazywał chłopaków. Na pewno wyszło im to na plus – ocenia Jeleń. – Co do Kamila Glika, to bardzo pasował do niemieckiej piłki. Walczak, nieodpuszczający nikomu, a przy tym wiedzący, co zrobić z piłką. Zresztą przebił się w innej silnej lidze".

KŁOPOTY W SZKOLE I ROCZNA DYSKWALIFIKACJA

Treningi w wodzisławskiej szkółce Pontusa Kamil łączył z nauką. Uczęszczał do gimnazjum położonego nieopodal jego bloku na osiedlu Przyjaźń. Sam przyznaje, że nie obyło się bez problemów: „Nie byłem chyba łatwym uczniem dla żadnej nauczycielki. Trochę się rozrabiało, a z drugiej strony grałem, trenowałem, więc nie pojawiałem się na wszystkich lekcjach".

Pani Grażyna Glik tylko się uśmiecha na pytanie o to, jak jej synowi szło w szkole. „Miałam z nim problemy – przyznaje. – Nie takie, że coś zdewastował czy kogoś pobił, ale Kamil jest nerwusem: potrafił na lekcji rzucić zeszytem i wyjść z klasy. W gimnazjum byłam w stałym kontakcie z jego wychowawczynią. Co środę regularnie pojawiałam się w szkole, żeby się dowiedzieć, co się dzieje. Kolorowo nie było: na świadectwie zawsze miał zachowanie nieodpowiednie".

Zbigniew Miłoś jest dyrektorem Zespołu Szkół Mistrzostwa Sportowego, w skład którego wchodzi gimnazjum, do jakiego uczęszczał Kamil. „Uczyłem Kamila w gimnazjum WF-u – opowiada. – Jako nauczyciel pamiętam go jeszcze jednak z podwórkowego zespołu pana Śmigielskiego, gdzie stał na bramce. Kiedy przychodził do nas do gimnazjum, nie był za wysoki, ale co się rzucało w oczy, to duże zdolności ruchowe. W co by nie grał, dawał radę, bez znaczenia, czy to był kosz, czy siata. Do tego biegał na dłuższych dystansach w przełajach. Jeździł z jednych zawodów szkolnych na drugie. Był u nas w zwykłej klasie, choć mieliśmy już klasę sprofilowaną pod piłkę nożną, gdzie byli chłopcy trenujący w MOSiR-ze Jastrzębie".

> Do klasy sportowej chodzili chłopcy, którzy trenowali na co dzień w MOSiR-ze. Ja chodziłem do normalnej klasy. Trenowałem w Wodzisławiu. Koledzy z klasy sportowej może patrzyli na mnie trochę z ukosa, bo szkółka miała swoją opinię w środowisku. Różnie o nas mówili. Może byli też trochę zazdrośni, zważywszy na to, że zdarzało się nam mieć fajne i atrakcyjne zagraniczne wyjazdy. Z drugiej strony w Jastrzębiu mam kolegów czy przyjaciół do dziś. Zresztą razem też graliśmy, reprezentując szkołę na zawodach. Grałem w kosza, piłkę ręczną. Z reguły wygrywaliśmy wszystko bez dyskusji. U nas w szkole była przecież klasa sportowa.

Zbigniew Miłoś wspomina pewne zdarzenie, do którego doszło podczas miejskiego turnieju, zwycięskiego dla prowadzonej przez niego drużyny: „W trakcie jednego z meczów Kamil wyskoczył z pretensjami do sędziego. Źle się zachował. Poszedłem potem na lekcję polskiego i przy wszystkich zwróciłem mu na to uwagę. Jednocześnie zapowiedziałem, że choćbyśmy mieli przegrać, to nie zabiorę go na zawody rejonowe i słowa zresztą dotrzymałem".

Dyrektor jastrzębskiej szkoły tak charakteryzuje swojego byłego ucznia: „To był taki pozytywny łobuz. Miał »to coś«. Sportowcem dużej klasy nie zostaje przecież ten, kto jest cichy, spokojny i wycofany. Kamil taki nie był. Po tym incydencie z sędzią rozmawiałem z nim jeszcze nie raz. Zwracałem mu uwagę, że musi mieć głowę na karku, bo może pojawić się wokół niego wielu doradców, którzy niekoniecznie będą chcieli dla niego dobrze. Nie żebym był jakimś jego mentorem, ale bardzo go polubiłem".

Marta Glik nie owija w bawełnę: „Tak naprawdę to w szkole Kamilowi tyłek ratował dyrektor. Wiedział, że Kamil trenuje, i zdawał sobie sprawę, jak wiele wysiłku go to kosztuje. Pomagał mu w trudnych sytuacjach. Kamil był nerwowy i impulsywny, swoją drogą do dzisiaj taki jest. W szkole co prawda nikogo nie uderzył, ale były wyzwiska, chichy, chachy... Zresztą w domu to też jest taki diabełek!".

Pani Magdalena Bożek, wychowawczyni Kamila w jastrzębskim gimnazjum nr 10, opowiada: „Ja wspominam Kamila bardzo pozytywnie. Jak o nim czytam i słyszę, to jest mi naprawdę miło. Obecnie nie mam z nim niestety żadnego kontaktu, bo przeprowadziłam się do Gdyni, ale jakiś czas temu spotkałam Martę, jego żonę, i było to bardzo sympatyczne spotkanie. Klasa Kamila była dla mnie wyjątkowa – była moją pierwszą, którą opiekowałam się jako wychowawca. Jakim był uczniem? Silny charakter, silna osobowość, miał skłonność do liderowania. Szczególnie przejawiało się to na lekcjach wychowania fizycznego – tam emocje i ambicje brały górę. Często wtedy przeklinał, a że w szkole walczyliśmy z tym, to były kłopoty. On wtedy już dużo trenował. Nie miał tolerancji dla popełnianych przez innych błędów. W żadnym razie nie był zabijaką, nikogo nie uderzył, nic z tych rzeczy. To było jakoś w drugiej klasie gimnazjum, a to trudny okres dla młodzieży. Bunt, emocje, a tutaj szkoła stara się wpasować ucznia w odpowiednie ramy. Stąd wizyty mamy Kamila w szkole. Nie był łatwym uczniem. Udało mu się jednak to wszystko przezwyciężyć, a duża w tym zasługa właśnie jego mamy. Była bardzo systematyczna, mnóstwo z nim rozmawiała. Często jest tak, że rodzic przyjdzie do szkoły, posłucha, a potem i tak dziecko robi swoje. W przypadku Kamila i jego matki było inaczej. Nie chciała, żeby syn kończył szkołę z nagannym zachowaniem. Należą się jej duże gratulacje za to, jak wychowywała i prowadziła syna".

„Co do tamtejszej szkoły, to powiem, że na Przyjaźni nauczyciele świetnie pracują z uczniami. Sama posłałam tam syna ze względu na obecność klas sportowych, a wielu się dziwiło: »Jak to, na Przyjaźń go posyłasz!?«", mówi Anna Wodecka, która później uczyła Kamila w liceum.

W szkole nie byłem najgrzeczniejszym uczniem. Raz pani z geografii nie potrafiła sobie ze mną poradzić w czasie lekcji, więc wysłała mnie do dyrektora. Poszedłem tam nie ze strachem, ale z uśmiechem na ustach. Dyrektor, wiadomo, zganił mnie za moje zachowanie, ale zaraz potem kazał usiąść i zaczął pytać, jak tam w klubie w Wodzisławiu, jak mi idzie.

Dużo mu zawdzięczam. Wiedziałem, że przy nim nic złego mi się nie stanie i nie będę miał w szkole poważniejszych problemów. Mogę chyba powiedzieć, że dzięki niemu czułem się w szkole bardziej uprzywilejowany. Poza tym dyrektor uczył WF-u, żył sportem, zresztą do dzisiaj tak jest.

Być może wpływ na impulsywne zachowanie dorastającego chłopaka miała też sytuacja w domu. Wspomina o tym pani Grażyna Glik: „Często nie było łatwo, bo mąż nadużywał alkoholu. W trakcie kłótni Kamil zawsze stawał po mojej stronie. Raz doszło do takiej awantury, że wziął piłkarskiego buta i cisnął nim w ojca. But poleciał w okno i rozbił szybę. Kiedy potem był w Hiszpanii, nawet się cieszyłam, że go nie ma w domu, bo między nim a mężem dochodziło do spięć".

Tata zmarł, kiedy miałem 21 lat. Odkąd skończyłem 16 czy 17, praktycznie byłem poza domem. Gdy ojciec był z nami, bywało różnie i zdarzały się ekscesy. Ale potem, na drugi dzień wszystko wracało do normalności, do porządku dziennego. Wiadomo też, jak jest, gdy ma się 13 czy 15 lat.

Sam Kamil szybko musiał dorosnąć – choćby po to, żeby opiekować się o osiem lat młodszym bratem. „Kamil zawsze był w stosunku do niego bardzo opiekuńczy. Tak było od początku. Ubierał go, prowadził do przedszkola", opowiada pani Grażyna.

Mateusz często towarzyszył starszemu bratu. Pojechał z nim, jako ledwie kilkulatek, na Węgry, do Kecskemét, gdzie Kamil grał z WSP. Piłkarz troskliwie się nim wówczas zajmował. „Potem jeździł za Kamilem wszędzie", dodaje mama. Sam Mateusz też trenował, jednak „nie miał tyle samozaparcia co Kamil". Po skończeniu szkoły średniej młodszy brat zaczął studia na anglistyce w Kolegium Języków Obcych Politechniki Śląskiej.

Co do Kamila, wkrótce okazało się, że jego piłkarska przyszłość stoi pod dużym znakiem zapytania. Wszystko z powodu jednego nieszczęsnego meczu. Właściciel i trener wodzisławskiej szkółki Janusz Pontus zawsze bojowo nastawiał swoich podopiecznych. Miał wrogów w Śląskim Związku Piłki Nożnej. Nie ukrywał tego były wiceprezes związku, nieżyjący już Grzegorz Termiński: „On i jego żona awanturowali się na boisku i nie dopuścili do gry drużyny rywali". Chodziło o mecz z Odrą.

„Nie zgodziłem się wtedy na mecz mojej drużyny z juniorami Odry Wodzisław, którzy byli starsi od naszych piłkarzy", tłumaczył Pontus („Gazeta Wyborcza Katowice", 2 listopada 2006, str. 15).

Jesienią 2004 roku, po meczu Wodzisławskiej Szkoły Piłkarskiej z Sośnicą Gliwice, Kamil miał olbrzymie kłopoty. Jego, jako kapitana drużyny, oraz Pontusa wezwano na posiedzenie Wydziału Dyscypliny Śląskiego Związku Piłki Nożnej. Glik jechał do Katowic jako świadek, a wlepiono mu… roczną dyskwalifikację!

7 grudnia 2004 roku w „Fakcie" ukazał się artykuł zatytułowany *Kara za cyniczny uśmiech*:

„Takiego werdyktu i takiej kary w polskim futbolu jeszcze nie było. Kamil Glik wezwany został na posiedzenie Wydziału Dyscypliny Śląskiego Związku Piłki Nożnej jako świadek, a wlepiono mu roczną karę dyskwalifikacji!

16-letni junior Wodzisławskiej Szkoły Piłkarskiej zeznawał w sprawie dotyczącej swojego trenera Janusza Pontusa, któremu WD zarzucał niewłaściwe zachowanie podczas meczów piłkarskich.

»Kilkadziesiąt lat pracuję jako działacz, ale nie przypominam sobie podobnej sprawy. Chłopak bez przerwy wszystkim przerywał. Zachowywał się prowokująco i cynicznie się uśmiechał. Wydział Dyscypliny miał prawo do takiej kary. Jeśli stwierdzimy poprawę w jego zachowaniu, po pół roku ma szansę na jej zawieszenie«, tłumaczy Grzegorz Termiński, wiceprezes ŚZPN.

Młody piłkarz przedstawia swoją wersję. »Ja tylko mówiłem, jak było podczas naszego meczu z Sośnicą Gliwice. Sędzia wyrzucił jednego z naszych zawodników z boiska. Jako kapitan podszedłem do niego i zapytałem: 'Co pan robi?', a on mi na to: 'Wypier… nie interesuj się tym!'. Nikt tego nie chciał jednak słuchać«, opowiada Glik.

»Piłkarscy pseudodziałacze od kilku lat zniechęcają nas do pracy. Jak tak dalej będzie, to w czerwcu wycofamy swoje zespoły z piłkarskich rozgrywek. To nie ma sensu«, mówi Pontus, właściciel i trener Wodzisławskiej Szkoły Piłkarskiej".

Kamil tak wspomina tamto przykre dla siebie wydarzenie: „Nie pamiętam już, kto wtedy sędziował, ale był bardzo nieprzyjemny i od początku gwizdał przeciwko nam. Potem z Januszem pojechałem na zebranie do siedziby Związku. Siedziało tam dwóch czy trzech panów. Trochę się wtedy zdenerwowałem, bo widziałem, że chcą mnie uwalić. Skończyło się na rocznej dyskwalifikacji. Choć chyba i tak potraktowano mnie ulgowo, jako że grałem wtedy w reprezentacji Śląska juniorów. Różnie mogło być. Przez to zawieszenie mogłem przecież w ogóle przestać grać. Ostatecznie jakoś odbębniłem pół roku, a potem mnie odwieszono. Piłka to było całe moje życie i wokół niej kręciło się absolutnie wszystko".

Jan Krupa, wieloletni przewodniczący Wydziału Dyscypliny Śląskiego Związku Piłki Nożnej (sprawował tę funkcję od 1997 do 2014 roku), uczestniczył w tamtym feralnym posiedzeniu. „Pamiętam tę sprawę – mówi. – Śledzę zresztą przebieg kariery Glika. Wtedy został wezwany jako świadek. Kiedy wszedł do pokoju, już był nastawiony buntowniczo i słownie obraził jednego z członków Wydziału Dyscypliny, Władka Wtorka, byłego prezesa GKS-u Tychy. Jeśli się nie mylę, otrzymał karę pół roku zawieszenia w prawach zawodnika. To było akurat w okresie listopad–grudzień, więc wiele i tak nie pauzował. Potem ze swoim prezesem przyszli na klęczkach i prosili o skrócenie kary. Wiedziałem, że tak będzie. Kara została skrócona o połowę".

„Ja nie pamiętam, żeby coś takiego się stało. Nie przypominam sobie, żeby Glik coś mi powiedział, trzeba by sprawdzić w dokumentach. W tamtym czasie mieliśmy problemy z Pontusem. To on ustawiał chłopaków tak, że się potem rzucali. Tam była jeszcze taka sprawa, że on zabierał zdolnych piłkarzy z MOSiR-u Jastrzębie do siebie. Grała u niego cała plejada reprezentantów Śląska. On też podburzał potem swoich zawodników", tłumaczy Władysław Wtorek.

Z kolei Marcin Pontus uważa: „I jeszcze na koniec wygrażali Kamilowi, by się cieszył, że nie został zdyskwalifikowany dożywotnio. Paradoksalnie jednak to, że nie grał, nawet mu pomogło. Ciągle trenował z moim ojcem, pracując nad techniką czy koordynacją. Po tym okresie był jeszcze lepszym piłkarzem". „To miało głębsze dno i podtekst – mówi Janusz Pontus. – Robili wszystko, żeby nas zlikwidować, bo pokazaliśmy, że odpowiednią pracą można osiągnąć wspaniały wynik i wyszkolić chłopców, o których biły się potem czołowe kluby w Europie. Wiceprezes Termiński za punkt honoru postawił sobie zniszczenie nas".

Dzięki pomocy i uprzejmości Jana Krupy udało mi się dotrzeć do protokołów z feralnego posiedzenia Wydziału Dyscypliny. Odbyło się ono w siedzibie Śląskiego Związku Piłki Nożnej przy ulicy Francuskiej w Katowicach w czwartek 28 października 2004 roku.

Oprócz bieżących spraw dyscyplinarnych przyjęto też delegacje klubów. Byli wśród nich przedstawiciele WSP: Janusz Pontus i Kamil Glik. Pojawili się też arbitrzy z Wydziału Sędziowskiego Podokręgu Zabrze: Janusz Mytych i Marian Sztykiel, a także działacz śląskiego związku Jan Czech.

Przewodniczący poprosił zawodnika Glika o złożenie wyjaśnień odnośnie meczu OLJ Sośnica Gliwice – WSP Wodzisław. Zawodnik stwierdza, że pierwsza połowa była prowadzona przez sędziego »normalnie«. W drugiej zaczęły się dziać „cuda", każde przewinienie było odgwizdywane na korzyść Sośnicy. Stwierdził, że gdy dotknął sędziego w ramię, ten odezwał się do niego cyt. „wypierdalaj". Przy ustawianiu muru przez zawodników WSP sędzia powiedział cyt. „kurwa do tyłu".

Sędzia Mytych nie potwierdza słów kapitana WSP, stwierdza, że owszem, powiedział słowo „kurwa", ale w kontekście zawodnika, którego usuwał z boiska cyt. „to jest za kurwa". Sędzia odczytuje zapis o przepisach gry w piłkę nożną, dotyczący spornej akcji, faulu na bramkarzu. Sędzia asystent potwierdza słowa sędziego głównego, stwierdza, że zawody były prowadzone dobrze, a on sam nie ma sobie nic do zarzucenia.

Zawodnik dodaje, że sędzia używał słów niecenzuralnych w stosunku do innych zawodników, „kurwa mać", „spierdalaj", jednak po zadaniu dodatkowych kilku pytań plącze się w zeznaniach, zachowuje się prowokacyjnie, obraża członków Wydziału Dyscypliny, mówiąc do nich cyt. „czy panowie w ogóle wiedzą, o czym my tutaj mówimy". Po zwróceniu mu uwagi odezwał się do jednego z nich cyt. „zamknij się", a wychodząc, powiedział cyt. „to jest paranoja, co wy tutaj robicie".

Przewodniczący prosi Kol. Czecha o opinię dotyczącą zawodów O.L.J. Energetyk Rybnik – WSP Wodzisław w dniu 26.10.2004. Mecz rozpoczął się z 15-minutowym opóźnieniem, ponieważ siatki nie były dobrze zamocowane. (Kol. Czech) był zbulwersowany zachowaniem się sędziego, że nie dopełnił podstawowych czynności związanych z prowadzeniem zawodów, dlatego w przerwie meczu udzielił mu ostrej reprymendy. Zwrócił także sędziemu uwagę na niewłaściwe zachowanie się trenera Janusza Pontusa. Zachowanie się trenera było, delikatnie mówiąc, niewłaściwe. Uważa, że trener obraził sędziów i obserwatora, czyli jego osobę.

Trener nie zgadza się z opinią obserwatora tego meczu, uważa, że każdy ma inne spojrzenie na sytuacje boiskowe. Przewodniczący informuje trenera, że interpretacja przepisów na boisku należy do sędziego zawodów.

Dalej protokół odnosił się do nieszczęsnego meczu Okręgowej Ligi Juniorów pomiędzy Sośnicą a Wodzisławską Szkołą Piłkarską, a także do kolejnego spotkania WSP, co do którego działacze śląskiego Związku mieli zastrzeżenia.

Przewodniczący odczytuje zapis sędziego w protokole tych zawodów. Trener nie zgadza się z opisem sędziego. Tłumaczy sporne sytuacje związane z zawodami, jest zbulwersowany sędziowaniem tego meczu. Sędzia jest zdziwiony postawą trenera, kierownik drużyny po zawodach stwierdził, że nie ma żadnych pretensji do sędziów, a za zachowanie niektórych osób nie może odpowiadać, dodał, że zagrali najsłabszy mecz w rozgrywkach. Sędzia asystent powiedział członkom WD, że trener używał obraźliwych słów w stosunku do sędziego głównego oraz asystentów.

Ostatecznie posypały się srogie kary…

Członkowie Wydziału Dyscypliny, po zapoznaniu się z dokumentacją sprawy i dyskusji, postanowili ukarać trenera 6 miesiącami dyskwalifikacji bezwzględnej zgodnie z Regulaminem Dyscypliny PZPN. Dla zawodnika Glik Kamil 1 rok bezwzględnej dyskwalifikacji, kara od 28.10.2004 do 28.10.2005. WSP Wodzisław kara finansowa 500,00 złotych za używanie słów niecenzuralnych lub powszechnie uważanych za obraźliwe przez P. Prezes Mirosławę Pontus w związku z nieodbytymi zawodami trampkarzy rocznik 1993 w dniu 9.10.2004 r. WSP Wodzisław - MOSiR Odra Wodzisław.

Na marginesie protokołu numer 32/2004 z 28 października 2004 roku widnieje jeszcze informacja:

Zawodnik Glik Kamil poproszony na salę posiedzeń WD w celu wysłuchania kary nałożonej na niego stwierdził, że nie ma ochoty więcej rozmawiać z członkami WD i nie wszedł na salę.

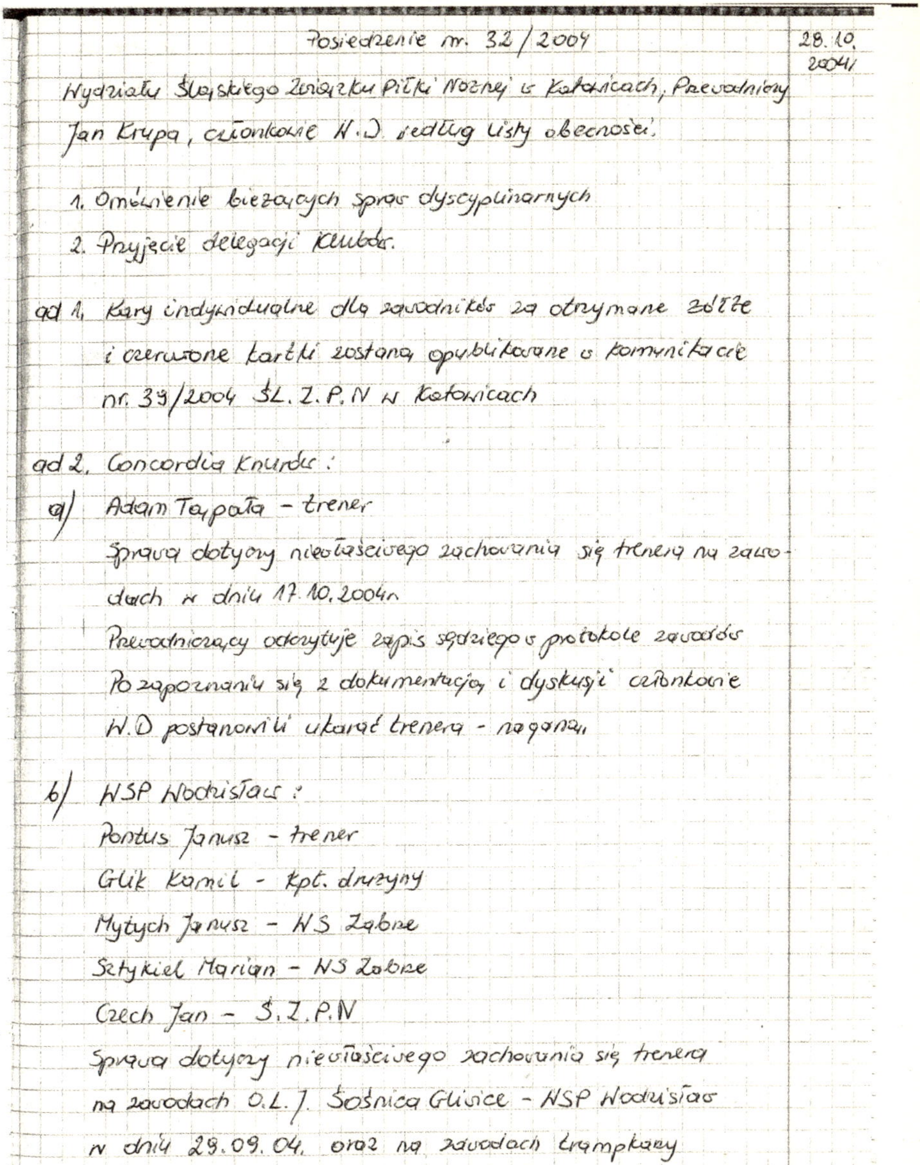

Skan z raportu z posiedzenia Wydziału Dyscypliny Śląskiego Związku Piłki Nożnej, kiedy Glik został zawieszony na rok

sygnały dotyczące niewłaściwego zachowania się trenera Janusza Pontus, jak również Pani Prezes WSP Wodzisław Pani Mirosławy Pontus.

Przewodniczący poprosił zawodnika Glika o złożenie wyjaśnień odnośnie meczu OLJ Sośnica Gliwice – WSP Wodzisław. Zawodnik stwierdza, że pierwsza połowa była prowadzona przez sędziego „normalnie". W drugiej zaczęły się dziać „cuda", każde przewinienie było odgwizdywane na korzyść Sośnicy. Stwierdził, że gdy dotknął sędziego w ramię ten odezwał się do niego cyt. „wypierdalaj" Przy ustawianiu muru przez zawodników WSP sędzia powiedział cyt. „Kurwa do tyłu". Sędzia Mytych nie potwierdza słów kapitana WSP, stwierdza owszem powiedział słowo „kurwa" ale w kontekście do zawodnika którego usuwał z boiska cyt. „to jest za „kurwa". Sędzia odczytuje zapis w przepisach gry w piłkę nożną dotyczący spornej akcji faulu na bramkarzu. Sędzia asystent potwierdza słowa sędziego głównego, stwierdza że zawody były prowadzone dobrze a on nie ma sobie nic do zarzucenia. Zawodnik dodaje, że sędzia używał słów niecenzuralnych w stosunku do innych zawodników „kurwa mać", „spierdalaj" jednak po zadaniu dodatkowych kilku pytań plącze się w zeznaniach, zachowuje się prowokacyjnie, obraża członków Wydziału Dyscypliny mówiąc do nich cyt. „czy panowie w ogóle wiedzą o czym my tutaj mówimy" po zwróceniu mu uwagi odezwał się do jednego z nich cyt. „zamknij się" a wychodząc powiedział cyt. „to jest paranoja co wy tutaj robicie".
Przewodniczący prosi Kol. Czecha o opinię dotyczącą zawodów OLJ Energetyk Rybnik – WSP Wodzisław w dniu 26.10.2004,

Zawodnik Glik Kamil poproszony na salę posiedzeń W.D. w celu usłyszenia kary nałożonej na niego stwierdził, że nie chce więcej rozmawiać z członkami W.D. i nie wszedł na salę.

Mecz rozpoczął się z 15 minutowym opóźnieniem, ponieważ siatki nie były dobrze zamocowane. Był zbulwersowany zachowaniem się sędziego, że nie dopełnił podstawowych czynności związanych z prowadzeniem zawodów, dlatego w przerwie meczu udzielił mu ostrej reprymendy. Zwrócił także sędziemu uwagę na niewłaściwe zachowanie się trenera Janusza Pontusa. Zachowanie się trenera było delikatnie mówiąc niewłaściwe. Uważa, że trener obraził sędziów i obserwatora, czyli jego osobę.
Trener nie zgadza się z opinią obserwatora tego meczu, uważa, że każdy ma inne spojrzenie na sytuacje boiskowe.
Przewodniczący informuje trenera, że interpretacja przepisów na boisku należy do sędziego zawodów.
Przewodniczący odczytuje zapis sędziego w protokole tych zawodów.
Trener nie zgadza się z opisem sędziego. Tłumaczy sporne sytuacje związane z zawodami, jest zbulwersowany sędziowaniem tego meczu. Sędzia jest zdziwiony postawą trenera, kierownik drużyny po zawodach stwierdził, że nie ma żadnych pretensji do sędziów a za zachowanie niektórych osób nie może odpowiadać, dodał że zagrali najsłabszy mecz w rozgrywkach. Sędzia asystent powiedział członkom W.D że trener używał obraźliwych słów w stosunku do sędziego głównego oraz asystentów. Przewodniczący poprosił trenera oraz kapitana drużyny z Sośnicy telefonicznie o opinię o tym meczu. Jutro mają być złożone faksem oświadczenia obu panów, które zostaną dołączone do akt sprawy. Przewodniczący odczytuje poprzednie orzeczenia kar w stosunku do trenera Janusza Pontusa, które są już w aktach Ś.Z.P.N w Katowicach. Przewodniczący odczytuje pismo trenera do Prezesa Ś.Z.P.N, do wglądu w aktach sprawy.

Przewodniczący odczytuje pismo, informacje Podokręgu Rybnik odnoszące się do nierozegranego meczu trampkarzy WSP Wodzisław – MOSiR Centrum Wodzisław, odczytuje również opis sędziego w protokole zawodów, opis trenera MOSiR Wodzisław P. Romana Zielińskiego, korespondencję Podokręgu Rybnik pomiędzy stronami, list otwarty do „Nowin Wodzisławia" trenera Janusza Pontusa, wyjaśnienia sędziego P. Feliksa Szweda

Po przeczytaniu wszystkich dokumentów Przewodniczący informuje trenera o sposobach zachowania się na zawodach piłkarskich. Trener wyjaśnia specyfikę funkcjonowania Klubu WSP Wodzisław w środowisku piłkarskim Wodzisławia wszyscy zazdroszczą Klubowi takiej działalności, a on sam jest tam poniżany.

Członkowie Wydziału Dyscypliny po zapoznaniu się z dokumentacją sprawy i dyskusji postanowili ukarać trenera 6 miesięczną dyskwalifikacją bezwzględnej zgodnie z Regulaminem Dyscyplinarnym PZPN § 4 pkt 5/2 w związku z § 9 pkt. 20/6 28.10.04 - 28.07.05

Zawodnika Glik Kamil 1 rok bezwzględnej dyskwalifikacji § 4 pkt 3/4 w związku z § 9 pkt. 20/6 kary od 28.10.2004 do 28.10.2005

WSP Wodzisław karą finansową 500.00 złotych za używanie słów niecenzuralnych lub powszechnie uważanych za obraźliwe przez P. Prezes Mirosławę Pontus w związku z nieodbytymi zawodami trampkarzy rocznik 1993 w dniu 9.10.2004r. WSP Wodzisław – MOSiR Odra Wodzisław

Zawodnik Glik Kamil poproszony na salę posiedzeń W.D. w celu wysłuchania kary nałożonej na niego. Stwierdził że nie ma ochoty więcej rozmawiać z członkami W.D i nie stawił się na sali.

Sekretarz: Przewodniczący:

„ŻAL MI BYŁO CHŁOPAKA"

Janusz Mytych w tym roku skończy 46 lat. Sędziuje od 1992 roku. Jak sam mówi, to jego pasja i hobby. Na co dzień pracuje w gliwickiej fabryce Opla. Mieszka w Zabrzu-Mikulczycach, w domu, w którym mieszkała jeszcze jego „oma", czyli babcia. To schludny budynek z lat 30., kiedy Mikulczyce znajdowały się po niemieckiej stronie granicy i nazywały się Klausberg.

Z jego domu jest przysłowiowy rzut beretem na obiekt Sparty Zabrze, w której trampkarzach trenuje jego młodszy syn. Na tamtym stadionie swoją przygodę z piłką rozpoczynał Jerzy Gorgoń (wtedy klub nosił jeszcze nazwę MGKS Mikulczyce), jeden z najlepszych środkowych obrońców w historii polskiej piłki, który z kadrą Kazimierza Górskiego wywalczył trzecie miejsce na mistrzostwach świata w 1974 roku. Zdobył też dwa medale olimpijskie, złoty w Monachium w 1972 roku i srebrny w Montrealu cztery lata później. Ponadto zagrał na mundialu w Argentynie w 1978 roku. W biało-czerwonych barwach zaliczył 55 spotkań i zdobył aż 6 bramek, w tym „armatnim strzałem z wolnego", jak mówił legendarny komentator Jan Ciszewski, w spotkaniu z Haiti na MŚ w RFN, które Polska wygrała 7:0.

Mytych pięć lat temu dostał dyplom za sędziowanie tysięcznego meczu. Jest rozjemcą w spotkaniach na niższym szczeblu. Sędziował w czwartej lidze śląskiej czy okręgówce, a w trzeciej na linii. Do dziś pozostaje aktywny.

Nadal sędziuje w zabrzańskiej A-klasie.

Dobrze pamięta mecz z 29 września 2004 roku pomiędzy Sośnicą Gliwice a Wodzisławską Szkołą Piłkarską w Okręgowej Lidze Juniorów: „WSP miała świetną drużynę, która grała fajną piłkę. Grali tak trochę po angielsku, ostro, zdecydowanie, ale nie faulowali. Akurat w tym meczu z Sośnicą im nie szło. O ile pamiętam, to w posiadaniu piłki byli chyba z 70 procent czasu, mieli świetne okazje, ale marnowali jedną za drugą. Do bramki nie potrafili trafić nawet z pięciu metrów. Sośnica, zdaje się, prowadziła do przerwy 1:0, ale jakby przegrywała 1:5, to krzywda by im się nie stała. Przed meczem podszedł do mnie ich trener, pan Janusz Pontus. Wydawał się kulturalnym człowiekiem. Przywitał się i życzył udanego prowadzenia zawodów. Jako że jego drużynie nie szło, całą frustrację postanowił wyładować na nas, na sędziach".

Piłkarze WSP co rusz wylatywali z boiska na kilka minut – bo takie były wtedy kary – za pyskówki. Pytam Mytycha, czy używał wulgarnych słów pod adresem zawodników z Wodzisławia. Zarzucali mu to gracze i trener WSP. Trener zaprzecza: „Nic takiego z mojej strony nie miało miejsca. Stek wyzwisk w naszym kierunku był za to kierowany z ławki zespołu z Wodzisławia. Mówię tutaj o panu Pontusie. To przez niego chłopcy byli nakręceni. Wszystko dobrze słyszał mój asystent Marian Sztykiel, który potem razem ze mną pojechał na posiedzenie Wydziału Dyscypliny. Mecz skończył się ostatecznie wygraną WSP 2:1. Ja w trakcie gry na trybuny odesłałem Pontusa. Wszystko przez jego zachowanie. Potem zwyzywał nas przed budynkiem klubowym. Opisałem to zresztą w meczowym sprawozdaniu, a później kilka osób gratulowało mi, że wreszcie ktoś odważył się to zrobić".

O posiedzeniu, które odbyło się przed Wydziałem Dyscypliny Śląskiego Związku Piłki Nożnej, opowiada tak: „Wcześniej miałem okazję zapoznać się z długim pismem z WSP. Było tam między innymi o tym, że używałem przekleństw. Pan Janek Krupa powiedział mi wtedy, że na te posiedzenia przyjeżdżają tylko święci. To dlatego, że nigdy nie czują się winni".

Doszło do konfrontacji. Przeczytano protokół z meczu Sośnica – WSP z 29 września 2004 roku oraz zapoznano się z pismem z wodzisławskiego klubu. „Pontus zarzucił mi, że w całym meczu popełniłem kilkadziesiąt błędów. Jako że mecz juniorów trwał 80 minut, nawet nie wiem, jak byłoby to możliwe. Miał pretensje do mnie, do pana Krupy. Sprawiał wrażenie cwaniaka, a to, co robił, było niesmaczne. Widziałem, że nagrywali wtedy mecz dla swoich potrzeb. Kamera była umieszczona nad ich ławką rezerwową. Powiedziałem, że jeżeli faktycznie okazałoby się, że popełniłem kilkadziesiąt błędów, jestem gotów skończyć z sędziowaniem. Wiedziałem jednak, że nie udostępnią kasety. Byłoby wtedy widać i słychać, jak zachowywał się ich trener", ciągnie Mytych.

O zeznającym przed Wydziałem Dyscypliny Kamilu opowiada tak: „Mówił, że do przerwy sędziowanie było w porządku. Nijak miało się to do słów Pontusa, że popełniłem kilkadziesiąt błędów. Nie potrafili nawet między sobą ustalić, jadąc do Katowic z Wodzisławia, jednej wersji. Potem wspomniał coś o faulu na bramkarzu i rzucie wolnym pośrednim, który odgwizdałem. Ja przezornie zabrałem ze sobą przepisy i z książki zacytowałem mu fragment, który odnosił się do tej sytuacji. Po tym zgasł, a działacze wzięli go w ogień pytań. Było mi go żal. W końcu nie wytrzymał i po tym, jak mu podziękowano, wyszedł, mówiąc, że to są jaja, i trzasnął drzwiami. To wszystko błędy młodości. Widać jednak było, że chłopak ma charakter. Po wszystkim podszedłem do niego, powiedziałem mu, że mają fajną drużynę, ale nie mogą się tak dać nakręcać trenerowi. Podaliśmy sobie ręce i się rozeszliśmy. Może też wtedy ci chłopcy byli pod presją, bo chodziło o awans do Śląskiej Ligi Juniorów. Gdyby tam nie weszli, rocznik nie miałby gdzie grać".

Mytych przypomina sobie też sytuację związaną z wyjaśnieniami działacza ŚZPN Jana Czecha: „W szatni zrugał wtedy sędziów, którzy zresztą na co dzień prowadzili mecze w czwartej lidze, że nie dopełnili swoich obowiązków przed spotkaniem Energetyk – WSP. Pan Jan ma doniosły głos. Pontus zarzucał mu, że po przerwie, kiedy z nimi rozmawiał, gwizdali przeciwko jego drużynie. On odpowiedział, że jedyne, co się zgadza w tej wypowiedzi, to informacja, że głośno mówił do sędziów".

Potem Mytych sędziował jeszcze mecze chłopaków z Wodzisława, ale już w momencie, kiedy grali w lidze okręgowej, w Silesii Lubomia. „Prowadziłem ich mecz w Radlinie. Z tego, co pamiętam, to Glik chyba też wtedy grał. Z przyjemnością patrzyło się na to, jak im idzie. Chcieli grać piłką. Do mnie już nic nie mówili i nie podchodzili. Po jakimś czasie piłkarze zresztą dobrze wiedzą, jak który sędzia prowadzi mecze i na co sobie mogą pozwolić, a na co nie".

5 maja 2005 roku Wydział Dyscypliny Śląskiego Związku Piłki Nożnej ponownie zajął się sprawą WSP. Do siedziby związku dotarło pismo klubu z prośbą o zawieszenie reszty kary dyskwalifikacji dla trenera i zawodnika. Decyzja była następująca:

Członkowie Wydziału Dyscypliny postanowili zawiesić na okres 1 roku karę dyskwalifikacji dla trenera Janusza Pontusa oraz zawodnika Kamila Glika i zwolnić zawodnika do gry z dniem 05.05.2005.

LIDER Z OKRĘGÓWKI

Po półrocznej pauzie Kamil, razem ze swoimi kolegami z Wodzisławskiej Szkoły Piłkarskiej, trafił do ligi okręgowej, do małego klubu spod Raciborza Silesia Lubomia. Wtedy, latem 2005 roku, był to piąty poziom rozgrywek. Gra w seniorach znacznie różniła się jednak od tej z rówieśnikami. „To była rzeźnia", mówi dziś bez ogródek Glik. „Graliśmy sparingi z drużynami z trzeciej czy czwartej ligi. Nie jeden raz dochodziło do zgrzytów, także dlatego, że ligowe zespoły przegrywały z nami, a do tego u nas panowała zasada jeden za wszystkich, wszyscy za jednego. Pamiętam taki mecz u nas na boisku na »Łączkach« z Polonią Marklowice, wtedy solidnym zespołem z czwartej ligi. Mieliśmy po 15 lat, a rywal już do przerwy przegrywał czterema czy pięcioma bramkami. To rodziło frustrację. Jeden czy drugi dostał potem po nogach i dochodziło do spięć. Zresztą akurat twardej gry byliśmy nauczeni, bo często rozgrywaliśmy spotkania sparingowe z czeskim Banikiem czy słowacką Żyliną, a zespoły zza naszej południowej granicy zawsze grały ostro", podkreśla Kamil Wilczek.

Dlaczego trafili akurat do Lubomi? Janusz Pontus mówi: „Mieliśmy połączyć siły z Gosławiem Jedłownik, którego prezesem był Dariusz Kozielski [później prezes Odry – przyp. aut.]. Z dnia na dzień rozmowy się jednak urwały. W tej sytuacji zgłosiła się do nas Silesia Lubomia. Nie mieli ani piłkarzy, ani pieniędzy. To był egzamin, czy się nadają na zawodników, czy nie".

Właściciel i trener Wodzisławskiej Szkoły Piłkarskiej nadmienia, że oferował wtedy swoich graczy Lechowi Poznań i Cracovii, ale niewiele z tego wyszło. Do Kolejorza trafił wprawdzie jego syn Marcin, ale ostatecznie wszystko skończyło się na jednym występie w ekstraklasie jesienią 2004 roku. Nic nie wyszło też z ewentualnej gry chłopców z WSP w Odrze. Klub z Wodzisławia sezon 2004/05 zakończył udanymi dla siebie barażami o utrzymanie się w ekstraklasie z Widzewem Łódź, ale za juniorów nie miał zamiaru płacić.

Janusz Pontus chciał wtedy za każdego z sześciu oferowanych przez siebie graczy – a w tej grupie był jego starszy syn Marcin, Kamil Wilczek, Kamil Glik i Krzysztof Król – po 50 tysięcy złotych. „Mamy płacić takie pieniądze za juniorów? To niedorzeczność", żżymał się wtedy ówczesny menedżer Odry Edward Socha. „Na model współpracy, jaki proponował klubowi Pontus, nie mogliśmy się zgodzić. Trudno, żeby za nieznanych juniorów płacić grube pieniądze", mówił z kolei prezes wodzisławskiego klubu Ireneusz Serwotka.

2 listopada 2006 roku „Gazeta Wyborcza Katowice" opublikowała tekst zatytułowany *Janusz Pontus – dobry trener młodzieży i rzutki menedżer czy samochwała?*.

Serwotka na rozmowy z Pontusem wysłał w zeszłym roku dyrektora klubu Edwarda Sochę, który w transferowym interesie siedzi już od dwudziestu lat.

Socha: „Pontus ciągle się chwalił, jakich to ma świetnych zawodników. No to zobaczyłem dwa mecze jego klubu, jakichś rewelacji nie zauważyłem".

Socha podkreśla, że miał jak najlepsze chęci. „Chciałem czterech, pięciu juniorów wziąć do Odry. Mogliby się ogrywać w IV-ligowych rezerwach, a przy ewentualnym transferze podzielilibyśmy się kasą.

Pontus jednak od razu chciał za każdego piłkarza 50 tys. i to gotówką. To za dużo jak na juniorów, których nikt nie zna. Żałuję, że nie doszło do współpracy", mówi Socha.

„To nie była wygórowana cena, skoro Kamilem Glikiem interesują się teraz Real Madryt i Liverpool. Serwotka chciał jednak pozyskać ich za darmo. Na to nie mogłem się zgodzić", twierdzi Pontus.

Serwotka: „Zakładać się nie będę, ale jeśli wymieniani przez Pontusa chłopcy zagrają w takich klubach, jak Real czy Liverpool, to potraktuję to jako swoją porażkę".

„Już od kilku lat słyszę, jakie to on ma talenty u siebie, tylko gdzie one grają? No, gdzie?", uśmiecha się ironicznie Socha.

Ostatecznie utalentowani gracze z WSP nie trafili do ekstraklasy, a do okręgówki. Z Lubomi do Wodzisławia nie mieli daleko, bo to ledwie kilkanaście kilometrów. „To ja wprowadziłem Janusza Pontusa do klubu. Szukał miejsca, gdzie jego chłopcy mogliby grać z seniorami, i szczęśliwie trafił do nas", opowiada znany z ligowych boisk Arkadiusz Kampka.

„U nas zespół był w rozsypce. We wcześniejszym sezonie utrzymaliśmy się w okręgówce po barażach. Zresztą w takich klubach jak nasz po rozgrywkach zawsze staje się przed dylematem budowy nowej drużyny. Albo stawia się na młodych, albo na bardziej wiekowych. Wszystko w zależności od sytuacji i możliwości. To, że wtedy pojawili się u nas chłopcy z WSP, uważam za bardzo dobrą rzecz. Byli dobrzy nie tylko piłkarsko, ale też złego słowa nie można było o nich powiedzieć, jeśli chodzi o ich zachowanie, a praca z nimi to była przyjemność. Byli jak orkiestra", konstatuje Adrian Fibic, ówczesny prezes Silesii Lubomia.

„W zespole było trzech czy czterech starszych zawodników, w tym były ligowiec Arkadiusz Kampka, no i my, którzy mieliśmy po 16–17 lat. Fizycznie na pewno odstawaliśmy, 16-latek nie przepchnie przecież dorosłego faceta. Mecze wygrywaliśmy bardziej umiejętnościami. Z pewnością było to dla nas dobre przetarcie przed dorosłą piłką", podkreśla Kamil Glik. Z kolei Kamil Wilczek, późniejszy król strzelców ekstraklasy, który dla jedenastki z Lubomi zdobył wtedy 26 bramek w 24 meczach i został najskuteczniejszym strzelcem rozgrywek, wspomina: „To był dobry ruch i dobra szkoła, bo nie przeszliśmy wieku juniora, a od razu trafiliśmy do seniorskiej piłki. Trzeba było się też przyzwyczaić do większej liczby widzów. Pamiętam, że na mecz ze Startem Mszana, lokalnym rywalem, przyszło 1200 osób".

Działacz Silesii Adrian Fibic tak zapamiętał tamto spotkanie: „To było w końcówce rundy. Wygraliśmy z nimi u nas 1:0 i zapewniliśmy sobie mistrzostwo na półmetku. Sprzedaliśmy około tysiąca biletów. Ani wcześniej, ani potem żaden mecz w Lubomi nie wzbudził takiego zainteresowania. Mieliśmy wtedy 20 porządkowych. W przerwie dzwoniłem na policję i do straży pożarnej z prośbą o posiłki. Różne rzeczy mogły się przecież wydarzyć, na szczęście obyło się bez żadnych problemów".

Jak się okazało, Silesia stała się rewelacją rozgrywek. Zespół złożony z juniorów wygrywał dla Lubomi mecz za meczem. Ostatecznie jesień 2005 zakończył na pierwszym miejscu z 38 punktami zdobytymi w 16 meczach i bilansem bramkowym 42–20.

Były ligowy napastnik Arkadiusz Kampka z uznaniem wypowiada się o chłopakach z WSP: „To była super grupa! Kamil Glik od początku gry w Lubomi prezentował te walory, którymi imponuje teraz. Nie było meczu, żeby nie zagroził bramce przeciwnika. Do tego twardy i zdecydowany w grze w obronie, a jako 17-latek musiał rywalizować z 30-letnimi mężczyznami. Różnicy nie było widać. W tej grupie byli też inni piłkarze, którzy świetnie rokowali, jak Kamil Wilczek, Szymon Matuszek, którzy grają przecież w ligowych klubach, czy Arek Janeta. Myślałem, że on też zrobi karierę, ale się okazało, że potem nie przeskoczył pewnego pułapu. Granie z nimi to była przyjemność. To byli młodzi chłopcy, ale już praktycznie gotowi do gry w seniorach. Grali nowoczesną piłkę czterema obrońcami w linii. Ten półroczny pobyt u nas w Lubomi na pewno też im pomógł. Co do mnie, to cieszę się, że na koniec swojej przygody z piłką miałem możliwość gry z takimi zawodnikami, z których jeden jest teraz podporą reprezentacji Polski, a inny strzelił trzy bramki Legii i został królem strzelców ekstraklasy. To się nieczęsto zdarza. Byłem przekonany, że zrobią karierę, ale że aż taką, to się nie spodziewałem".

Podobnie myśli Fibic: „Co do Kamila Glika, to trudno było przewidzieć, że tak się wszystko potoczy. Owszem, był wyróżniającym się zawodnikiem, ale zdarzały mu się też przeciętne mecze. Myślę, że tym, co mu pomogło, był jego charakter. Ostatnio nie miałem okazji się z nim spotkać, ale w 99 procentach jestem przekonany, że pozostał dokładnie takim człowiekiem, jakim był u nas. Gdybym się z nim zobaczył, to pewnie tak jak w Lubomi przybilibyśmy piątkę".

W drużynie mieliśmy 17- i 18-letnich chłopców, a laliśmy zespoły seniorów. Nie mogli uwierzyć, że drużyna oparta na tak młodych zawodnikach potrafi wygrywać mecz za meczem. Szczególnie zapamiętałem wtedy spotkanie z Naprzodem Syrynia. To były derby dwóch sąsiednich miejscowości i było dość ostro. W pewnym momencie „skasowali" Piotrka Pontusa i tak na boisku, jak i poza nim zrobiło się nerwowo. Myśmy się ze sobą szarpali, a co poniektórzy kibice wbiegli nawet na murawę.

Grając w Lubomi, nie zdobywałem bramek, tak jak we Włoszech czy w reprezentacji. Skoncentrowany byłem na pracy w tyłach, a nawet jeśli był jakiś stały fragment gry, nie miałem wielu szans, żeby coś zrobić, bo starsi gracze tak mnie blokowali, że nie byłem w stanie się przebić. Bramki zdobywali wtedy inni, jak choćby Kamil Wilczek, który seryjnie trafiał do siatki.

Po pierwszej części rozgrywek Silesia miała tyle samo punktów co LKS Krzyżanowice i o „oczko" więcej niż Start Mszana. Wiosną podstawowi zawodnicy klubu z Lubomi byli już jednak w Hiszpanii.

„Wygraliśmy dziesięć meczów z rzędu – opowiada Fibic. – Tego się nikt nie spodziewał. Nie byliśmy gotowi na to, żeby walczyć o awans. Chłopcy z Wodzisławia przyjeżdżali do nas busem. Przywoził ich Pontus. U nas były treningi czy to na boisku, czy w hali. Mój plan polegał na tym, żeby wyrwać klub z marazmu. Nasi juniorzy, mając możliwość treningów z takimi zawodnikami jak Glik, Wilczek czy Król, sporo się przecież mogli nauczyć. Wszystko trwało jednak za krótko, żeby przyniosło solidniejsze efekty. Zimą Kamil Glik wyjechał do Hiszpanii, potem podążyli za nim kolejni. Nie mieliśmy możliwości, żeby ich u siebie zatrzymać. Zresztą umawialiśmy się, że kiedy pojawi się dla nich jakaś oferta i zechcą odejść, nie będziemy im stawać na drodze".

„Janusz od początku mówił, że jego chłopcy będą w zespole rok, dwa, a potem poszuka im innych, mocniejszych klubów – podkreśla Kampka. – Tak też się szybko stało. Myśleliśmy jednak, że ma kolejne równie zdolne roczniki i współpraca będzie trwała. Do tego jednak nie doszło. Dziś możemy się cieszyć, że mieliśmy w Lubomi takich zawodników: w jakiś sposób wpisuje się to w piłkarskie tradycje naszej miejscowości. Stąd pochodzi przecież trener Smuda, Mariusz Pawełek czy ja".

PRZERWANIE NAUKI

Ostatni mecz w barwach Silesii Lubomia Kamil zagrał 19 listopada 2005 roku, a niespełna trzy tygodnie później był już za granicą. Zagraniczne wojaże, o czym już wspomniano wcześniej, nie były obce chłopcom z WSP. Często wyjeżdżali przecież na zgrupowania czy mecze, i to nie tylko do położonych ledwie kilometr od granicy czeskich Šilheřovic. Tym razem nadarzyła się okazja wyjazdu do Hiszpanii, tyle że na znacznie dłużej.

„Po tej rundzie próbowałem zainteresować Kamilem Lecha i Cracovię, oba kluby nie były jednak zainteresowane. Podobnie zresztą jak Odra", mówi Pontus. Kamil trafił więc do czwartoligowego klubu z Półwyspu Iberyjskiego UD Horadada. Szlak przetarł wcześniej Marcin Pontus. Jak to się stało, że wychowankowie Wodzisławskiej Szkoły Piłkarskiej zaczęli potem masowo wyjeżdżać do tej pięknej nadmorskiej miejscowości położonej niedaleko Alicante?

„Pierwszy trafiłem tam ja. Można powiedzieć, że przygotowałem grunt – uśmiecha się Marcin Pontus. – Mój ojciec prowadził tam interesy, zajmował się importem oraz eksportem owoców. Jego kontrahent znał mieszkającego w Alicante menedżera piłkarskiego Felixa Moneo Gila, który dowiedziawszy się o mnie, kazał mi przyjechać na testy do klubu Union Deportiva Horadada. Było to jesienią

2005 roku. Potrenowałem tam jakiś czas, po czym Hiszpanie zaproponowali mi roczny kontrakt. Miałem występować w Tercera División, odpowiedniku naszej czwartej ligi. Początkowo nie mogłem jednak grać, bo po wejściu Polski do Unii Europejskiej obowiązywał okres przejściowy, jeśli chodzi o zatrudnianie obcokrajowców. Do gry zostałem zgłoszony jako Hiszpan. Strzeliłem kilka bramek, wokół mojej osoby zrobiło się lekkie zamieszanie. Sprawa wyszła na jaw, a zgoda na grę została cofnięta. Potem bez problemów grałem już jako obywatel Unii. Pamiętam, że przyjęli mnie tam bardzo dobrze. W zespole było dwóch Anglików i Jamajczyk. Nie miałem problemów z porozumieniem się".

Kamil trafił do Horadady nieco później. „To była trudna decyzja – przyznaje dziś pani Grażyna Glik. – Wyjeżdżał akurat w Mikołaja. Wychowawczyni w liceum się zgodziła. A ja? No cóż, uznałam, że skoro jest taka szansa, to powinien spróbować. Miał jechać na dwa tygodnie na testy i wrócić przed świętami. Ostatecznie okazało się, że Hiszpanie chcą, aby u nich grał, więc już tam został. Potem miał nawet pretensje, że święta musiał spędzić z dala od domu".

„Sama powtarzałam Kamilowi: »Jak chcesz coś osiągnąć, to próbuj poza Polską«. Tutaj był na testach w Lechu. Legia nie bardzo go chciała, z Wisłą z kolei był jakiś temat, ale nic z tego nie wyszło", dodaje Marta Glik.

Kamil chodził wtedy do Zespołu Szkół nr 2 im. Wojciecha Korfantego w Jastrzębiu-Zdroju. Wokół olbrzymie bloki. W liceum był zupełnie innym uczniem niż kilka lat wcześniej w gimnazjum na osiedlu Przyjaźń. „Zanim zdecydował się na wyjazd do Hiszpanii, zaliczył trzy semestry. Absolutnie nie było z nim żadnych problemów. To była klasa ze sporą grupą uczniów z osiedla Przyjaźń. Bardzo dobrze mi się z nimi pracowało. Kamil? Postawny blondyn, do tego spokojny, cichy i zrównoważony. Pamiętam, jak na pierwszą wywiadówkę przyszła mama. Nie mogła się nadziwić, że taki jest i nie ma z nim żadnych kłopotów", opowiada wychowawczyni Kamila

Fot. WSP

Kamil na plaży w Horadadzie

Anna Wodecka, a Marta Glik przyznaje: „W klasie było 27 dziewczyn i 6 chłopaków. Kamil nie miał już tam kolegów z Przyjaźni. Był jeden, ale po krótkim czasie zrezygnował. Przez to Kamil stał się spokojniejszy. Myślę, że ja też go trochę tonowałam".

W schludnie prowadzonym kalendarzu pani Wodecka sprawdza tematy lekcji: człowiek jako jednostka, człowiek w środowisku. Do tego od podstaw angielski i rosyjski. „Na pewno nie było mu łatwo, choćby z nauką dwóch języków obcych. Kiedy inni przychodzili do domu i włączali telewizję, on musiał jechać na trening do Wodzisławia. Z pewnością kosztowało go to dużo wyrzeczeń. Z racji tego, że mój syn też grał, a mąż był lekarzem w GKS Jastrzębie, potrafiłam to zrozumieć. Zresztą sport świetnie kształtuje charakter", podkreśla nauczycielka.

W 2015 roku Kamil postanowił wrócić do szkoły i nadrobić zaległości w edukacji. „Kiedy wyjeżdżałem do Hiszpanii, miałem skończoną pierwszą klasę liceum w Jastrzębiu. Po pięciu latach ten rok edukacji stracił jednak ważność i liceum muszę zaczynać od początku. Obecnie dzięki pomocy swojego menedżera Jarosława Kołakowskiego uczę się w jednym z zaocznych liceów w Warszawie. Wiadomo, że trenuję i gram, ale na egzaminy trzeba będzie przyjechać. Chcę zdać maturę, a za kilka lat, o ile będzie to możliwe, nawet rozpocząć studia", mówił mi Kamil w lutym 2015 roku.

Pomoc zadeklarowała jego dawna wychowawczyni. „Jeśli trzeba będzie, sama chętnie pomogę Kamilowi w przygotowaniu się do matury", podkreślała.

WYJAZD DO HISZPANII

Kamil poleciał do Hiszpanii razem z Krzysztofem Gutem. „Felix nie chciał, żeby po przyjeździe tam wracali do Polski na święta, bo się bał, że później trudno będzie ich sprowadzić z powrotem", mówi Janusz Pontus. Dla młodych chłopaków nie był to przyjemny okres. „Mieliśmy po 17 lat i znaleźliśmy się z dala od domu, kompletnie sami. Było ciężko. Nie wspominam tamtych chwil pozytywnie. Zaopiekował się nami Felix Moneo, który wszystko organizował, ale wiadomo, że to jednak nie to samo co być w rodzinnym domu i jeść pierogi czy mojego ukochanego śledzia w śmietanie", opowiada Kamil.

> Na miejscu okazało się, że plany się zmieniły. Że zamiast dwóch tygodni musimy tam zostać dłużej. Mieliśmy po 17 lat i po raz pierwszy tyle czasu przebywaliśmy poza domem. Wiadomo, trzeba było się przyzwyczaić, bo w Jastrzębiu mama wyprała i podłożyła wszystko pod nos. Tam było coś innego. Kiedy jednak człowiek jest w takim wieku, to myśli się inaczej niż teraz. Rozumieliśmy, że trzeba się poświęcić. Przez święta zaopiekował się nami menedżer Felix Moneo Gil. Zjedliśmy kolację i tyle. Oni tam wtedy trenowali, więc

czas szybko nam zleciał. Pamiętam też, że jeździliśmy na treningi do Herculesa Alicante. Ale ten świąteczny okres poza domem to nie było przyjemne przeżycie.

Wtedy zaczął się zupełnie nowy etap w życiu Kamila. Był zdany na siebie i kolegów z WSP, którzy wkrótce masowo zaczęli przyjeżdżać do Pilar de la Horadada, 20-tysięcznego miasteczka na południowym wschodzie Hiszpanii. „Wyjeżdżając w grudniu 2005 roku, nie miałem jeszcze skończonych 18 lat. Była przede wszystkim kwestia szkoły, bo chodziłem do drugiej klasy. Na szczęście wychowawczyni, pani Wodecka, zresztą żona lekarza GKS-u Jastrzębie, okazała się bardzo wyrozumiałą osobą. Wiedziała, o co chodzi. Dla mnie na pewno była to trudna decyzja, a już sam pobyt tam to był szybki kurs dojrzewania. Nawet nie pod względem piłkarskim, bo treningi były na gorszym poziomie niż u nas w WSP, ale jeśli chodzi o życie. Dojrzałem jako człowiek szybciej niż moi rówieśnicy. Potem procentowało to przy kolejnym wyjeździe za granicę, do Włoch", ocenia dzisiaj.

„Wyobrażam sobie, jak trudna to była dla niego decyzja – mówi Anna Wodecka. – Jako wychowawczyni namawiałam go, żeby jednak został i przynajmniej dokończył rok szkolny, on był jednak zdeterminowany. Mówił, że podobna okazja może się nie powtórzyć, a czekając, tylko by stracił. Ciekawa jestem, czy teraz też podjąłby taką decyzję".

„Łatwo nie było nikomu. W Polsce szkoła, dom, mama i tata, o nic nie musiałem się troszczyć, a tutaj o wszystko trzeba było zadbać samemu, bo nikt za ciebie nie będzie niczego robił. To było takie zderzenie z dorosłym życiem, tym bardziej, że przecież część chłopaków w chwili wyjazdu nie była pełnoletnia. Wszystko działo się też przed tą wielką emigracją z kraju", dodaje Marcin Pontus, który do Horadady przyjechał we wrześniu 2005 roku. Na początku

Kamil zamieszkał właśnie u niego. „Od klubu dostałem duży dom, gdzie mieszkał jeszcze Hiszpan z Galicji. Potem, jak przyjeżdżało coraz więcej chłopaków, Hiszpan stał się jakiś bardziej nerwowy. W końcu dostaliśmy apartamenty", wspomina Marcin.

Na zdjęciach widać, jak chłopcy z WSP trenują na szerokich plażach Pilar de la Horadada. Kamil podbija piłkę, a Marcin z Szymonem Matuszkiem ganiają za futbolówką w piasku i słońcu. „Na początku trenowaliśmy i graliśmy w juniorach. Trener tego zespołu doglądał nas też w mieszkaniu. Przyjeżdżał, kontrolował, co robimy. Poza tym takim opiekunem był najstarszy z nas, bo mający 20 lat, Marcin Pontus", opowiada Glik.

Przez pierwsze pół roku graliśmy w juniorach. Tylko Marcin Pontus występował w „Tercerze", czyli w tamtejszej czwartej lidze. Zresztą Marcin się nami opiekował. Był takim ojcem nas wszystkich. Miał też do swojej dyspozycji samochód, więc jak trzeba było coś załatwić, to pomagał.

Z językiem po pół roku było lepiej, ale nie tak, żeby iść do banku i załatwić jakąś sprawę samemu. Wtedy bardziej byliśmy zdani na Marcina niż na siebie.

Kamil Wilczek, który do Hiszpanii pojechał w marcu 2006 roku, opowiada: „W Horadadzie mieszkaliśmy w dwóch apartamentach. Ja byłem z Arkiem Janetą, Krzyśkiem Gutem i Tomkiem Bąkowskim, Kamil z kolei z Rafałem Wójtą, Tomkiem Królem, bratem Krzyśka, a także Szymonem Matuszkiem. Mieszkaliśmy w jednej klatce. Do tego nad nami mieszkali w jednym pokoju Marcin i Piotrek Pontusowie. Mnie było łatwiej na początku, bo Kamil z Szymonem byli tam wcześniej i już znali trochę języka, a także wiedzieli co wolno, a czego nie".

Chłopcy sami zorganizowali sobie życie w nowym miejscu. Nikt ich za rączkę nie prowadził. „Musieliśmy sobie radzić. Klub fundował obiady, a śniadania czy kolacje trzeba było przygotować samemu. Każdy uczył się też życia. Wychodziło, kto jest bałaganiarzem, a kto nie, kto sobie umie poradzić, a kto nie za bardzo. Był kłopot ze sprzątaniem, bo to akurat robiliśmy dopiero wtedy, kiedy buty kleiły się do podłogi albo ktoś miał do nas przyjść", ciągnie Wilczek. „Na PlayStation graliśmy o to, kto będzie mył stertę naczyń w zlewie w kuchni. Było wtedy nerwowo. Zdarzało się, że pady lądowały na suficie", wspomina z uśmiechem Marcin Pontus.

O tym, jak wyglądały relacje w grupie, opowiada Kamil Wilczek: „Jak to między chłopakami były też uszczypliwości. Niejeden lubił wbić przysłowiową szpilę. Kamil też. To był czwartoligowy klub. W pierwszym zespole grał Marcin Pontus, Kamil Glik i ja. Reszta występowała raczej w juniorach, choć dostawali też szansę w pierwszej drużynie. Pamiętam, że przed każdym meczem Arek Janeta bardzo szykował się do gry. Akurat w Horadadzie było tak, że wokół boiska były betonowe trybuny. Arek, zamiast grać, z reguły musiał tam potem siadać. Przed którymś z meczów Kamil wypalił do niego, że powinien zabrać ze sobą poduszkę, aby potem nie było mu zimno w tyłek. Chłopcy nie pozostawali jednak dłużni. Otrzymywaliśmy tam po 600 euro miesięcznie. Z Kamila żartowali, że z tej sumy jest w stanie odłożyć potem 700 euro".

„Jeden pochodzi z bogatszej rodziny, a inny nie. Jak ktoś wywodzi się z biedniejszego domu, to różnie zareaguje, jak dostanie pieniądze: albo wszystko przepuści, albo będzie oszczędzał. Kamil Glik odkładał zarobione pieniądze, bo u niego w domu się nie przelewało", dodaje Marcin Pontus.

Do dziś jestem oszczędny. Nie skąpy, ale oszczędny. Jak coś chcę kupić, to wydaję na to pieniądze, nie ma problemu. Kupuję to, czego potrzebuję, ale bez przesady. Mogę powiedzieć, że zawsze byłem oszczędny. W domu się nie przelewało. Mama odkładała część pieniędzy i zawsze miała jakieś zaskórniaki na czarną godzinę. Tak mnie wychowała i to mi zostało. Na początku, jak grałem w Hiszpanii, niewiele byłem w stanie pomóc, bo nie bardzo z czego było wysyłać pieniądze. Ale się starałem. Starałem się też, będąc sam, podejmować rozsądne decyzje i robić to, co się powinno.

W szczytowym momencie, latem 2006 roku, w UD Horadada było aż dziesięciu piłkarzy z Wodzisławskiej Szkoły Piłkarskiej! Bramkarz Tomasz Bąkowski (18 lat), obrońcy: Kamil Glik (18 lat) i Piotr Pontus (19 lat), pomocnicy: Szymon Matuszek (17 lat), Arkadiusz Janeta (19 lat), Rafał Wójt (18 lat) oraz napastnicy: Marcin Pontus (21 lat), Kamil Wilczek (18 lat), Krzysztof Gut (18 lat) i Tomasz Król (18 lat, brat Krzysztofa). „Rozmawialiśmy o współpracy z Wisłą Kraków, Legią i Cracovią, ale nic z tego nie wyszło. Zresztą wiemy, jak traktuje się u nas młodych zawodników", tłumaczył wtedy Janusz Pontus.

„Od kolegów wiem, że w Hiszpanii jest inne życie. Rodzice nie bardzo chcieli się zgodzić na wyjazd, ale postawiłem na swoim. Dzięki temu będę miał lepsze warunki do gry i treningów", mówił mi w lipcu 2006 Kamil Wilczek.

Kamil Glik tak wtedy opowiadał o pobycie na Półwyspie Iberyjskim: „W Hiszpanii mamy fajnie urządzone mieszkania. Klub opłaca nam obiady i lekcje hiszpańskiego. Gramy w pierwszym zespole w czwartej lidze, w której poziom jest taki jak u nas w ekstraklasie czy na jej zapleczu. Zresztą tu w Hiszpanii jest inna piłka, inny świat i inne perspektywy" („Fakt Katowice", 21 lipca 2006).

Z tamtego okresu szczególnie zapamiętał jeden mecz: „Graliśmy w Kartagenie. Tam było takie boisko nawet nie trawiaste, a piaskowe. Zdaje się, że na tym spotkaniu byli nawet rodzice Szymona

Matuszka. Mecz skończył się jednak w 80. minucie przez bijatykę. Krzysiek Gut wszczął zadymę, ostro faulując wślizgiem przeciwnika. No i zrobiło się gorąco! Do całego zamieszania włączyli się nawet trenerzy, ale nie po to, żeby rozdzielić zwaśnione strony. Wręcz przeciwnie! Był upał, a na boisku dymiło się w dosłownym tego słowa znaczeniu. Spotkanie nie zostało więc dokończone".

Chłopcy musieli też szlifować hiszpański. W najlepszej sytuacji był najstarszy z nich Marcin Pontus, który nie dość, że był tam najdłużej, to jeszcze uczył się wcześniej tego języka w liceum. Reszta, w tym Kamil Glik, musiała zaczynać od początku.

„Kamil był specyficzny. Na początku nauka nie szła mu jakoś rewelacyjnie. Pytany o wszystko mówił tylko: »Si, si«. Nadrabiał miną. Prezesi, rozmawiając ze mną i słysząc tylko potakującego przy każdej okazji Kamila, mówili, że on chyba zupełnie nie rozumie, co się do niego mówi", opowiada Marcin Pontus. Z czasem jednak Kamil dał sobie radę, a znajomość hiszpańskiego pomogła mu przy kolejnym zagranicznym wyjeździe – do Włoch.

Działacze czwartoligowego klubu wizytowali nawet Wodzisław. W odwiedziny do WSP przyjechali ówczesny prezydent UD Horadada Angel Martinez Muñoz, członek zarządu klubu José Pérez Sánchez oraz trener José Hernández Jiménez. „Chcemy nawiązać długofalową współpracę. W naszym klubie ćwiczy czterech zawodników z WSP. W Horadadzie mają bardzo dobre warunki do gry i treningów, a pierwsze efekty już są. Kamil Glik był na testach w zespole juniorów Realu Madryt. Teraz otrzymał drugie zaproszenie na wyjazd do Madrytu", mówił mi w kwietniu 2006 roku prezydent Pérez.

Po kilku miesiącach treningów Kamil przebił się do pierwszego zespołu grającego w czwartej lidze. Spisywał się w Hiszpanii na tyle dobrze, że wyjeżdżał na staże treningowe do innych klubów – i to do tych należących do futbolowej elity, jak Liverpool FC czy Valencia CF. Do klubu z Anglii poleciał w sierpniu 2006 roku. „Dyrektorem angielskiego klubu jest Hiszpan, który zna wiele osób w Horadadzie. Stąd zaproszenie. Podszedł do nas trener Benítez, przywitał się, porozmawiał. Ma nas oglądać w meczu rezerw. Przez pół godziny rozmawialiśmy też z Jerzym Dudkiem", mówił mi Glik podczas swojego kilkudniowego pobytu w Liverpoolu („Fakt Katowice", 22 sierpnia 2006). „Lecieliśmy z Kamilem i z dwójką osób z Horadady – wspomina Wilczek. – Byliśmy tam dziesięć dni i było to fantastyczne doświadczenie. Trenowaliśmy z drugim zespołem, ale zwyczaj był taki, że zbiórka, śniadanie i obiad był wspólny dla wszystkich. W rezerwach trenowaliśmy z takimi zawodnikami jak Luis García, Xabi Alonso czy Dirk Kuyt, który akurat podpisywał kontrakt. To było coś pięknego, móc trenować z takim piłkarzem jak Alonso. Pamiętam z jednych zajęć, jak Luis García nawinął Kamilem. Byliśmy tam dziesięć dni i był to naprawdę przyjemny pobyt. Hotel, taksówka, centrum treningowe. Na tym się jednak skończyło". „Musiałbyś być wybitny, żeby tam trafić. Dostać się tam nie jest łatwo, bo oni biorą tylko perełki", dodaje Glik.

Pytam Jerzego Dudka, czy pamięta z tego okresu Glika z Wilczkiem. „Szczerze, to nie przypominam sobie, żebym się widział i rozmawiał z którymś z nich. Kompletnie tego nie kojarzę. Ani jednego, ani drugiego nie pamiętam z tego okresu. Nawet nie wiem, że byli na testach w Liverpoolu. Może byli w rezerwach. Nie wiem", mówi były reprezentant Polski, który w popularnych The Reds występował w latach 2001–2007.

W Liverpoolu Kamil zagrał mecz sparingowy w rezerwach. W Valencii skończyło się na treningach. W końcu jednak udało mu się trafić do samego Realu Madryt. Jak się okazało, Królewscy obserwowali Glika i kilku innych zawodników z wodzisławskiego klubu przez cały 2006 rok.

RAÚL I INNI

Latem 2006 roku, po sześciu miesiącach gry w hiszpańskiej UD Horadada, Kamil przyjechał do domu na krótkie wakacje. „Kiedy wyjeżdżałem za drugim razem, miałem już bagaż doświadczeń. Wracałem z chęcią, bo gdzieś tam majaczyła perspektywa przejścia do Realu. Inni nie mieli takiej możliwości. Przebywali z dala od domu, do szkoły nie chodziliśmy. Zresztą w takich sytuacjach liczy się głównie charakter", podkreśla.

Czy dla młodego, 17- czy 18-letniego chłopaka taki zagraniczny wyjazd jest dobry? Czy jednak nie lepiej kontynuować kariery w kraju? „Trudno jednoznacznie stwierdzić – mówi Kamil. – Ile osób, tyle jest opinii. Jedni mówią, że jak jest szansa, to nie ma się co zastanawiać. Inni z kolei, że lepiej pograć w Polsce ze dwa czy trzy lata i nabrać doświadczenia. Ze swojej perspektywy mogę powiedzieć, że tak, warto było wyjechać. Ale ktoś może mieć inne zdanie na ten temat". Z kolei znany holenderski trener Richard Grootscholten zaznacza: „Trudno o oczywistą odpowiedź. Wiadomo, że najlepiej jest, kiedy młody chłopak ma możliwości rozwoju na miejscu. W grę wchodzą przecież takie aspekty jak szkoła czy kontakt z rodziną. Z drugiej strony weźmy przypadek Huberta Adamczyka, który występuje teraz w Cracovii: skoro pojawiła się propozycja z Chelsea, to czy taką szansę można odrzucić?". Grootscholten współpracował z Louisem van Gaalem, był dyrektorem i trenerem akademii Sparty Rotterdam, Kubania Krasnodar, Vancouver Whitecaps i Zagłębia Lubin. Spod jego ręki wyszli tacy piłkarze jak reprezentanci Holandii Memphis Depay czy Kevin Strootman. Był jednym z gości V Międzynarodowej Konferencji Szkoleniowej, którą w marcu tego roku w Chorzowie organizował kolega Glika z czasów WSP Michał Tofilski.

Wkrótce o młodych Polakach w Horadadzie zrobiło się głośno. „Poszła fama, że klub ma w juniorach bardzo dobrze radzących sobie zawodników, a że w Hiszpanii skauting jest świetnie rozwinięty, to na mecze zaczęli przyjeżdżać kolejni obserwatorzy. Stąd potem testy i sprawdziany chłopaków w Liverpoolu, Valencii czy Realu Madryt. Zresztą w Torrevieja, mieście położonym niedaleko Horadady, mieszkał skaut Realu. Nie wiem już, czy to były piłkarz, czy nie, ale Kamil wpadł mu w oko. Najpierw pojechał do Madrytu na turniej. Potem pojawiła się oferta gry. Kamil miał jednak ważny kontrakt z UD Horadada do końca grudnia, więc z rozmowami trzeba było się wstrzymać", tłumaczy pilotujący sprawę transferu Marcin Pontus.

Jego słowa potwierdza Szymon Matuszek: „W Pilar de la Horadada, obok nas, mieszkał taki dziadek, nie pamiętam już nazwiska, który w przeszłości pracował jako skaut Realu. Mówiono o nim, że odkrył talent Fernando Morientesa. I to właśnie on polecił nas do klubu z Madrytu. Kamil pojechał tam pierwszy na jakiś dwudniowy turniej, potem zaprosili całą naszą trójkę. Pojechał Krzysiek Król, Kamil Glik, ja, a także nasz trener Janusz Pontus. Baza Realu mieściła się w Valdebebas koło lotniska. Klub przeniósł się tam, ponieważ miał długi i musiał sprzedać swoje tereny w centrum, gdzie teraz stoją biurowce. Za pieniądze sprowadzili do klubu takich piłkarzy jak Zidane czy Figo. To był okres Galácticos, a przy tym zbudowano nową bazę. Nam, to znaczy Kamilowi Glikowi i mnie, przed ostatecznym podpisaniem umowy z Realem oferowano grę w rezerwach Levante. Proponowano tam warunki finansowe lepsze od tych w Madrycie. Już nawet dokładnie nie pamiętam, jak to wyszło, ale chyba Janusz był przeciwny. Zresztą w tym wypadku zadziała magia Realu. Ostatecznie więc zdecydowaliśmy się na przeprowadzkę do Madrytu".

„Wiem, że był temat z Levante, ale nie pamiętam, czy była to lepsza, czy gorsza oferta finansowa, bo nikt mi jej nie przedstawił. Nie widziałem jej osobiście", mówi z kolei Kamil.

„Sprawa byłaby sfinalizowana szybciej – dodaje Janusz Pontus – gdyby nie konflikt w klubie pomiędzy byłym reprezentantem Hiszpanii, słynnym Míchelem, a Mijatoviciem. Ten drugi sabotował postanowienia Míchela. Ostatecznie jednak udało się wszystko szczęśliwie doprowadzić do końca. Kontrakt został podpisany na trzy lata, ale z opcją, że po półtora roku piłkarze mogą odejść z Realu. Z tego zapisu potem zresztą skorzystali".

Marcin Pontus, który z racji dobrej znajomości hiszpańskiego prowadził rozmowy, wspomina: „Na czas negocjacji klub wynajął nam luksusowy hotel. Same rozmowy trwały z dwa miesiące. Nie siedzieliśmy tam cały czas, ale sprawa się przeciągała. Chodziło o wszystkie szczegóły, takie jak długość kontraktów, zarobki, sumy odstępnego, które szły w miliony. Wszyscy w końcu byli już nerwowi, bo wiadomo, że chcieli grać w Realu. To przecież wielki świat. Piłkarze, których oglądaliśmy w telewizji, teraz chodzili wokół nas. Nie każdy może tego doświadczyć. Rozmowy toczyły się w nowo wybudowanym ośrodku w Valdebebas. On też robił wrażenie".

Ze strony Realu z maluczkim klubem z Wodzisławia rozmawiały dwie byłe wielkie gwiazdy Królewskich, Ricardo Gallego i Míchel. Ten pierwszy w latach 80. 42 razy zagrał w reprezentacji Hiszpanii. Z Realem zdobywał mistrzostwa, Puchar Króla i Puchar UEFA. Jeszcze bardziej utytułowany był José Miguel González Martín del Campo, czyli Míchel. W zespole narodowym swojego kraju zagrał 66 razy i zdobył 21 bramek. Był jednym z najlepszych hiszpańskich piłkarzy przełomu lat 80. i 90. Po zakończeniu kariery z sukcesami pracował i nadal pracuje jako szkoleniowiec. „Ludzie o wielkiej kulturze i na niesamowitym poziomie", podkreśla Marcin Pontus.

Czy drżała mi ręka, kiedy podpisywałem kontrakt, tam, w biurze Realu? Drżała. Siedziałem tam przecież z Míchelem czy Gallego. Były i są to nazwiska znane w całym piłkarskim świecie. Trafienie tam było jak spełnienie marzeń. Co z tego, że chodziło o zespół młodzieżowy? Sama nazwa robiła i robi wrażenie.

Odnowę biologiczną mieliśmy wspólnie – pierwszy, drugi i trzeci zespół. Co mnie uderzyło, to fakt, że ci ludzie, których wcześniej znałem tylko z plakatów czy z telewizji, są tacy normalni, jak każdy z nas. Na pewno szczególny był Raúl. Podszedł i zapytał, czy nam czegoś nie potrzeba – butów do grania czy czegoś innego. Był wychowankiem Realu, przeszedł wszystkie te szczeble na drabinie prowadzącej do występów w pierwszym zespole. Może też dlatego patrzył na wiele spraw inaczej niż pozostali?

Zresztą u innych gwiazd też nie zauważyłem pozerstwa. Kiedy Marta przyjechała do mnie do Madrytu, chciała przyjść na trening i przy okazji zrobić sobie zdjęcie z Beckhamem. Stanąłem, poczekałem, aż pierwszy zespół wyjdzie, i zapytaliśmy o możliwość zrobienia takiego zdjęcia. Oczywiście nie było żadnego problemu. Będąc tam, sporo się nauczyłem, dużo stamtąd wyniosłem. Te gwiazdy funkcjonują tak jak normalni ludzie.

Odpowiadający wtedy za szkolenie młodzieży w Realu słynny Míchel tak mówił o juniorach z Wodzisławskiej Szkoły Piłkarskiej: „Kamil Glik grał w Levante [pomyłka Míchela – przyp. aut.], był młody i już od jakiegoś czasu śledzili go nasi skauci. Potem przyszedł Krzysztof Król, boczny obrońca o niezłych warunkach fizycznych.

Kiedy trafił do Realu, szybko pojął podstawowe zasady i wartości klubu. Muszę przyznać, że poprawił się technicznie podczas pobytu w Castilli. Jego – tak jak Glika – obserwowaliśmy już na długo wcześniej. Nie byli to przypadkowi juniorzy ze Wschodu" („Magazyn Futbol", luty 2010, strona 110).

To największa sensacja zimowego okienka transferowego. Trójka młodych piłkarzy z Wodzisławskiej Szkoły Piłkarskiej: obrońcy Krzysztof Król i Kamil Glik oraz pomocnik Szymon Matuszek, podpisała kontrakty z Realem Madryt. Młodzi zawodnicy z Górnego Śląska są niesamowicie szczęśliwi. Dostali szansę gry w jednym z najsławniejszych klubów na świecie. (*Ślązacy już w Realu*, „Dziennik Polska-Europa-Świat", 31 stycznia 2007).

Podpisanie kontraktu z Realem. Luty 2007. Od lewej: była gwiazda Realu Ricardo Gallego, Kamil Glik i jego trener Janusz Pontus

Fot. WSP

„Jeszcze nie doszliśmy do siebie. To dla chłopaków wielka szansa. Mam nadzieję, że ją wykorzystają", entuzjazmował się wtedy Janusz Pontus.

„Król, Glik i Matuszek od czwartku trenują w Madrycie. W Polsce było im się bardzo ciężko przebić do ligowej piłki. Piłkarze z Wodzisławskiej Szkoły Piłkarskiej na Półwyspie Iberyjskim grają już od kilkunastu miesięcy. Pierwszy do Hiszpanii pojechał 22-letni Marcin Pontus. W czwartoligowym UD Horadada strzelał bramki już jesienią 2005 roku. Potem w jego ślady poszli kolejni zawodnicy z WSP. Kilka miesięcy temu było ich już tam kilkunastu! Wśród nich Krzysztof Król.

Dwa lata temu ten reprezentant Polski juniorów był na testach w Legii. Wystarczył jednak wyjazd z pierwszym zespołem do Turcji, by chłopak szybko sam zrezygnował z możliwości gry w Warszawie. Na obozie naoglądał się, jak wygląda ligowa piłka od środka…

Potem Król wylądował w Amice Wronki. Tam grał jednak tylko w trzecioligowych rezerwach. Po udanych dla niego ubiegłorocznych mistrzostwach Europy do lat 19, kiedy zebrał komplementy od samego Leo Beenhakkera i skauta Bayernu Monachium Jensa Jeremiesa, wydawało się, że kariera utalentowanego lewego obrońcy nabierze rozpędu. Znalazł się w Dyskobolii Grodzisk i palił się do gry. Niestety, skończyło się na ośmiominutowym występie przeciwko Zagłębiu Lubin.

W grudniu Król spakował manatki i za resztą kolegów pojechał do Hiszpanii. W jednym ze sparingów tak spodobał się menedżerowi Realu Madryt B i byłej gwieździe tego klubu Míchelowi, że szybko postanowiono podpisać z nim kontrakt.

»Gra w Realu to dla mnie olbrzymia szansa. Postaram się ją wykorzystać. Na razie mam występować w drugoligowych rezerwach. Zobaczymy, co będzie potem«, mówi.

O grze w Polsce nie chce już słyszeć. »Kiedy odchodziłem z Grodziska, trener Werner Liczka doradził mi, żebym jak najszybciej wyjechał na Zachód. Tak też zrobiłem. Lepiej jest, jak mówił mi Jarek Fojut z Boltonu, grać w rezerwach jakiegokolwiek zagranicznego klubu, niż w Polsce«, podkreśla Król.

Do ekipy Królewskich trafili też Kamil Glik i Szymon Matuszek. Ten pierwszy był na testach w młodzieżowym zespole Realu już w kwietniu ubiegłego roku. Skauci z Madrytu mieli go na oku od czasu jego występów w czwartoligowej UD Horadada. Kolejnym pobytem w stolicy Hiszpanii jest zachwycony. »Tu nikt nie zadziera nosa. Wszyscy traktują cię bardzo dobrze«, mówi.

Glik z Matuszkiem mają występować w trzecim zespole Realu. I pomyśleć, że jeszcze niedawno obaj grali w występującej w klasie okręgowej Silesii Lubomia..." (*Ślązacy już w Realu*, „Dziennik Polska-Europa-Świat", 31 stycznia 2007).

„Śmieszna była sytuacja z Krzyśkiem Królem – opowiada z uśmiechem Marcin Pontus. – Rozwiązywał wtedy umowę z Groclinem, a ówczesny menedżer klubu z Grodziska Jerzy Kopa naigrawał się, że teraz to sobie już może odejść i podpisać umowę z tym Realem. Potem, jak już wszystko zostało sfinalizowane, dzwonił i przepraszał".

W tym samym czasie dwójka innych zawodników Wodzisławskiej Szkoły Piłkarskiej, Kamil Wilczek i Krzysztof Gut, przebywała na sprawdzianach w Atletico Madryt.

„Nasz menedżer Felix Moneo nie chciał jednak, żeby ta dwójka trafiła do innego madryckiego klubu. Obawiał się, że może to być źle widziane. Ostatecznie chłopaki też znaleźli się na testach w Realu, ale nic z nich nie wyszło, a potem wylądowali w Elche", opowiada Marcin Pontus.

Piłkarze z Górnego Śląska byli zachwyceni grą w Realu. „Wszystkie zespoły trenują w ośrodku Valdebebas. Jest tam 13 boisk. Dwa boiska są zarezerwowane dla pierwszego zespołu, jedno jest dla wszystkich, do tego cztery ze sztuczną nawierzchnią i dwa ze sztuczną nawierzchnią dla zespołów siedmioosobowych. Jest też osobny stadion dla rezerw Realu – Castilli. Oświetlony, z trybunami na dziesięć tysięcy kibiców. W ośrodku mieści się olbrzymi budynek, gdzie każdy zespół ma swoją szatnię i gdzie są pomieszczenia do odnowy, siłownia, a także biura dyrekcji klubu", mówił wtedy Kamil.

Jako zawodnik trzeciego zespołu Królewskich miał możliwość treningów z wielkimi gwiazdami madryckiego klubu. „Było to wtedy, kiedy piłkarze pierwszego zespołu rozjeżdżali się na mecze reprezentacji. Wtedy zapraszano zawodników z drugiej i trzeciej drużyny. Była gra w »dziadka« czy inne gierki, wszystko na luzie. Trzeba powiedzieć, że tacy piłkarze jak Casillas, Raúl, Guti czy Miguel Torres bardzo pomagają młodszym zawodnikom. Sami zresztą przechodzili od najmłodszych zespołów Realu do pierwszej drużyny. Dla młodego chłopaka, jakim wtedy byłem, możliwość przebywania z najlepszymi piłkarzami świata była niesamowitym doświadczeniem. Mogłem obserwować, jak się zachowują poza kamerami, co jedzą. Coś niezwykłego".

Jerzy Dudek, który w Madrycie pojawił się latem 2007 roku, wspomina: „Kiedy była przerwa na reprezentację, a więc był deficyt zawodników do trenowania, to jeden czy drugi pojawiali się na zajęciach pierwszego zespołu. Z dwa razy byli chyba nawet we trójkę: Matuszek, Król i Glik. Z tej trójki Kamil był najmniej utalentowany. Był bardzo skromny, cichy, ale też pracowity i twardy. Najczęściej trenował z nami Król. Matuszek z kolei dobrze radził sobie jako defensywny pomocnik. Miał jednak pecha, bo złamał szczękę. Ćwiczyli wtedy dwa boiska niżej niż my. Sam też chyba z dwa razy byłem na ich meczach, tym bardziej, że grali niedaleko miejsca, gdzie mieszkałem z rodziną. Już wtedy Kamil dał się poznać jako solidny zawodnik".

Dudek, mimo że w najsłynniejszym klubie ze stolicy Hiszpanii był tylko zmiennikiem Ikera Casillasa, cieszył się w Realu wielkim poważaniem, czego najlepszym przykładem było gorące pożegnanie, jakie zgotowali mu gracze Królewskich, gdy opuszczał ich w maju

2011 roku. Podczas pobytu w Madrycie spotykał się z Kamilem również prywatnie. „Byliśmy razem na dwóch czy trzech obiadach albo kolacjach. Raz spędziliśmy nawet wspólnie sylwestra. Kamil był na nim razem ze swoją dziewczyną. Do mnie zjechała się wtedy rodzina. Mam nadzieję, że dobrze się bawili. Kumplowaliśmy się, mieliśmy dobry kontakt. Zresztą teraz też: kiedy jestem na meczu kadry, to serdecznie się witamy, ale nie żebym do niego dzwonił czy wysyłał po meczach SMS-y".

Nadmiaru wolnego czasu Glik i jego koledzy w Madrycie nie mieli – wszystko przez intensywne treningi. Oto jak wyglądał wówczas dzień Kamila:

8.00 – pobudka i śniadanie,
9.00 – zbiórka przed zajęciami,
10.00 – poranny trening,
13.00 – powrót do domu,
14.00 – obiad,
15.00 – godzinna lekcja hiszpańskiego,
17.00 – popołudniowy trening (środy),
20.00 – kolacja.

„Bardzo duży nacisk kładziono na taktykę. Przed weekendowymi meczami w czwartek i piątek zawsze były tego typu zajęcia. Chodziło o to, jak się zachować w danej sytuacji, na przykład grając czwórką obrońców w linii. Wszystko odbywało się w formie gier. Trener często je przerywał i tłumaczył, co poszło nie tak. Standardowo zajęcia trwały około półtorej godziny. Zawsze w środę mieliśmy po dwa treningi. Trudniej było w okresie przygotowawczym, wtedy wszystko odbywało się z większą intensywnością, a przecież upał latem w Hiszpanii jest straszny", opowiada Kamil.

Na początku nie szło mu najgorzej – trenował przecież i grał wśród najlepszych. Potem jednak nie wszystko układało się tak, jak to sobie zaplanował. „Kiedy trenerem zespołu był José María Salmerón, wszystko było dobrze. On lubił piłkarzy grających ostro i zdecydowanie, a ja do takich należę. Na moje nieszczęście potem odszedł do drugoligowego Alaves. Zastąpił go trener Carlavilla i sporo się pozmieniało. Carlavilla pracował w Realu od lat. Stawiał na zawodników, których bardzo dobrze znał i których już wcześniej trenował". Szymon Matuszek dodaje: „W zespole byli piłkarze w podobnym wieku. Ja byłem młodszy. Trenowałem z nimi, a grałem w juniorach. Kamil z naszej trójki radził sobie najgorzej, nawet nie wiem dlaczego. Może dlatego, że na pozycji środkowego obrońcy było wielu stoperów i poziom był wysoki? Ze znanych obecnie graczy do zespołu należeli Daniel Parejo czy bracia Callejón. W drugim zespole w Castilli był już megapoziom. To byli gracze, którzy bez problemów poradziliby sobie w naszej ekstraklasie".

Trójkę chłopców z Wodzisławskiej Szkoły Piłkarskiej z całych sił dopingował Jerzy Dudek. „Byli zawiedzeni tą sytuacją i narzekali, że nie mogą trenować z pierwszą drużyną. Ze swojej strony na wszelkie sposoby starałem się im wytłumaczyć, że to dla nich szansa, żeby się doskonalić, żeby być lepszym. W Realu nie brakowało i nie brakuje przecież zdolnych zawodników. Każdy chce się pokazać z jak najlepszej strony, każdy inwestuje w siebie. Tłumaczyłem im, że też tak powinni, że to przyniesie efekty", zaznacza wybitny reprezentant Polski. Z kolei Marcin Pontus mówi: „Mają graczy z całego świata, z których każdy myśli o pierwszym zespole. Z całej trójki najbliżej pierwszego zespołu był Krzysiek Król, który miał najwięcej treningów z kadrą Realu".

Król grał w Castilli, a więc drugim zespole Realu. „Na temat Kamila nie chcę się wypowiadać, bo za sobą nie przepadaliśmy. Różne sytuacje były w Hiszpanii, długo by na ten temat opowiadać, ale to stare sprawy i nie chcę tego rozgrzebywać, żeby nie robić sobie wrogów. Nie jest mi to potrzebne", ucina zawodnik.

Marcina Pontusa dziwią te słowa: „Chyba z zazdrości tak mówi. Nie przypominam sobie, żeby był jakiś konflikt między nimi, choć wszystkiego mogę nie wiedzieć, bo nie byłem już z nimi potem w Madrycie".

„W najlepszym małżeństwie są konflikty, a co dopiero między chłopakami. W Madrycie dostawali po 1000 euro z klubu na mieszkanie. Na początku wynajęli jedno i mieli po 500 euro w kieszeni. Nie wiem, może na tym tle dochodziło do nieporozumień?", zastanawia się trener piłkarzy z WSP Janusz Pontus.

„Ja od sierpnia, po zdanej maturze, byłam już z Kamilem – opowiada Marta. – Na początku mieszkaliśmy z Krzyśkiem Królem i jego dziewczyną Sonią. Bardzo ich lubiłam. Problemy zaczęły się potem. Pewnego razu przyjechała do nas mama Kamila, jego brat i moja siostra. Zaczęły się kłótnie. Król mówił, że kupił jedną rzecz do mieszkania czy drugą, a my nic się do tego nie dołożyliśmy. Na przykład chodziło o czajnik. Wrzeszczał, krzyczał, a o 6.00 rano na cały głos włączał muzykę. Od tamtej pory przestaliśmy ze sobą rozmawiać".

„Wiadomo, jaki Krzysiek jest – mówi Kamil. – Pożyczony samochód od Raúla, propozycje z Newcastle czy Palermo, które go chciały i może dalej chcą. Nie wiem, może i w tym było jakieś ziarenko prawdy, ale świat piłki jest taki, że realnie trzeba do wszystkiego podchodzić, bo boisko wszystko zweryfikuje. I jego zweryfikowało. Miał dziewczynę, Sonię, którą poznał na młodzieżowych mistrzostwach świata. Zdaje się, że była z Chicago. W Madrycie mieszkaliśmy razem, a wiadomo, jak są dwie kosy, to prędzej czy później coś się wydarzy. Nie żebyśmy się pokłócili o coś poważnego. Z czasem jakakolwiek głupota była problemem. Może też doszło do zmęczenia materiału? Jak skończyła się przygoda z Realem, to już nie było kontaktu. Ja trafiłem do Piasta, a on do Jagiellonii. Spotkaliśmy się raz, kiedy Krzysiek grał w Piaście, a ja przyjechałem do Gliwic na jeden z ostatnich meczów sezonu, bodajże z Koroną. W pewnym momencie Krzysiek przechodził i mijaliśmy się na schodach. Ja spojrzałem na niego, on na mnie i nic. Spuścił głowę i poszedł, jakbyśmy się w ogóle nie znali. Dziwna sytuacja. Przecież tyle lat razem graliśmy.

Można być sobie obojętnym, nie trzeba się kochać, no ale »cześć« mogliśmy sobie powiedzieć".

Z czasem Kamilowi było coraz trudniej wytrzymać w stolicy Hiszpanii. „Nie grał, a siedział na ławce czy trybunach. Był załamany całą sytuacją. Jakby mógł, grałby mecz codziennie, a tam nie był w stanie się przebić w trzecim zespole Realu. W Hiszpanii jest jednak tak, że zagraniczny piłkarz musi być o klasę lub dwie lepszy od miejscowego, inaczej nie ma prawa grać. U nas jest odwrotnie. Szymon grał, Krzysiek grał, a Kamil siedział na ławce czy trybunach. Robili mu tam krzywdę", uważa Janusz Pontus.

„To fakt, że obcokrajowcowi trudno się tam przebić – potwierdza Glik. – W naszym zespole oprócz mnie byli jeszcze Krzysiek Król, Szymon Matuszek, jeden Portugalczyk i Kameruńczyk. Żeby wyjść na boisko, trzeba było grać dwa razy lepiej od Hiszpana. Nie chcę powiedzieć, że była jakaś dyskryminacja, ale piłkarzowi z zagranicy jest dużo trudniej".

27 listopada 2007 roku Kamil pisał w mailu: „Okienko transferowe się otwiera, więc na pewno dużo będzie się działo w polskiej piłce i nie tylko. No mi idzie dobrze, nie narzekam. Teraz gram jeszcze regularnie w kadrze U 21, więc jest kilka powodów do zadowolenia. A »Mucha« [chodzi o Krzysztofa Króla – przyp. aut.] siedzi na ławce cały czas i w ogóle nie gra... Ale zobaczymy, trzeba trenować i czekać. Ja staram się obserwować, ile mogę, polską ligę. W internecie oglądam skróty. Widzę, że w Wodzisławiu w ogóle nie ma środkowych obrońców. Jak już Witek Cichy gra na środku obrony, to naprawdę coś jest nie tak. Tak że czekam na ofertę z Odry, hehe".

W broniącej się przed spadkiem z ekstraklasy jedenastce z Wodzisławia grali wtedy tacy obrońcy jak Witold Cichy, Dariusz Dudek, Grzegorz Jakosz czy Bartosz Hinc. Do Odry Kamil jednak nie trafił.

Tymczasem Janusz Pontus był załamany jego podejściem: twierdzi, że Glik odkładał każdego zarobionego centa i oszczędzał, na czym się dało, nawet na jedzeniu.

Janusz ma dużo racji. Ja jestem taki, że jak mam spokój w domu, nie mam żadnych zmartwień, to przekłada się to też potem na moją formę na boisku. Będąc w Madrycie, przez długi czas nie widziałem Marty, a bardzo mi na niej zależało. Na pewno w jakiś sposób wpływało to na moją dyspozycję. Potem, z czasem, ten charakter w sobie wyhartowałem, bo jako dziecko wcale nie miałem jakiegoś mocnego. W grupie to tak, ale nie gdy byłem sam. Dziś jest inaczej. Hartowałem swój charakter na boisku i poza nim.

„W Madrycie Kamil nie miał kokosów. Zarabiał tam tysiąc euro. Z takich pieniędzy w stolicy Hiszpanii nie udało się wiele odłożyć", mówi Marta, a Kamil przyznaje: „Mając 17 czy 18 lat, nie myśli się o odżywianiu. Wtedy liczyła się tylko piłka i trening. Właściwa dieta, spanie... Na to wszystko zacząłem zwracać uwagę dopiero przy swoim kolejnym zagranicznym wyjeździe, do Włoch, cztery lata później".

Sytuację zmienił przyjazd Marty. Dziewczyna zadbała o Kamila – gotowała mu, dopingowała na meczach i pilnowała na każdym kroku. Z tamtego okresu mam ich zdjęcia ze stadionu Santiago Bernabéu. Siedzą ma ławce, przytuleni.

W końcu, po półtora roku pobytu w Madrycie, cała trójka zawodników Wodzisławskiej Szkoły Piłkarskiej zdecydowała się na powrót do Polski, choć wszystko mogło się potoczyć zupełnie inaczej.

„Wszyscy dobrze się zapowiadali, ale największy potencjał, moim zdaniem, miał pomocnik Szymon Matuszek, potrafiący się nieźle ustawić, dobry technicznie. Cała trójka miała ogromne możliwości rozwoju, ale zdecydowali się na powrót do Polski. Mam nadzieję, że czegoś się jednak nauczyli", mówił słynny Míchel, wtedy dyrektor odpowiedzialny za szkolenie młodzieży w Realu. („Magazyn Futbol", luty 2010, str. 110).

Fot. Piotr Kucza

Przed meczem eliminacyjnym do młodzieżowych mistrzostw Europy do lat 21, Grodzisk Wielkopolski, 2009 rok. (Górny rząd od lewej) Kamil Glik, Wojciech Szczęsny, Artur Sobiech, Maciej Sadlok, Mateusz Cetnarski, Tomasz Chałas; (dolny rząd od lewej) Adam Marciniak, Kamil Grosicki, Mariusz Gancarczyk, Ariel Borysiuk, Maciej Rybus. Polacy wygrali z Finlandią 2:1

Kamil wspominał, że Míchel namawiał go na pozostanie w Hiszpanii. On jednak był już zdecydowany. „Sam podjąłem taką decyzję – mówił mi latem 2008 roku. – Wszystko pod kątem kadry. Gram w reprezentacji młodzieżowej, a teraz na dodatek współpracownikami selekcjonera zostali trenerzy Radosław Mroczkowski i Andrzej Zamilski. Ten pierwszy powoływał mnie do kadry U-19, a trener Zamilski do U-21. Żeby się rozwijać, muszę regularnie grać, najlepiej w seniorskiej ligowej piłce. Stąd decyzja o powrocie. Te dwa i pół roku absolutnie nie było straconym czasem! Nie tylko grałem w Realu: udało mi się też zaliczyć kilka treningów z pierwszym zespołem. To było niesamowite, móc ćwiczyć z takimi zawodnikami jak Raúl czy Guti. Plusem jest też to, że nauczyłem się hiszpańskiego".

„Powiedziałam wtedy Kamilowi: »Zrób, jak chcesz«. Jemu zależało na reprezentacji, chciał grać, to było dla niego najważniejsze, a w Realu zmienił się trener i przestał występować. W sumie dobrze się więc stało", opowiada Marta.

„Mieli kilka możliwości – ocenia Jerzy Dudek. – Przed odejściem do Piasta Kamil nie pytał mnie o zdanie. Menedżer szukał im czegoś za granicą, ale nic nie znalazł i musieli wracać do Polski. Muszę przyznać, że byłem pełen obaw, czy to dobre rozwiązanie. Jak się okazało, dla dwóch pozostałych zawodników nie była to korzystna decyzja, za to Kamil zyskał. Pracowitością, cierpliwością i ciężką pracą doszedł tam, gdzie jest teraz".

Ostatecznie Król z Matuszkiem trafili do Jagiellonii Białystok, a Glik do ówczesnego beniaminka ekstraklasy Piasta Gliwice.

OCHRANIACZE Z PIASTA

Kamil wcale nie musiał trafić do klubu z Gliwic. „Była propozycja od ówczesnego dyrektora Wisły Kraków Jacka Bednarza, a także z Piasta i z Legii, ale warszawski klub proponował tylko występy w Młodej Ekstraklasie – wspomina Janusz Pontus, który podczas rozmów transferowych reprezentował piłkarza. – Dyrektor Trzeciak nie widział miejsca dla Kamila, podobnie jak trener Wieczorek z Odry, który mówił, że Glik nadaje się co najwyżej do okręgówki. Ostatecznie Kamil zdecydował się na Piasta, choć równolegle pojawiła się bajeczna pod względem finansowym oferta angielskiego Stoke City. Zarobiłaby szkółka, Kamil też… Nie chciał jednak tam iść. Chciał regularnie grać".

„Z Kamilem dyrektor Trzeciak postąpił identycznie jak z Lewandowskim – dodaje Marcin Pontus. – Gdy Glik wrócił z Hiszpanii, dostał propozycję gry w Młodej Ekstraklasie, gdzie zarabiałby dziesięć razy mniej niż w Realu. Poszedł więc do Piasta. A tam, jak zagrał dwa mecze, to Trzeciak zadzwonił i… namawiał na grę w Legii. Nie było już jednak tematu, bo miał przecież podpisany kontrakt z klubem z Gliwic".

Transfer piłkarza do Piasta pilotował ówczesny dyrektor i wieloletni działacz klubu Józef Drabicki. „To było upalne lato – wspomina.

– Pamiętam jak dziś, kiedy Kamil do nas trafił. Pierwsza drużyna grała akurat sparing na starym stadionie przy Okrzei bodajże ze Śląskiem, a drugi zespół przy Sokoła z BKS-em Stal Bielsko-Biała. Kamil zagrał w tym drugim spotkaniu. Pojechaliśmy z trenerem Wleciałowskim i z wałów, bo tam są wały wokół boiska, obserwowaliśmy mecz. Kamil zaprezentował się na tyle korzystnie, że zapadła decyzja, by usiąść do rozmów. Widać było dobre wyszkolenie, technikę. Jego gra pozwalała sądzić, że może być niezłym zawodnikiem".

„Trzeba pamiętać, w jakiej sytuacji był wtedy klub – zaznacza trener Marek Wleciałowski, który podjął ostateczną decyzję o podpisaniu kontraktu z Kamilem. – W ekstraklasie znaleźliśmy się przez to, że ktoś nie otrzymał licencji [chodziło o karną degradację z ekstraklasy Zagłębia Lubin i Korony Kielce za korupcję – przyp. aut.]. Potrzeba było świeżej krwi. Usłyszałem wtedy o Kamilu i pomyślałem: dlaczego nie spróbować? Tym bardziej, że nie było większych możliwości finansowych na sprowadzenie innych zawodników. Na pewno wiązało się to z jakimś ryzykiem, bo sezon już się rozpoczął, ale obserwowaliśmy go przez kilka dni. Uważałem, że jeżeli jeszcze nie w tym momencie, to za chwilę może być przydatny dla drużyny. Wiadomo, że trening to jedna rzecz, a mecz to co innego. Kamil szybko się odnalazł w doświadczonym zespole. Kiedy zaczął grać, pokazał swoimi wejściami i zachowaniem przy stałych fragmentach gry, czy to pod swoją bramką, czy pod bramką rywala, że wie, jak się zachować, i że jest dobrze wyszkolony".

O swoich przenosinach do Piasta Glik tak mówił katowickiemu „Sportowi" (4 sierpnia 2008, str. 7) po sparingu drużyn Piasta i Ruchu w Młodej Ekstraklasie, gdzie wystąpił: „W Hiszpanii sporo się nauczyłem i nabrałem dużej pewności siebie, ale teraz chcę spróbować swoich sił w Polsce. Wierzę, że dojdę do porozumienia z działaczami Piasta, a trener Wleciałowski da mi szansę gry. Nie mam zamiaru zadowolić się występami w drugiej drużynie albo siedzeniem na ławce rezerwowych. Przychodzę do Gliwic po to, aby wywalczyć miejsce w wyjściowej jedenastce, i wierzę, że mi się to uda".

Ostatecznie z klubem z Gliwic podpisał długi, bo czteroletni kontrakt.

„Glik zaimponował mi dojrzałością w trakcie rozmów dotyczących podpisania z nami umowy. Miał też wtedy propozycję z angielskiego Stoke City. Zarobiłby tam nieporównywalnie więcej niż u nas. Powiedział mi jednak: »Tam byłbym 25. zawodnikiem w szatni, a ja chcę grać i się rozwijać. To jest dla mnie najważniejsze«. Podobało mi się to, bo było widać, że ma wizję rozwoju swojej kariery. W ogóle zresztą chłopcy z Wodzisławskiej Szkoły Piłkarskiej imponowali pod tym względem. Może wynikało to też z tego, że dobrze odrobili lekcję pobytu w Hiszpanii. Na boisku byli profesjonalistami. Nie szpanerami, którzy chodzą po dyskotekach, a na boisku są cienkimi bolkami, ale młodymi ludźmi, którzy chcą coś osiągnąć. Z tej szkółki Pontusa trafiła do nas w sumie trójka graczy: oprócz Kamila Glika później także Kamil Wilczek i Szymon Matuszek. Może nie byli to jeszcze gotowi piłkarze, ale na pewno mieli już zaliczoną piłkarską szkołę średnią", podkreśla Józef Drabicki.

Po podpisaniu umowy z klubem z Górnego Śląska, który po wielu latach starań wreszcie znalazł się w ekstraklasie, musiał się wkomponować do zespołu.

Na pytanie o Glika Mariusz Muszalik tylko się uśmiecha. Ten doświadczony ligowy zawodnik takich klubów jak GKS Katowice, Odra Wodzisław czy Piast Gliwice, który w ekstraklasie rozegrał ponad 300 ligowych meczów, do dzisiaj utrzymuje z Kamilem kontakt. „Otwarty, koleżeński i towarzyski. Nie miał problemów, żeby wejść do drużyny. Może wpływ na to miała świetna i rodzinna atmosfera, jaka u nas wtedy panowała? Zresztą nie słyszałem, żeby ktoś po przyjściu do śląskiego klubu miał jakieś kłopoty", mówi.

To Muszalikowi Kamil zawdzięcza oryginalne przezwisko „Ramos". „Był w Realu, a ja widziałem gdzieś zdjęcie ich obu. Dostał więc taką ksywkę, która szybko się przyjęła".

Na początku nie miał miejsca w składzie. Na środku obrony beniaminka ekstraklasy, jakim latem 2008 roku był Piast, grał duet doświadczonych defensorów: Adam Banaś i Paweł Gamla. „Zaraz po tym, jak do nas trafił, nie był w najlepszej dyspozycji i nie cieszył się zaufaniem trenera. Nie wiem, z czego to wynikało. Trudno mi powiedzieć, ale młody zawodnik przychodzący do nowego zespołu potrzebuje trochę czasu, tym bardziej grający na środku defensywy. Trzeba też pamiętać, że wielu piłkarzy, którzy dołączają do ligowej drużyny, w ogóle nie daje rady, a Kamil, jak już »odpalił«, to był nie do »wyjęcia«", podkreśla Muszalik.

„Idealnie się wkomponował. Pamiętam jego debiut na Jagiellonii. Chyba wtedy wszystkich do siebie przekonał. Nie bał się, brał ciężar gry na siebie. Śmiechów po tym meczu nie było, bo przegraliśmy 0:2, ale on pokazał się z najlepszej strony. Jego podstawową cechą jest i była perfekcyjna gra w powietrzu i czytanie tego, co dzieje się na boisku. Wie, jak się ustawiać czy zachować. Szybko się uczył, szybko przyswajał sobie taktykę. Rozwijał się z miesiąca na miesiąc", komplementuje wieloletni kapitan Piasta Jarosław Kaszowski, który z gliwickim klubem przeszedł drogę od B-klasy do ekstraklasy.

W „Sporcie" (1 września 2008, str. 8), w relacji z meczu Jagiellonia – Piast, znalazło się nawet zdjęcie Glika walczącego o piłkę ze zdobywcą dwóch bramek w tamtym spotkaniu, Łukaszem Tumiczem. W meczu w Białymstoku pojawił się na boisku w 42. minucie, zastępując Pawła Gamlę.

W następnej kolejce zagrał już od pierwszej minuty. „Pamiętam jego debiut w wyjściowym składzie. Mecz nie był łatwy, bo graliśmy ważne derbowe spotkanie z Górnikiem Zabrze. Nie byłem pewny, jak sobie poradzi, dlatego zamiast w linii obrony wystąpił na środku pomocy. Jak na takie spotkanie zagrał poprawne zawody. Przegraliśmy wprawdzie 0:1, ale absolutnie nie odpowiadał za porażkę. Dobrze rozgrywał, pokazał, że potrafi się zachować w pojedynku jeden na jednego. To był pierwszy sygnał, że wkomponuje się w drużynę i pozostanie w niej na dłużej. Pokazał też kolegom, że muszą się liczyć z jego osobą w walce o miejsce w wyjściowym składzie", opowiada trener Wleciałowski. Z kolei Paweł Gamla mówi: „Dostał swoją szansę i ją wykorzystał. W jednym, drugim czy kolejnym meczu pokazał, że warto na niego stawiać. Czy nie było złości, że wskoczył w moje miejsce? Chłopaka dało się lubić, a szacunek zdobył grą, bo co innego dostać szansę, a co innego ją wykorzystać. Jemu się to szybko udało".

Za mecz przeciwko Górnikowi od dziennikarza „Sportu" otrzymał solidną notę 6. Od piątej kolejki, z wyjątkiem jednego meczu, grał już we wszystkich kolejnych ligowych spotkaniach, będąc mocnym punktem zespołu. „Praca z nim to była przyjemność – opowiada Wleciałowski. – Był na opłotkach wielkiej piłki, szukał swojego miejsca w dorosłym futbolu. Wskoczył do składu i bardzo się cieszył grą. Swoim entuzjazmem zarażał też innych. Robił wszystko, żeby jak najwięcej wyciągnąć i zaistnieć. Zaczął grać, osiągnął pewną stabilizację, a kolejni trenerzy kontynuowali jego piłkarską edukację. Mnie samemu na wiele rzeczy otworzył oczy. Dużo z nim rozmawiałem na temat zajęć w Realu. Korzystałem z materiałów, choćby na temat gier taktycznych, jakie miał w Hiszpanii. To wszystko procentowało. I mnie samemu pomogło w rozwoju".

Mimo to Piast radził sobie wtedy nie najlepiej. Spośród kwartetu beniaminków był najgorszy, a pierwszą część sezonu skończył na 14. miejscu, z ledwie 15 punktami na koncie. Zimą doszło do zmiany trenera – Marka Wleciałowskiego zastąpił Dariusz Fornalak.

W Gliwicach Glik ponownie zetknął się z kolegą z Wodzisławskiej Szkoły Piłkarskiej Kamilem Wilczkiem, który do Piasta przeszedł z pierwszoligowego GKS Jastrzębie. „Kamil za sobą miał dobrą rundę i pozycję w drużynie. Pomógł mi wejść do zespołu, w którym byli tacy piłkarze jak Sedláček, Olszar, Kasprzik czy Muszalik" mówi Wilczek.

Sławomir Szary grał z Glikiem w sezonie 2009/10. „Już wtedy był dobry, na pewno wyróżniał się w zespole. W Canal+ usłyszałem taką opinię od jednego z dziennikarzy stamtąd, chyba Cezarego Olbrychta, że wokół siebie miał samych słabych piłkarzy. Padło też moje nazwisko. Ja nie uważam, że tak było. Myślę, że wręcz przeciwnie, że Kamil wyciągnął trochę od każdego z nas. Kiedy trafiałem do Piasta, miałem już trochę meczów na koncie w ekstraklasie. Byłem doświadczonym zawodnikiem. Wiele wspólnie rozmawialiśmy, żeby poprawić grę, żeby było lepiej", zaznacza.

Zimą 2009 roku do szukającego wzmocnień Piasta trafił też doświadczony Damian Seweryn, który w swojej karierze grał w kilkunastu ligowych klubach w Polsce i za granicą. „Kiedy przychodziłem do Piasta w styczniu 2009 roku, Kamil miał już za sobą debiut w lidze – opowiada. – Wciąż szukał jednak stabilizacji. Nie wychylał się, był bardzo spokojny. Przychodził na trening i robił swoje. Drużyna została wtedy wzmocniona, doszli doświadczeni zawodnicy. Byliśmy mieszanką rutyny z młodością, a zespół nabrał charakteru. Do tego w klubie pojawił się trener Darek Fornalak, który dobrze się we wszystko wkomponował i poukładał tak, że pasowało idealnie. Kamil przy trenerze odżył. Miał u niego duży kredyt zaufania i spłacał go na boisku. Mogę powiedzieć, że trener Fornalak był takim jego »przyszywanym tatą«. Każdy szkoleniowiec ma takiego piłkarza. W tamtym czasie w Gliwicach był nim właśnie Kamil".

Z trenerem Fornalakiem rozmawiam w jego mieszkaniu przy ulicy Oświęcimskiej w Bytomiu. Jest po meczu Ruch – Pogoń, który chorzowianie wygrali 2:1. Trenerowi nie jest do śmiechu, bo akurat związany jest nie z klubem z Chorzowa, w którym grał przez lata, a z Portowcami. Do tego jest mocno podziębiony. Mimo to mówi przez telefon: „To akurat nie jest problem, przyjeżdżaj".

Na stole w dużym salonie stoi włączony laptop. Trener podpina swojego pendrive'a i pokazuje mi analizy występów Kamila z sezonu 2008/09 i z jesieni 2009.

Fot. Irek Dorożański / Edytor.net

Kamil sporo zawdzięcza trenerowi Dariuszowi Fornalakowi

Pytam, jakim Glik był człowiekiem i piłkarzem. „Nie lubię grzecznych zawodników – odpowiada z miejsca Fornalak. – Uważam, że dla takich w piłce nie ma miejsca. To sport dla facetów z jajami. Zawsze trzeba wiedzieć, kiedy jest czas na pracę, kiedy na wypoczynek, a kiedy na zabawę. Nie chciałbym Kamila zagłaskać swoimi opiniami, ale na pewno nie był jakimś ugrzecznionym chłopakiem".

Rozmawiamy o początku wiosennych rozgrywek 2009 roku. „Nie zaczęło się wtedy dla nas dobrze, bo przegraliśmy pierwszy mecz z Cracovią 0:1 i spadliśmy na ostatnie miejsce w tabeli. Wtedy nie pierwszy i nie ostatni raz przekonałem się, że co innego sparingi, a co innego mecze w lidze. W okresie przygotowawczym słabo prezentował się Marcin Bojarski, Sebastian Olszar grał nie lepiej. Mimo to potem, w rozgrywkach, byli naszymi mocnymi punktami. Kamil w meczu z Cracovią zagrał na środku obrony razem z Widuchem – mówi trener Fornalak, sprawdzając swoją bazę i jednocześnie stronę

90minut.pl. – W kolejnym meczu, z Bełchatowem, tworzył parę z Gamlą, a od następnego już z Mateuszem Kowalskim. Mieliśmy wtedy najmłodszą parę środkowych obrońców w ekstraklasie. Co Kamila cechowało? Po pierwsze bardzo skuteczny odbiór. Mimo młodego wieku potrafił się dobrze ustawić i zareagować. Do tego grał czysto, nie popełniał wielu fauli. Szwankowało trochę wyprowadzenie piłki, ale tam też miał potencjał, a przez regularną grę czy to w lidze, czy, potem, w reprezentacji i w europejskich pucharach, zrobił niesamowity postęp na każdym polu, także w wyprowadzeniu piłki ze swojej strefy", ocenia Fornalak.

W Piaście panowała wtedy świetna atmosfera. „W szatni byliśmy taką małą rodziną, a na boisku stworzyliśmy bardzo dobry kolektyw. Skazywano nas na spadek, tym bardziej, że przegraliśmy pierwszy mecz z Cracovią, który oddalał nas od bezpiecznej strefy, ale potem szybko odrobiliśmy straty i już na dwie kolejki przed zakończeniem rozgrywek zapewniliśmy sobie utrzymanie – przypomina Seweryn. – Po meczach spotykaliśmy się w szerszym gronie na kolacji w domu jednego z nas. Zrzucaliśmy się na produkty i wspólnie gotowaliśmy, to znaczy robiły to głównie nasze żony czy dziewczyny. Były przy tym rozmowy o meczach, ale nie tylko. To wszystko pomogło Kamilowi wyjść z cienia. Stał się bardziej otwarty i pewniejszy siebie, co poskutkowało tym, że wkrótce został jednym z liderów zespołu".

Seweryn i Glik są dobrymi przyjaciółmi. „Myślę, że dla Kamila jestem taką bratnią duszą, aniołem stróżem. Staliśmy się przyjaciółmi na śmierć i życie. Zresztą Kamil jest ojcem chrzestnym mojego drugiego syna Mateusza", podkreśla pomocnik.

O Kamilu mówi w samych superlatywach: „Rzetelny, uczciwy, bezkompromisowy. Nie kalkuluje". Reprezentant Polski jest zresztą twarzą prowadzonej przez niego w Poznaniu Akademii Kreatywnego Futbolu.

Z Piastem wiąże się też historia ochraniaczy. Logo gliwickiego klubu znajduje się na tych, w których Kamil występuje czy to w lidze włoskiej, czy w reprezentacji. Kibice mogli to zobaczyć podczas wywiadu, jakiego udzielał telewizji po udanym dla siebie meczu z Anglią w październiku 2012 roku. „Bardzo fajnie, że w ten sposób identyfikuje się z klubem, z którego wyszedł, i okazuje szacunek ludziom, z którymi pracował. Bez tego etapu w Piaście nie byłby prawdopodobnie na tym poziomie, na jakim znajduje się obecnie", stwierdza Dariusz Fornalak.

„Kamil jest teraz takim piłkarzem, że niejedna firma chciałaby, aby ją reklamował. Tym bardziej chwała mu za to, że nie zapomina o korzeniach, o klubie, z którego wypłynął na szerokie wody. To wszystko pokazuje, jakim jest człowiekiem i jaki ma charakter", zwraca uwagę Mariusz Muszalik.

We wrześniu 2013 roku, w meczu przeciwko Milanowi, Kamil wystąpił w specjalnej kapitańskiej opasce. Kazał sobie na niej wydrukować herb Piasta, flagę Polski oraz imiona najbliższych. „Na specjalne mecze jest robiona specjalna opaska. Po sezonie trafi ona na aukcję, a wylicytowane pieniądze zostaną przeznaczone na cel charytatywny", wyjaśnił na Twitterze.

„To chłopak, który nie odcina się od korzeni. Zawsze wyśle świąteczne życzenia czy podaruje pamiątkową koszulkę", mówi były prezes Piasta Józef Drabicki.

Piłkarze w klubie z Gliwic tworzyli prawdziwy kolektyw nie tylko na boisku, ale też poza nim. Jak większość polskich ekip w okresie zimowym w tamtym czasie Piast też wyjeżdżał na zimowe zgrupowania do Turcji. Raz doszło do sporego zamieszania. „Lecieliśmy wtedy bodajże z Wiednia, akurat w dniu urodzin Kamila. Dziś się z tego śmiejemy, ale wtedy było inaczej. Powiem tak: następnego dnia, po tym, co się wydarzyło w podróży, zawodnicy, cały zespół, musieli wszystko solidnie odpokutować na plaży. Z tamtej podróży pamiętam też przyjazd do hotelu. Z Antalyi do Alanyi jest ponad sto kilometrów. Już na miejscu gospodarze podarowali nam drobne upominki, w tym parasolki. Potem ze swoim asystentem musieliśmy

Fot. Piotr Kucza

Opaski kapitańskie Kamila

je zbierać po całym hotelu i odnosić do pokoi", wspomina Fornalak. „Mieliśmy wtedy fajną paczkę, panowała między nami świetna atmosfera. Robiliśmy sobie wzajemnie kawały: A to na przykład ktoś wsypał do potrawy całą sól, a to wyciął jakiś inny numer. W trakcie podróży do Turcji na obóz Kamil miał akurat urodziny. Zapytaliśmy trenera, czy możemy wychylić jakiś trunek. Była niezła zabawa, śpiewy, aż mnie wzięli do dość drobiazgowej kontroli osobistej przed wejściem na pokład. Wszystko na wesoło", dodaje ówczesny lewy obrońca Piasta Sławomir Szary.

Jak to w drużynie ligowej, także w Piaście nie wylewano za przysłowiowy kołnierz. „Kiedyś wracali autokarem z meczu wyjazdowego. Postanowiłam odebrać Kamila. Niestety, on z tego autokaru po prostu… wypadł. Wtedy powiedziałam mu: albo kariera za granicą, albo w ogóle nie będzie kariery nigdzie", mówiła Marta (*Glik:*

„Patrzę w lusterko wsteczne i widzę, że szmat drogi za mną. Naprawdę mi się udało", Weszlo. com, 19 marca 2015).

„Kamil był w grupie kawalerów. Jasne, lubiliśmy się pobawić, pójść do dyskoteki, wypić coś po meczu, ale wszystko w granicach rozsądku. Nie wierzę zresztą, że w zachodnich klubach tak nie jest. Pewnie teraz, grając we Włoszech, Kamil też pozwala sobie na lampkę wina", stwierdza Szary.

Natomiast kolega z WSP Michał Tofilski przypomina sobie: „Z dyskoteki w jastrzębskim Grandzie potrafił pojechać wprost na mecz i radził sobie całkiem dobrze. Był rozrywkowy".

Na pewno nie miał takich problemów jak bramkarz Rafał Kwapisz, który w kwietniu 2010 roku wyleciał z Piasta za pijaństwo. Kapitan zespołu Jarosław Kaszowski komentował wówczas: „Sytuacja jest dla mnie bardzo niezręczna. Prawdą jest, że Rafała nie było przez kilka dni na treningu, nie odbierał telefonów i nikt nie wiedział, co

Kamil i Daniel Iwan przygotowują kebaba. Zgrupowanie w Turcji w Alanyi w lutym 2010 roku

Fot. Irek Dorożański / Edytor.net

się z nim dzieje. Znam właścicielkę mieszkania, które Rafał wynajmował, więc poszedłem z nią sprawdzić, co się stało. Nikt nie otwierał nam drzwi. Skorzystaliśmy więc z zapasowych kluczy. Byłem pewien, że mieszkanie będzie puste i okaże się, że Rafał leczy kontuzję w rodzinnym Ostrowcu Świętokrzyskim. Zastaliśmy go jednak w środku... Nie chcę przesądzać, czy był pijany. Nie miałem przecież ze sobą alkomatu. Faktem jest, że w mieszkaniu nie było posprzątane. Porozmawiałem z Rafałem i dałem mu kilka rad. Chyba skutecznie, bo następnego dnia już pojawił się w klubie" (*Rafał Kwapisz i afera alkoholowa w Piaście,* „Gazeta Wyborcza Katowice", 22 kwietnia 2010).

Sławomir Szary przypomina wyjazdowy mecz z Jagiellonią Białystok, który odbył się pod koniec marca 2010. Gliwiczanie ulegli tam rywalowi 0:2, podobnie jak podczas debiutu Kamila w lidze. „Przegraliśmy ważne spotkanie, a jedną z bramek zdobył strzałem głową z 16 metrów Tomasz Frankowski. Założył przy tym »kanał« Kwapiszowi. Od naszego bramkarza czuć było wtedy alkohol. Czy był pod jego wpływem, czy nie – dowodów na to nie było i już nie będzie. Fakt faktem, że mieliśmy wtedy duże problemy z obsadą pozycji bramkarza", mówi były obrońca Piasta.

W końcu Kwapisz musiał odejść z klubu. We wrześniu 2011 roku został też odsunięty od kadry drugoligowego wtedy KSZO Ostrowiec Świętokrzyski, skąd pochodzi. Gdy miał zaledwie 25 lat, jego kariera uległa kompletnemu załamaniu.

Kamil Glik był świadom, jaką cenę można zapłacić za nadmierne folgowanie sobie, i starał się pilnować. „Zdarzały się różne sytuacje i czasami mocniej się zabalowało. Pamiętam wyjazdowy mecz w Gdańsku, gdzie wygraliśmy 1:0. Podróż była długa, a ekipa zgrana, więc pozwoliliśmy sobie na więcej. Ja miałem to szczęście, że obok mnie była Marta, która potrafiła dotrzeć do mojej pustej głowy", wspomina dzisiaj.

Kamil Glik

Mecze:	**26**
Mecze w pełnym wymiarze:	**25**
Minuty gry:	**2299**
Bramki:	**0**
Asysty:	**0**
Żółte/czerwone kartki:	**7**

Ocena zawodnika: podpora defensywy i niekwestionowany lider zespołu jeżeli chodzi o dyspozycję w całej rundzie; bardzo skuteczny w pojedynkach 1x1, doskonale się ustawiał, asekurował, wyprzedzał, przerywał akcje; bardzo wysokie umiejętności techniczno – taktyczne; mimo młodego wieku dojrzały emocjonalnie; tkwią w nim rezerwy jeżeli chodzi o wyprowadzenie piłki ze strefy obrony oraz zachowanie przy stałych fragmentach gry w ofensywie (mało zdecydowany); kandydat na reprezentanta Polski.

Kamil Glik

Mecze:	**16**
Mecze w pierwszej „11":	**16**
Minuty gry:	**1440**
Bramki:	**1**
Asysty:	**2**
Żółte/czerwone kartki:	**4**

Zdecydowanie najpewniejszy punkt zespołu; zdecydowany, pewny w grze 1x1 w obronie, sprawnie przechodzący z krycia strefą do krycia indywidualnego, dobrze grający głową w obronie i ataku (bramka z Zagłębiem Lubin), nie pozwolił pograć takim napastnikom jak Chinyama, Lewandowski, Frankowski); dobrze kieruje blokiem obronnym, umiejętnie skraca pole gry, asekuruje kolegów; musi pracować nad wyprowadzeniem piłki po odbiorze, celnym, długim podaniem, oraz ograniczyć do minimum dyskusje z sędziami; słabszy występ przeciwko Arce pokazał, że stale musi być maksymalnie skoncentrowany; reprezentant U21, powołany przez selekcjonera Reprezentacji Polski na spotkania towarzyskie z Rumunią i Kanadą oraz na turniej w Tajlandii.

Dokument trenera Dariusza Fornalaka, oceny Kamila z czasu gry w Piaście Gliwice

MARTA

Kamil i jego żona Marta znają się od małego. Małżeństwem są od 2011 roku. „Historia w zasadzie bardzo prosta – mówi piłkarz. – Wychowaliśmy się na tym samym osiedlu, na tej samej ulicy. Marta mieszkała w bloku numer 12, a ja 4. Chodziliśmy do tej samej klasy w podstawówce, gimnazjum i przez rok w liceum, więc w zasadzie można powiedzieć, że znamy się całe życie. Wcześniej się kolegowaliśmy. Wcześniej, to znaczy zanim skończyliśmy 15 lat, bo od tamtego czasu jesteśmy razem. Tak że w zasadzie bardzo prosta sprawa, ale w dzisiejszych czasach już raczej niespotykana".

„Fajna, młoda, taka normalna para", mówi o nich Józef Drabicki.

Marta pochodzi ze sportowej rodziny. Z dumą podkreśla, że jest spokrewniona z Dariuszem Kłusem. Ten wychowanek GKS-u Jastrzębie w ekstraklasie grał w barwach Odry Wodzisław, ŁKS-u Łódź i Cracovii. W ligowej elicie rozegrał 124 mecze i zdobył 7 bramek. „Mama Marty jest moją chrzestną, a moja mama jej. Mama Marty to w zasadzie moja kuzynka, więc śmieję się z niej, że powinna mi mówić »wujku«", wyjaśnia z uśmiechem Kłus.

Sam dość późno się dowiedział, że Marta związała się z Kamilem. „To było wtedy, kiedy Kamil grał już w Hiszpanii, a Marta do niego pojechała. Fajnie się wtedy złożyło, bo Kamil trafił przecież do Realu.

Zawsze w grudniu udaje się nam spotkać. Mieszkamy zresztą w tym samym bloku w Jastrzębiu. Ze śmiechem im mówię, że mają zakaz imprez".

Kiedy w jastrzębskim mieszkaniu Glików przy ulicy Katowickiej pytam Martę o początki znajomości z Kamilem, tylko się uśmiecha. „Chodziliśmy do tej samej podstawówki, do gimnazjum i liceum. Na początku w szkole nie lubiliśmy się. Mało tego, mogę powiedzieć, że się nienawidziliśmy. Kamil mi dokuczał, a ja nie pozostawałam mu dłużna. Bywało tak, że nasze mamy musiały przychodzić do szkoły, żeby nas godzić. Wszystko zaczęło się zmieniać od drugiej klasy gimnazjum. Kamil trenował już wtedy w Wodzisławiu. Ja pomagałam mu w szkole, przy odrabianiu zadań i przed sprawdzianami. Zaczęły się wspólne imprezy, wyjście na dyskotekę do Granda koło stacji BP. Swoich rodziców przekonywałam w ten sposób, że idzie też Kamil, który mieszkał zaraz obok. Nie było więc problemów ze zgodą na wyjście", opowiada.

Kiedy mieli czas na spotkania, skoro Kamil trenował i grał, a poza domem prawie codziennie spędzał długie godziny? „W szkole. Mieszkaliśmy też blisko siebie, więc spotykaliśmy się na osiedlu. Nawet teraz, kiedy przyjeżdżamy na święta, to nie ma problemów, bo rodzice dalej mieszkają na Przyjaźni, więc do mamy Kamila mamy ledwie parę metrów. W papuciach można przejść".

Marta towarzyszy Kamilowi od początku jego kariery piłkarskiej. Wyjeżdżała za nim już wtedy, kiedy był w Horadadzie w 2006 roku. „Wtedy pojechałam do niego po raz pierwszy. Była Wielkanoc, a on był akurat na sprawdzianach w Realu. Ja nie tylko sama spędziłam te święta, ale musiałam się też ukrywać. W Horadadzie przebywała akurat babcia Marcina i Piotrka Pontusów. Nie chciałam, żeby mnie zobaczyła, bo Janusz miał pretensje do mnie, że zawracam Kamilowi głowę, pisząc do niego i dzwoniąc. On w ogóle ma jakiś dystans do kobiet. Mnie chyba niespecjalnie lubił. A przecież Kamil był tam sam! Do tego byliśmy bardzo młodzi, zakochani. Niestety, któregoś dnia babcia mnie zauważyła, Janusz się dowiedział i zrobił awanturę".

W kwietniu, po pół roku w Hiszpanii, przyjechała do mnie Marta. Jechała autobusem kilka tysięcy kilometrów. To był 2006 rok. Nie było takiej komunikacji czy dobrego internetu jak teraz, więc oboje bardzo cieszyliśmy się na to spotkanie. Marta przyjechała, a ja po jednym dniu spędzonym razem dowiedziałem się, że muszę jechać na sprawdziany do Realu. Z dnia na dzień tak wszystko wyszło. Tak naprawdę to bardziej było mi wtedy smutno, niż się cieszyłem. Przecież tak długo się nie widzieliśmy.

Byłem tam cztery czy pięć dni. Oprócz treningów zagrałem w turnieju, który odbył się pod Madrytem. Potem przyjechał po mnie z powrotem Janusz Pontus i odwiózł do Horadady. Świadomość, że Marta po przejechaniu takiego kawału drogi czeka tam na mnie sama, nie była przyjemna.

Rozmawiamy z Martą, a obok bawi się ponadroczna Victoria. W pewnym momencie ląduje na podłodze i płacze. Mama bierze dziewczynkę na ręce i masuje bolące miejsce: „Głowę masz mocną jak tata", mówi z uśmiechem.

Victoria urodziła się w sobotę 31 sierpnia 2013 roku w Katowicach. Kamil nie mógł być na miejscu, bo akurat dzień później grał ligowe spotkanie z Atalantą Bergamo. Przyleciał zobaczyć malutką w poniedziałek, po czym następnego dnia rano, podstawionym samochodem, pojechał na zgrupowanie kadry przed meczami w eliminacjach mistrzostw świata z Czarnogórą i San Marino.

Mała Viki dopinguje tatę podczas meczów ligowych i reprezentacyjnych. Debiut na stadionie zaliczyła, kiedy miała niespełna miesiąc. Z mamą zobaczyła wtedy derbowy mecz Torino z Juventusem.

Z żoną Martą i córeczką Victorią w Jastrzębiu-Zdroju. Kwiecień 2015 roku

„Kiedy ogląda mecz w telewizji, krzyczy: »Tata! Tata!«", śmieje się Marta.

We Włoszech przez większość czasu żona Kamila jest sama, bo piłkarz cały czas jest w rozjazdach – a to mecze klubowe, w lidze czy europejskich pucharach, a to spotkania w reprezentacji. „W Palermo miałam trzy koleżanki z Polski. W Turynie też są osoby z kraju. To pomaga, choć akurat nie w nauce języka. Ja uczę się, jak mogę. Nie jest mi też łatwo z podróżowaniem. Z reguły latam sama z dzieckiem i psem. Z Turynem nie ma niestety bezpośredniego połączenia lotniczego, więc muszę się przesiadać, a to tylko dodatkowe utrudnienie. Lubię, kiedy Kamil ma trening rano, o 10.00. Wraca wtedy wcześniej i możemy być razem. Z kolei kiedy mają zajęcia po południu, to lubi sobie dłużej pospać. Potem szybciej wychodzi i praktycznie cały dzień jest poza domem".

PROPOZYCJE Z INNYCH KLUBÓW

W składzie Piasta Kamil rozegrał jeden z najważniejszych meczów. 1 maja 2009 roku gliwiczanie podejmowali późniejszego mistrza Polski Wisłę Kraków. Przed tym spotkaniem do piłkarza dotarła tragiczna wiadomość: w Niemczech zmarł jego ojciec. Po tym jak przestał pracować na KWK „Jastrzębie", regularnie wyjeżdżał za zachodnią granicę. Miał papiery, niemieckie pochodzenie, więc z podjęciem roboty nie było kłopotów. Przez jakiś czas zarabiał też, pracując na kopalni w Czechach.

„Pracował w Niemczech z dwoma braćmi. Był ślusarzem. Nie do końca wiadomo, jaka była przyczyna śmierci: zawał czy wylew. Znaleziono go w mieszkaniu. Z Kamilem miał kumpelskie stosunki. Może też dlatego, że często nie było go w domu i po prostu się nie widzieli? Dla Kamila mecz z Wisłą, po tym jak dowiedział się o śmierci ojca, był jednym z najtrudniejszych w karierze", opowiada Marta.

„Chciał zagrać w tym meczu i zagrał. My tym bardziej chcieliśmy zwyciężyć. To było spotkanie, w którym poważnej kontuzji nabawił się Marcin Baszczyński z Wisły. Zremisowaliśmy wtedy 1:1. Cała ta sytuacja pokazuje, jak ważna jest piłka w życiu Kamila", podkreśla były szkoleniowiec Piasta Dariusz Fornalak.

Glik tak mówił po meczu z jedenastką z Krakowa: „Zagrałem ten mecz dla taty. Jest mi ciężko, ale na pewno by chciał, żebym wystąpił. Jemu dedykuję to spotkanie".

„Na pewno mocno przeżył to wydarzenie. Tata był jego najwierniejszym kibicem. Sam wiem, jak to jest, bo kiedy grałem, zmarła mi mama. W takich momentach chce się dedykować występ zmarłym bliskim. To wydarzenie na pewno odcisnęło na nim piętno", uważa kolega z zespołu Sławomir Szary.

Dobry pierwszy rok w ekstraklasie spowodował, że wysokim i pewnie grającym obrońcą zainteresowali się możni polskiej piłki. „Szybko zaczął dostawać propozycje z innych klubów. Chciał go Lech, mówiło się też dużo o Wiśle Kraków", potwierdza Józef Drabicki. „Grając w Cracovii, śmiałem się, że Kamil może trafić do Wisły – opowiada z uśmiechem Dariusz Kłus. – Temat był. Żartowaliśmy, że przed derbami nie będziemy ze sobą rozmawiać".

Po kilku kolejnych miesiącach wyskoczył następny transferowy temat. Śląskim obrońcą zainteresował się mający mistrzowskie aspiracje Lech Poznań.

„Swego czasu Kamil odwiedził mnie w Poznaniu. Poszliśmy do znanej galerii, gdzie przebywają piłkarze. Ktoś nas podejrzał i już rozpoczęły się domysły i spekulacje, że szuka mieszkania, bo będzie grał w Lechu", mówi Damian Seweryn.

Kamil istotnie miał już wstępnie ustalone warunki swojego kontraktu z Kolejorzem. Podkreślał, że gra w Lechu to dla niego kolejny krok w karierze. „Jeśli chodzi o moją osobę, to ja się zdecydowałem. Chciałbym spróbować swoich sił w zespole, który walczy o mistrzostwo Polski. Teraz jednak w sprawie transferu do Lecha muszą się porozumieć działacze obu klubów", mówił mi w grudniu 2009.

Ówczesny prezes Piasta Jacek Krzyżanowski rozmawiał przy okazji zjazdu PZPN-u z poznańskimi oficjelami. Jak zawsze jednak w takich sytuacjach problemem były pieniądze. Klub z Gliwic wycenił swojego zawodnika na wysoką kwotę czterech milionów złotych, czyli miliona euro. Prezes Cracovii Janusz Filipiak porównał wtedy Glika do… starej škody.

Polscy piłkarze są za drodzy dla naszych klubów. Prezesi zespołów naszej ekstraklasy żądają ogromnych sum za zawodników, którzy tak naprawdę dopiero co liznęli poważnej piłki. Lech chciał w tym okienku kupić Artura Sobiecha z Ruchu Chorzów, Tomasza Jodłowca z Polonii Warszawa i Kamila Glika z Piasta Gliwice. Wszyscy razem kosztują według cennika ich szefów ponad dziesięć milionów złotych!

„Ta trójka byłaby wzmocnieniem naszej drużyny, ale nie jesteśmy w stanie tyle zapłacić. To zaporowe kwoty. W moim odczuciu Sobiech wart jest co najwyżej milion złotych. To chłopak, który obecnie jest na tym samym etapie kariery co Robert Lewandowski, gdy przychodził do Poznania", tłumaczy Marek Pogorzelczyk (50 l.), dyrektor sportowy Kolejorza.

Za samego Glika Lech musiałby wyłożyć na stół oszałamiającą kwotę czterech milionów złotych! „Nie tylko my, ale również osoby z zewnątrz klubu uważają, że Kamil wart jest takich pieniędzy. To nie jest zaporowa kwota. To jego wartość na rynku europejskim. Zdajemy sobie sprawę, że w Polsce niewiele klubów będzie stać na wyłożenie takich pieniędzy. My oczekujemy jednak rekompensaty sportowej. Za ewentualne pieniądze z transferu Kamila, który jest naszym najlepszym piłkarzem, będziemy mogli przecież pozyskać kilku innych zawodników", podkreśla prezes Piasta Jacek Krzyżanowski (54 l.).

„Piast za Glika chce 4 mln zł? To tak jakby wystawić na sprzedaż starą škodę za 500 tysięcy złotych. Ktoś ją kupi dopiero wtedy, gdy będzie jedynym dostępnym samochodem na rynku. Obecnie bardzo wiele klubów wystawia wysokie ceny i to się skończy tym, że pod koniec lutego będą nerwowo wyprzedawać za dużo niższe kwoty", przestrzega Janusz Filipiak (57 l.), szef Cracovii.

„Dla wyróżniającego się gracza ze słabszego zespołu transfer do Wisły, Legii czy do nas jest dużym krokiem w karierze. Nie mamy jednak nic przeciwko temu, aby dzielić się z innym klubem kwotą, jaką otrzymalibyśmy za danego zawodnika przy jego sprzedaży na zachód", dodaje dyrektor Pogorzelczyk. (*Polscy piłkarze wyceniani jak gwiazdy*, „Fakt", 29 grudnia 2009,).

„Mówiło się o Lechu. Przedstawiciele tego klubu przyjeżdżali oglądać do Gliwic Kamila i innych piłkarzy. Poza jakieś spekulacje to jednak nie wyszło. Być może rozmawiali z menedżerem Kamila, panem Kołakowskim. Do klubu żadna oferta nie wpłynęła", przypomina Józef Drabicki.

Wiosną 2010 roku Piast spadł z ekstraklasy, a w marcu trener Fornalak pożegnał się z gliwickim zespołem. Drużynę przejął i do końca rozgrywek prowadził Ryszard Wieczorek. Gliwiczanie nie prezentowali się wtedy dobrze. Słabiej niż w poprzednich rundach grał też sam Kamil.

„Źródłem niepowodzeń w tym czasie był brak bramkarza", uważa Sławomir Szary, który w gliwickim klubie występował w latach 2009–2011. „Władze Piasta lekką ręką pozbyły się wtedy Jakuba Szmatuły. To był błąd, bo został tylko Rafał Kwapisz ze swoimi problemami alkoholowymi. Graliśmy wtedy rundę o utrzymanie i wiadomo, że nie byliśmy zespołem, który prowadzi grę. Ten stosunek wynosił 70 do 30 procent posiadania piłki przez rywala. Przy takim stylu wiadomo, jak ważną osobą jest bramkarz. W trybie awaryjnym przyszedł do nas Maciek Nalepa, który wracał akurat z Ukrainy. Fajny człowiek, dobry bramkarz, ale też miał swoje problemy. Sam zresztą podkreślał, że nie był do końca przygotowany i potrzebował czasu, żeby dojść do siebie. Musiał jednak bronić. Na dodatek pod koniec sezonu złamał dwa palce. Mimo tego występował między słupkami".

Problemy z bramkarzami spowodowały, że na finiszu rozgrywek w bramce stanął 17-letni wtedy junior Tomasz Kasprzik, brat znanego z gry w Piaście, Lechu czy Górniku Grzegorza.

„To wszystko na pewno nam nie pomogło, coś w zespole pękło, ale i tak mogliśmy się utrzymać – ocenia Szary. – W ostatniej kolejce graliśmy u siebie z Cracovią. Gdybyśmy wygrali to spotkanie, to zapewnilibyśmy sobie utrzymanie. Przy stanie 0:0 Kamil Wilczek trafił w plecy Mariusza Muszalika. Z kolei rywal w końcówce, dzięki bramce Ślusarskiego, zdobył bramkę i trzy punkty. Nam nie pomogła wtedy nawet olbrzymia premia, wynosząca znacznie powyżej miliona złotych. Zabrakło nam jakości. Myślę, że dla Kamila była to dobra lekcja, i to zarówno piłkarska, jak i życiowa. Jasne, zawiedliśmy jako zespół, każdy z nas popełniał wtedy błędy, Kamil też, ale działacze również nie byli bez winy".

Trener Fornalak opowiada: „Nie jest łatwo grać cały czas na obcych boiskach, a w naszym wypadku tak właśnie wtedy było. Co do Kamila, to chyba miał też do mnie trochę żalu. Po jesieni 2009 dostał propozycję z Lecha. Postawiłem wtedy weto – nie chciałem tracić lidera linii defensywnej. Na pewno nie był z tej decyzji zadowolony. W klubie z Poznania walczyłby przecież o mistrzostwo Polski. Zostając w Gliwicach, był zmuszony do gry o utrzymanie. Życie jednak pokazało, że kontynuowanie występów w Piaście, za jego zgodą czy nie, wyszło mu na dobre, bo latem przeniósł się do Palermo".

Gdyby Kamil trafił wtedy do Lecha, w maju 2010 roku mógłby świętować tytuł mistrza Polski. Tak się jednak nie stało, ale w końcu znalazł się chętny na wyłożenie olbrzymiej, jak na polskie realia, kwoty i sprowadził obrońcę do siebie.

Miałem to szczęście, że na każdym etapie swojego rozwoju pracowałem i pracuję z osobami, które obdarzyły mnie swoim koleżeństwem i pomocą – z osobami, z którymi dobrze się rozumiałem. Nigdzie się też nie kłóciłem i nie miałem jakichś problemów. Nie chciałbym nikogo pominąć, żeby nikogo nie urazić. W MOSiR-ze był to trener Filip, a jeszcze wcześniej na osiedlu pan Śmigielski. Potem była

szkółka w Wodzisławiu, gdzie bardzo dużo dała mi praca z trenerem Pontusem, który pomagał też podczas wyjazdu do Hiszpanii. W Gliwicach był pan Bodzioch, trener Fornalak, dyrektor Drabicki czy prezes Krzyżanowski, z którym do dziś mam dobry kontakt. Podobnie jest we Włoszech. Kiedy spotykam się z dyrektorem Sabatinim, to zawsze jest „misiek". Dyrektor zawsze przypomni i pogratuluje, że włodarzom Palermo udało się pokazać i udowodnić, że za wcześnie mnie skreślili. O Torino to już nawet nie mówię – tutaj wiadomo, jest trener Ventura czy dyrektor Petrachi. Nie mogę też nie wspomnieć o Jarku Kołakowskim, który jest ze mną praktycznie od początku mojej profesjonalnej kariery.

Podczas prezentacji w Palermo w lipcu 2010 roku

Fot. Tullio M. Puglia / Getty Images

„Transfer do klubu, który walczył wtedy o mistrzostwo Włoch, na pewno był taką niespodzianką jak powołanie wcześniej Kamila do reprezentacji. To było zaskoczenie", przyznaje Dariusz Fornalak, a Sławomir Szary, który w ekstraklasie w barwach Odry i Piasta zaliczył 150 meczów, mówi: „Kamil otrzymał wtedy propozycję z ligi włoskiej i pokazał, jaki jest odważny. Nie obawiał się o poziom, o to, czy da sobie tam radę. Nie pierwszy raz poszedł pod prąd. Wielu się potem z niego naśmiewało, drwili, mówili: »Gliki-taka«, a on się tym absolutnie nie przejmował. Choć oczywiście wiedział, co o nim pisano, bo jego mama z gazet zbierała wycinki o nim. Ma cechy charakteru, których nie da się wypracować – z nimi się trzeba urodzić. Kamil z krytyką świetnie sobie poradził i stale udowadnia swoją wartość na boisku. Jestem dumny, że mogłem z nim grać. Liczę, że osiągnie jeszcze więcej, że trafi do mocniejszego klubu czy jeszcze silniejszej ligi, gdzie będzie mógł rywalizować z najlepszymi w Lidze Mistrzów".

II. WŁOCHY

MENEDŻER, KTÓRY LUBI MIEĆ WSZYSTKO POD KONTROLĄ

11 kwietnia 2015. Piast gra u siebie ze Śląskiem. Do Gliwic na mecz przyjeżdża menedżer Kamila Glika Jarosław Kołakowski. Nie jest sam – od kilku miesięcy pracuje z nim Damian Seweryn. Oprócz tego pojawia się jeszcze dwójka zagranicznych gości: Turek, a także Włoch Lorenzo, ponoć zatrudniony przez Chievo Verona. Kołakowski opłacił ich pobyt w Polsce – przelot, zakwaterowanie, wyżywienie. Wozi ich z miasta do miasta. W ten sposób stara się sprzedać swoich zawodników.

W Gliwicach goście mają się przypatrywać grze Kamila Wilczka. Piłkarz ma akurat świetny sezon. Strzela dla Piasta sporo bramek (na koniec rozgrywek zostanie zresztą królem strzelców), a że w czerwcu kończy mu się kontrakt, to jest to najlepszy moment, żeby wyjechać i spróbować swoich sił za granicą.

Dwa tygodnie później jestem w Turynie u Kamila Glika. Pyta o swojego byłego kolegę z WSP i stwierdza: „To dla niego ostatnia szansa na wyjazd". Ostatecznie latem 2015 Wilczek trafi do beniaminka włoskiej Serie A Carpi FC, a niedługo potem do duńskiego Brøndby.

Kołakowski w Gliwicach jest kilka godzin przed meczem. Pyta, czy na terenie stadionu może zobaczyć w telewizji rozgrywany kilka godzin wcześniej mecz Lechii z Legią. Nie jest to jednak możliwe. Miejsce, gdzie na stadionie Piasta przy ulicy Okrzei na co dzień ogląda się na ekranie piłkarskie potyczki, to w dni spotkań ligowych sala dla VIP-ów.

Ostatecznie Kołakowski ze swoją ekipą ląduje w jednym z pubów w centrum miasta. Jest jak udzielny książę – głośny, zdecydowany, wydający rozporządzenia. Woli mówić, niż słuchać. To były dziennikarz, a obecnie wzięty menedżer. Nie lubi, gdy mówi i pisze się o nim źle.

Od początku jest sceptycznie nastawiony do książki o Kamilu. Tym bardziej, że podczas naszej pierwszej telefonicznej rozmowy powiedziałem mu, że Kamil dał mi wolną rękę. Poza tym nie ma przekonania, czy to dobry moment, żeby taka publikacja ukazała się akurat teraz. Nie mówi kategorycznie „nie", ale jest mocno powściągliwy – bo po co, bo za wcześnie…

Wspominam potem Kamilowi o całej sytuacji. On tylko się uśmiecha i rzuca: „Jarek lubi mieć wszystko pod kontrolą. Taki jest. Książka to jednak moja sprawa".

Po raz drugi spotykam się z Kołakowskim w momencie, kiedy książka jest już praktycznie skończona. Umawiamy się w warszawskiej restauracji Lokanta przy ulicy Nowogrodzkiej. Akurat jest po zabiegu medycznym i nie czuje się najlepiej. Na szczęście chce rozmawiać na temat Kamila, choć nie pierwszy raz podkreśla, że za wcześnie na książkę o piłkarzu.

„Pamiętam nasze pierwsze spotkanie w knajpie o nazwie Gramofon w Gliwicach, w obecności Damiana Seweryna. Był tam i Kamil Glik, i Kamil Wilczek. Od początku dobrze się rozmawiało. Chłopaki były ambitne, chciały coś zrobić. Potem były kolejne spotkania", opowiada Kołakowski i lekko się uśmiecha znad talerza z kiełbaskami, surówką i frytkami, których nie chciał, a także doniesionym talerzykiem z ryżem.

O Gliku, któremu towarzyszy od momentu, kiedy grał w Piaście, opowiada tak: „Od tego czasu zaszła w nim duża zmiana, jeżeli chodzi o osobowość, światopogląd czy wiedzę ogólną. W tamtym czasie spędzał dużo czasu z Nalepą, Kaplem i Kowalskim. Chłopaki były starsze, miały swoje rozrywki, a Kamil zaliczał spadek formy".

Pytam o Kapla. „Chyba chodzi o Kwapisza?", upewniam się. „Nie, o Kasprzika", odpowiada krótko. No tak, „Kapel" to przecież przezwisko byłego bramkarza Piasta, obecnie związanego z Górnikiem Zabrze.

„Przyjechałem wtedy specjalnie na Śląsk, do Gliwic, żeby się zorientować, co się dzieje. Tłumaczyłem Kamilowi, żeby się skoncentrował i skupił wyłącznie na grze, bo to dla niego najważniejszy moment w Piaście. Zresztą gdyby klub z Gliwic nie spadł wtedy z ligi, to Kamil dalej mógłby tam grać. Miał przecież jeszcze przez dwa lata ważny kontrakt. Z drugiej strony widziałem, że nie zmierzało to wszystko w dobrym kierunku. Widać było, że potrzebował czegoś innego. Nowego impulsu, wyzwania, towarzystwa. W Piaście był liderem bloku obronnego, ale do rozwoju było mu potrzebne coś nowego. To wszystko sprawiło, że przestałem się zastanawiać i dążyłem do tego, żeby załatwić transfer jak najszybciej", tłumaczy.

Prosi o autoryzację swoich wypowiedzi. Zależy mi na czasie, więc autoryzuję je potem telefonicznie, kiedy po dwudniowym pobycie na Górnym Śląsku wraca do siebie do Warszawy. Jest 1.00 w nocy i słychać, że jest wykończony. Przy okazji ligowej kolejki spotyka się z działaczami i piłkarzami i ogląda mecze w Zabrzu czy Chorzowie. „Taka praca", stwierdza krótko.

TRANSFER ZA MILION

„To Kołakowski był tą osobą, która szukała Kamilowi klubu we Włoszech. Na początku nie chodziło nawet o Palermo, ale o jakikolwiek zespół w tym kraju. To działo się już w końcówce sezonu 2009/10. Było jasne, że piłkarz od nas odejdzie. Piast stał się dla niego za ciasny, a on potrzebował nowych wyzwań. U nas przygotował sobie grunt pod takie odejście. Okrzepł, nabrał doświadczenia i stabilności w grze", podkreśla ówczesny prezes Piasta Józef Drabicki.

„Piast spadł, a jednocześnie chciał dużych pieniędzy za Kamila. Do tego jego kontrakt nie był najlepiej podpisany. W tym czasie w klubie o wszystkim decydowali Drabicki i Koźmiński, ojciec Marka. Gadaliśmy godzinami. To były niekończące się rozmowy, tymczasem potrzebowałem konkretów, choćby informacji, za jakie pieniądze może odejść. Wiadomo było, że klub będzie potrzebował pieniędzy, bo spadał z ekstraklasy. Z naszej ligi nie było konkretnej propozycji. Nie było kogoś, kto by powiedział: »Jarek, chcemy go!«. Pojawiły się jakieś zapytania, rzucone tematy, na przykład z Lecha, ale do konkretów było daleko. Podobnie rzecz miała się z Legią czy Wisłą", opowiada menedżer Kamila i dodaje: „Kamil trenował wtedy z zespołem. Trener Brosz widział go oczywiście w drużynie, ale sprawa przejścia do Włoch zaczęła nabierać tempa. Kamil dzwonił i pytał, co i jak z tym transferem. Czekał na to z niecierpliwością. A sprawa się przeciągała. Chłopak się denerwował, ale ja musiałem zachować zimną krew. Uspokajałem go".

Okazuje się, że Kamil wcale nie musiał trafić wtedy do Włoch. Niewiele brakowało, a wylądowałby za zachodnią granicą. „Wierzyłem w jego możliwości. Pozostawałem w kontakcie z klubem z Bundesligi. Było blisko złożenia oferty. Kiedy udało się przekonać Palermo, nie było sensu dalej czekać. Obawiałem się, że sprawa może przepaść, stać się nieaktualna. Trzeba było decydować szybko. Gdyby wtedy nie doszło do transferu, to zostałby w drugiej lidze i na pewno nie dotarłby tu, gdzie jest teraz. Dzisiaj widzę, jak ważny był to moment", zaznacza Kołakowski.

Menedżer nie chce zdradzić nazwy klubu z Niemiec, który był wtedy zainteresowany Kamilem. Mówi tylko, że chodziło o markową ekipę. „W tamtym czasie klubów, które widziałyby u siebie Kamila, była cała masa. Nie każdego stać jednak na to, żeby zapłacić milion euro. Jeśli wówczas ktoś był w stanie zapłacić za Kamila milion, to na innych mógł przeznaczyć pięć czy dziesięć milionów euro. Zresztą wtedy w Palermo byli tacy gracze jak Pastore, który teraz jest w Paris Saint-Germain, czy Iličič, dziś związany z Fiorentiną. Kamil mógł trafić do Bari, gdzie miał stuprocentowe granie, ale taki klub, z dużo skromniejszym budżetem, nie doszedłby do porozumienia z Piastem".

Kołakowski i Glik polecieli do Palermo.

„Warunki już ustalone, przyjeżdżamy do klubu, a tam, jak to na południu, niby wszystko OK, niby tak, ale może coś inaczej jeszcze zrobić, może zamiast czterech, to pięć lat kontraktu – wspomina menedżer. – Nie wykłócałem się, tylko pokornie siedziałem. Z jednej strony jest przecież drugoligowy Piast, a z drugiej Palermo, piąty zespół Serie A. Lecąc tam, zdawałem sobie sprawę, że nie ma co szarżować, trzeba dążyć do podpisania kontraktu i wyrwania się z drugiej ligi. Parę euro więcej, parę euro mniej, rok dłużej czy rok krócej, to nie miało znaczenia. Liczył się główny cel: wyrwanie się z polskiej drugiej ligi".

Parę miesięcy wcześniej wielką gwiazdą US Palermo był Edinson Cavani. Urugwajski napastnik, ledwie rok starszy od Kamila, stanowił jedno z odkryć mundialu w RPA i zaraz po mistrzostwach świata trafił do Napoli. Palermo na tym transferze zarobiło 17 milionów euro.

„Przyjechaliśmy tam na początku sierpnia. Powietrze takie gorące, afrykańskie. Było niesamowicie parno. W końcu umowa została podpisana. Kamil spotkał się potem ze swoimi nowymi kolegami. W kadrze było 25–30 zawodników. Byli akurat w trakcie obiadu. Obserwowałem wszystko przez taką szklaną szybę. Podchodził do każdego i się witał. Widać było, jak jest przejęty tą chwilą. Wtedy to był taki skromny, nieopierzony, młody i niewyrobiony chłopak", wspomina tamto wydarzenie Kołakowski.

„Fakt, że było to Palermo, na pewno stanowił wyróżnienie. To przecież renomowany, solidny, europejski klub, nie żaden Kopciuszek. Obserwowali Kamila w akcji, wiedzieli, jak gra i co potrafi. Sama finalizacja transferu nastąpiła potem drogą pocztowo-mailową. My nanieśliśmy tylko pewne korekty formalnoprawne", tłumaczy Drabicki.

Na transferze Piast zarobił milion euro. „To, że wynegocjowaliśmy taką sumę, było swego rodzaju mistrzostwem świata – uważa były prezes Piasta Gliwice. – Kamil nie miał w kontrakcie wpisanej kwoty odstępnego, wszystko toczyło się więc drogą negocjacji. Milion euro za zawodnika, który jest obrońcą, a nie napastnikiem, i który jeszcze nie do końca ma ugruntowaną pozycję, to sporo pieniędzy. Co do pana Kołakowskiego, mogę mówić o nim przez pryzmat transferu Kamila Glika do Palermo. Doprowadził całą sprawę do finału, więc pełen szacunek dla niego".

Kołakowski dobrze radził sobie i potem na włoskim rynku. Z Polski do Italii trafiali kolejni gracze, których transfery pilotował.

Tomasz Kupisz z Jagiellonii Białystok przeszedł do Chievo Verona, Paweł Wszołek z Polonii Warszawa do Sampdorii Genua, Łukasz Skorupski z Górnika Zabrze do AS Roma, a Kamil Wilczek z Piasta Gliwice do Carpi FC.

TRUDNE POCZĄTKI

Dyrektor sportowy klubu z Sycylii Walter Sabatini sprowadził wtedy plejadę dobrze rokujących graczy. Glik kosztuje US Città di Palermo milion euro, sprowadzony z AC Milan Matteo Darmian 800 tysięcy. Znacznie drożej kosztował klub transfer młodzieżowego reprezentanta Argentyny Ezequiela Muñoza – Palermo zapłaciło Boca Juniors za niespełna 20-letniego zawodnika 4,6 miliona euro. Z kolei na młodzieżowego reprezentanta Słowenii Josipa Iličicia wydało 2,3 miliona euro. Z NK Maribor sprowadzono też jeszcze jednego piłkarza, Armina Bačinovicia.

Wiosną 2015, kiedy Kamilowi świetnie szło w Serie A, włoskie media podały informację, że Muñoz, któremu kończył się okres wypożyczenia do Sampdorii, może zastąpić w Torino Glika, którego z kolei łączono z zespołami z Premier League: Arsenalem, Evertonem, West Hamem czy Newcastle. Ostatecznie skończyło się na spekulacjach.

> Akurat miałem to szczęście, że w Palermo trafiłem na fajnych ludzi. Potem zresztą drogi moje i niektórych tamtejszych graczy w jakiś sposób się krzyżowały czy przeplatały. Myślę tutaj o Nocerino, Dar-

mianie czy Bovo, z którymi grałem lub wciąż gram w Torino. Mimo że nie znałem języka, szatnia przyjęła mnie bardzo dobrze. Nie dało się odczuć, żeby traktowali mnie gorzej, a była to wtedy drużyna, która zapewniła sobie występy w Lidze Europy i której niewiele brakło do gry w Lidze Mistrzów. Gwiazdą był Pastore. Nie wiem, jaki jest dziś, ale chyba się nie zmienił. Marta na Facebooku sprawdza zdjęcia, jakie wrzuca tam jego siostra czy żona. Był spokojny, opanowany. Pomógł mi w pierwszym okresie. Akurat w Palermo mieszkaliśmy w jednej dzielnicy, niedaleko od siebie. Nie miałem jeszcze samochodu, więc podjeżdżał i zabierał mnie na treningi. Bardzo fajny gość.

Przed grą w czołowym włoskim klubie Kamil był pełen nadziei. Niełatwo było wtedy z nim porozmawiać. W połowie lipca zespół przebywał na letnim obozie w miejscowości Bad Kleinkirchheim. Na zgrupowaniu w Alpach Kamil mieszkał w pokoju z reprezentantem Rumunii Dorinem Goianem. „Wiesz, nie jestem pewien, czy możemy tak porozmawiać. Najpierw o zgodę powinienem zapytać rzecznika prasowego, żeby potem nie mieć jakichś nieprzyjemności…", tłumaczył.

Ostatecznie chwilę porozmawialiśmy. „Nad przejściem do Palermo nawet się nie zastanawiałem. To dla mnie życiowa szansa. W zespole panuje świetna atmosfera, a co najważniejsze, mam duże szanse na to, żeby grać w pierwszym składzie. Z zespołu do VfL Wolfsburg odchodzi duński obrońca Kjær, kto wie, może dzięki temu uda mi się wskoczyć do pierwszego składu. Wypożyczyć chciało mnie Bari, ale teraz nie ma tematu", opowiadał.

Podczas mojego pobytu w Turynie Kamil wspomniał mi, że Salvatore Sullo, który jako drugi trener od 2009 roku współpracuje z Giampiero Venturą, mówił mu, że Bari, gdzie akurat wtedy pracowali, obserwowało go w polskiej lidze. „Nie mieli jednak wtedy

Fot. Tullio M. Puglia / Getty Images

Nicolas Bertolo, Paolo Hernan Dellafiore, Federico Balzaretti, Antonio Nocerino, Mattia Cassani i Kamil Glik relaksują się w basenie po ciężkim treningu

pieniędzy, żeby mnie wykupić z Piasta". Mimo to sprawa jego gry w klubie z Apulii niebawem wróciła.

Na Sycylii mieszkali z Martą w urokliwej dzielnicy Palermo – Mondello, gdzie znajduje się wspaniała plaża o tropikalnym wyglądzie, usytuowana pomiędzy dwoma malowniczymi klifami. „To turystyczne miejsce, gdzie sezon trwa przez pół roku. Wiele jednak nie zobaczyłem, bo przecież nie zagrzałem tam długo miejsca", wspomina Glik.

Pytam go o pierwsze doświadczenia.

„Zespół był mocny, a zawodnicy – jak Pastore, Cassani, Nocerino czy Sirigu – naprawdę światowej klasy. We Włoszech poza włoskim nie znają innego języka, ale szybko się nauczyłem tamtejszej mowy. Na pewno pomogła znajomość hiszpańskiego. Co do gry, to było ciężko… Albo w ogóle nie grałem, albo, rzadziej, przesiadywałem na ławce rezerwowych. Wtedy nie było tak jak teraz w Serie A, że cała jedenastka siada na ławce. W tamtym czasie była to tylko szóstka.

Dyrektor sportowy Walter Sabatini podnosił mnie na duchu, bo pracowałem ciężko, ale szansy nie dostawałem", mówi Kamil.

Trener Delio Rossi dawał szansę młodym graczom, ale nie polskiemu obrońcy. Na środku obrony grał Cesare Bovo, a partnerowali mu albo Ezequiel Muñoz, albo Dorin Goian. Rossi, bez wątpienia doświadczony szkoleniowiec, stracił pracę w Palermo w lutym 2011 roku po upokarzającej porażce u siebie z Udinese 0:7. Potem pracował we Fiorentinie, gdzie dał się poznać jako niezwykle krewki trener. W meczu przeciwko Novarze zmienił serbskiego napastnika Adema Ljajicia, po czym doszło do pyskówki pomiędzy obu panami, aż wreszcie Delio Rossi rzucił się na zawodnika z pięściami...

Kiedy trafiłem do Palermo, liczyłem się z tym, że nie od razu stanę się podstawowym zawodnikiem. Przechodziłem przecież z Piasta, z ekipy, która nie była wtedy topowym klubem w Polsce, do liczącej się drużyny w Serie A. W pierwszym meczu sezonu, przeciwko Mariborowi w eliminacjach Ligi Europy, zagrałem. Potem, w rewanżu, już nie. W sumie skończyło się na bodajże czterech występach w Lidze Europy. W Serie A kilka razy byłem na ławce, ale swojej szansy się nie doczekałem. Trener Delio Rossi raczej nie darzył mnie zaufaniem. Trudno mi go oceniać. Zresztą mógłby coś na ten temat powiedzieć Paweł Wszołek. Był akurat razem z nim w Sampdorii i też nie doczekał się swojej szansy, też nie powąchał murawy.

Delio Rossi cały czas palił. Zdarzało mu się to nawet podczas treningów, a kiedy weszło się do jego gabinetu i spędziło tam jakiś czas, wychodziło się z bólem głowy. Wszystko było przesiąknięte tytoniem. To specyficzny szkoleniowiec – jak wpadł w szał, to było ostro.

W pierwszym meczu sezonu 2010/11 Kamil usiadł na ławce. Palermo bezbramkowo zremisowało u siebie z Cagliari. Podobnie było w kolejnym wyjazdowym spotkaniu z Brescią (2:3). Na ławce Glik siedział w towarzystwie między innymi Darmiana. W kolejnym meczu, z Interem (1:2), kiedy bramki dla Nerazzurri strzelał słynny Samuel Eto'o, zabrakło dla niego miejsca w meczowej kadrze.

Ostatecznie przez pół roku zagrał tylko w czterech meczach w Lidze Europy: z NK Maribor (3:0), Spartą Praga (2:3), CSKA Moskwa (1:3) i FC Lausanne-Sport (1:0).

„Na pewno był to dla niego trudniejszy moment. Nie grał przecież regularnie, nie licząc epizodów w Lidze Europy. Nie był to jednak czas stracony, bo zdobywał doświadczenie, które później zaprocentowało. Trzeba też pamiętać, na jakim etapie wtedy był: przeszedł do czołowego klubu Włoch z zespołu nieliczącego się i zupełnie nieznanego w Europie", uważa przyjaciel Kamila Damian Seweryn.

„To było dla mnie zaskoczeniem, że sobie tam nie poradził. Przeskok był jednak na pewno ogromny. Przeszedł przecież z drużyny, która spadła z naszej ekstraklasy, do klubu, który liczył się w Serie A", mówi z kolei Kamil Wilczek, który sam nie dał później rady przebić się w zespole beniaminka Serie A Carpi FC.

„Co do Kamila, to Palermo się nie pomyliło. Zarobili na nim, ale nie spożytkowali jego potencjału u siebie. Ja mu wtedy tłumaczyłem: »W pierwszym roku z graniem nie będzie ci łatwo«. Co innego jakby to była Legia czy Lech. Kiedy trafił do Palermo, to choć miał już na koncie występy w reprezentacji Polski, znalazł się na bardzo niepewnym gruncie. Był przecież młodym piłkarzem, a tam poziom był zupełnie inny. Kamil chciał grać, a zaliczył tylko kilka występów w Lidze Europy. Był tym zawiedziony. Szybko dało się go jednak wypożyczyć do Bari, gdzie zaczął regularnie występować. To tam został dostrzeżony na włoskim rynku", stwierdza Kołakowski.

W tym czasie Palermo opuścił też dyrektor Walter Sabatini, który sprowadził Kamila do klubu z Sycylii. Jako przyczynę jego rezygnacji podano „sprawy osobiste".

„Jego odejście było związane raczej z napięciem na linii prezes – dyrektor sportowy. W grę nie wchodziły chyba inne powody, choć nie wiem o wszystkim. Byłem wtedy nowy we włoskiej piłce, pewnych rzeczy nie rozumiałem i nie posługiwałem się włoskim na tyle, żeby coś więcej wywnioskować z gazet czy komentarzy. Na pewno jednak Sabatini to mocny charakter. Nie lubi, jak mu się ktoś wtrąca do pracy", tłumaczy Kamil, który z Sabatinim, ważną postacią dla włoskiej piłki, do dziś ma świetne relacje.

Przed świętami Bożego Narodzenia 2010 już wiadomo było, że Glik zmieni klub. Tak wtedy mówił o swojej sytuacji: „Zagrałem w sumie w czterech meczach. Co mogę powiedzieć? Na pewno nie czuję się gorszy od tych, co grają, ale pozycja środkowego obrońcy jest specyficzna. Tu jest jak z bramkarzami: albo się gra, albo nie. Ja mam nadzieję, że w Bari będzie inaczej i będę tam występował regularnie".

Ostatni w tabeli Serie A zespół nie był jedynym, który zimą 2011 chciał ściągnąć do siebie Kamila. Interesowała się nim też Wisła Kraków, która po pierwszej części sezonu zajmowała drugie miejsce w ekstraklasie, a później świętowała mistrzostwo Polski.

„Tak, wiem, że Wisła kontaktowała się z moim menedżerem, ale dla mnie lepiej jest zostać we Włoszech. Tak też widzą to ludzie z Palermo. Ile razy zobaczyliby mnie w akcji, gdybym grał w Polsce? Raz, dwa razy? A tu mają mnie pod obserwacją cały czas. Klub z Sycylii wypożycza mnie na pół roku. Mam z US Palermo pięcioletni kontrakt, a przed przenosinami do Bari rozmawiałem z prezesem, dyrektorem sportowym i trenerem. Dalej chcą we mnie inwestować i uważają, że rokuję na przyszłość. Tak przynajmniej wynikało z rozmowy z nimi", mówił mi Kamil w grudniu 2010 roku. Przy innej okazji podkreślał: „Tam, we Włoszech, jest inny świat. Weźmy choćby organizację meczów. U nas na ligowe spotkania z Górnego Śląska do Gdyni czy Gdańska musimy jeździć autobusem po 10–15 godzin. Tam to nie do pomyślenia. Nawet jak graliśmy derby z Catanią, do której z Palermo jest 230 kilometrów, lecieliśmy czarterem".

Zaraz po świętach poleciał do Włoch, żeby przeprowadzić się z gorącej Sycylii do położonego nad Adriatykiem Bari.

MISTER VENTURA: WIERZYŁEM W KAMILA

Liczące półtora miliona mieszkańców Bari to największe miasto nad Adriatykiem, a także ważny ośrodek przemysłowy i kulturalny. W czasie II wojny światowej w okolicach miasta stacjonował 2 Korpus Polski pod dowództwem generała Władysława Andersa. W pobliskiej miejscowości Casamassima jest zresztą Polski Cmentarz Wojenny, gdzie znajdują się groby 431 żołnierzy legendarnego Korpusu, który zasłynął zdobyciem Monte Cassino w maju 1944 roku.

AS Bari balansuje pomiędzy Serie A i B. Na koniec 2010 roku sytuacja drużyny nie była krytyczna – zajmowała wprawdzie ostatnie miejsce w tabeli, z 11 punktami na koncie, ale do trzech zespołów przed sobą traciła tylko cztery „oczka", a do rozegrania pozostawało jeszcze 21 kolejek.

„Owszem, Bari jest na ostatnim miejscu w tabeli Serie A, ale to zespół, który ma potencjał, by utrzymać się w gronie najlepszych. W poprzednim sezonie rozgrywki skończyli w środku tabeli, a teraz mieli małego pecha. W drużynie było sporo kontuzji, a bramki tracili w końcówkach", mówił Kamil przed przybyciem do nowego klubu.

Szkoleniowcem zespołu znad Adriatyku był wówczas Giampiero Ventura. Asystował mu Salvatore Sullo. Obaj, o czym była mowa wcześniej, przyglądali się Kamilowi i byli zainteresowani jego ściągnięciem, tyle tylko, że klub z Bari nie należy do finansowych krezusów w Italii, a w swojej historii bankrutował trzykrotnie, nie miał więc dość pieniędzy, żeby latem 2010 roku, za milion euro, ściągnąć dobrze rokującego polskiego obrońcę.

Pytam Giampiero Venturę, kiedy po raz pierwszy usłyszał o Gliku. „Pierwszą osobą, która mi o nim powiedziała, był futbolowy menedżer Sergio Berti. Stwierdził: »Przy tobie stanie się wielkim piłkarzem«. Już jako szkoleniowiec Bari chciałem go sprowadzić. Mówiłem o tym klubowym działaczom. Obserwował go w akcji mój asystent Salvatore Sullo, bo to konieczne, żeby potwierdzić możliwości piłkarza", tłumaczy.

Giampiero Ventura urodził się w roku 1948. W roku przyjścia na świat Kamila pracował w Serie C. Później szansę wykazania się dał mu Maurizio Zamparini, właściciel Venezii, a od 2002 roku US Palermo, które słynie z szybkiego zwalniania szkoleniowców. W Venezii Ventura wytrzymał niespełna dwa lata. Potem z powodzeniem prowadził Lecce, z którym awansował z Serie C do Serie A, oraz Cagliari. Z tym klubem też zdołał wywalczyć awans do ligowej elity. W Bari na stanowisku trenera w 2009 roku zastąpił Antonia Conte, późniejszego szkoleniowca Juventusu, a potem selekcjonera reprezentacji Włoch.

„Nie miało dla mnie wielkiego znaczenia, że Kamil mało grał w Palermo. Byłem przekonany do jego możliwości, ufałem też, że może się stać takim piłkarzem, jakim jest dzisiaj. Innymi słowy, wierzyłem, że będzie liczącym się graczem", stwierdza Ventura. Na treningach piłkarze zwracają się do niego per „Mister". Do innych członków sztabu szkoleniowego mówią już po imieniu.

„To trener preferujący inny rodzaj piłki niż ten, który prezentują pozostałe drużyny w lidze. My staramy się przygotować wszystko od tyłu. Konstruowanie akcji rozpoczyna się ode mnie czy Kamila. Nie ma wybijania do przodu. Bronimy z kolei całym zespołem. Jaką jest osobą? To zależy, jak się wszystko układa na boisku. W trakcie gry robi się nerwowy, ale to dotyczy każdego z nas. W tygodniu poprzedzającym mecz stara się nas jak najlepiej przygotować, tak pod względem taktycznym, w zależności od tego, z jakim akurat rywalem gramy, jak i mentalnie. To bardzo dobry szkoleniowiec", komplementuje bramkarz Torino Daniele Padelli.

„We Włoszech trener Ventura uchodzi za bardzo dobrego pedagoga. Umie piłkarzy nauczyć gry, szczególnie tych, którzy występują w obronie. Kamil miał szczęście, że trafił na tego szkoleniowca. Trener Ventura uwierzył w niego, Kamil się przy nim bardzo rozwinął – uważa Kołakowski i dodaje: – We Włoszech często do przesady opowiada się o tajemnej wiedzy tego całego *calcio*: ile to trzeba, żeby być tam dobrym piłkarzem. Faktem jest jednak, że Polakom, którzy tam idą, nie jest łatwo grać, szczególnie na wyższym poziomie. Wszystko dzieje się w głowie i zależy od tego, jaki kto stawia sobie cel: czy jest nim samo podpisanie kontraktu i wyjazd, czy coś jeszcze. Wielu po podpisaniu nowej umowy mówi: »Uff, udało mi się« i jest zadowolonych. Myślami są w Polsce. Nie są w stanie zmienić sposobu życia, podporządkować się temu, co jest we Włoszech. Każdy piłkarz musi jednak zrozumieć, że menedżer daje wędkę, ale ryby trzeba już łowić samemu. Dopóki tego nie pojmuje, to kiedy coś mu nie idzie, uważa, że trener nie jest dobry, pojawia się hejt, krytyka... Oczywiście zdarzają się różne sytuacje. Nie wiadomo na przykład, jak zareaguje i co zrobi właściciel klubu. Z Kamilem Wilczkiem była ostatnio taka sytuacja, że jak trafił do Carpi, to klub podjął takie, a nie inne decyzje i po kilku miesiącach trzeba było szukać innych rozwiązań", tłumaczy Kołakowski.

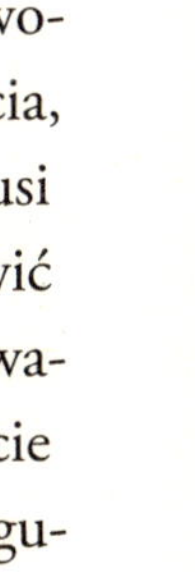

Ze zbyt wieloma trenerami w Polsce nie pracowałem, żebym mógł porównać. Z trenerem Fornalakiem półtora roku i w krótkich okresach z trenerem Wleciałowskim i Wieczorkiem. Żadnej tajemnicy nie zdradzę, jeśli powiem, że we Włoszech szkoleniowcy są niesamowicie przygotowani pod względem taktycznym. W Polsce ligowe zespoły grają z reguły jednym systemem. Tutaj stosują z kolei wszelkie możliwe rozwiązania, gra się wszystkimi dostępnymi systemami na świecie, 3-5-2, 4-5-1, 4-3-3. Szkoleniowiec nakreśla plan i trzeba ściśle wykonywać to, co zalecił. Jest do zrobienia jedna czy dwie rzeczy i ma być tak, jak zostało zaplanowane. To daje potem przewagę na boisku, a zawodnik ma spokój.

Z trenerem Venturą pierwszy raz spotkaliśmy się na zgrupowaniu w Rzymie, 29 grudnia 2010 roku, w krótkiej przerwie między rozgrywkami. Nie był to łatwy czas. Raz, że mój włoski nie był wtedy jeszcze za dobry, a dwa, że zespół znajdował się w trudnej sytuacji, był na ostatnim miejscu w tabeli. Przywitaliśmy się, a trener od pierwszych zajęć starał mi się wytłumaczyć swoją filozofię gry. Wiadomo, wtedy długo razem nie pracowaliśmy, ale na szczęście coś tam chyba udało mi się pokazać, skoro trener mnie zapamiętał i chciał mnie potem sprowadzić do zespołu, który przejął. Trener Ventura to osoba, której zawdzięczam najwięcej. Zrobił wiele, żebym dziś był takim piłkarzem, jakim jestem.

„Trik leżący u podstaw mojej pracy, to... moja praca. Wychodzę z założenia, że w futbolu słowa nie wystarczą, często więc mówię do swoich graczy: »Jeśli chcemy, to możemy to zrobić«", wykłada swoje motto Ventura.

Pytam, czy gdyby pojawiła się taka możliwość, byłby zainteresowany pracą z polską kadrą. „Absolutnie tak, z przyjemnością. Byłby to dla mnie zaszczyt". W lutym tego roku pojawiła się jednak informacja, że może zostać nowym selekcjonerem reprezentacji Italii. Jego trenerska wartość we Włoszech w ostatnich latach bardzo wzrosła. „W Bari prowadził Ranocchię oraz Bonucciego, którzy teraz są w reprezentacji. Darmian, który do Torino trafił z Palermo razem ze mną, gra teraz w Manchesterze United. W kadrze Italii wystąpili też inni piłkarze Granaty, których wcześniej prowadził, jak Cerci czy Immobile", wymienia Kamil.

Starałem się skontaktować z Sergio Bertim – bez skutku. Jak się okazało, takie próby od początku skazane były na niepowodzenie. „To jeden z najbardziej znanych i twardych menedżerów piłkarskich. Ma zasadę, że nigdy nie rozmawia z mediami", wytłumaczył mi Marco Bo, dziennikarz turyńskiego „Tuttosport".

Berti jest przedstawicielem wielu świetnych zawodników, między innymi Daniele De Rossiego, Aleksandara Kolarova, byłego klubowego kolegi Kamila Alessio Cerciego czy Lorenzo De Silvestriego oraz Libora Kozáka, o którym było u nas głośno ostatniej zimy. Ten były napastnik Lazio, a obecnie Aston Villa, miał bowiem wzmocnić Piasta Gliwice.

Kamil świętuje bramkę strzeloną Milanowi w 82. minucie meczu 18. kolejki Serie A, 10 stycznia 2015 roku

Fot. Valerio Pennicino / Getty Images

Berti blisko współpracuje z wieloma trenerami. Jednym z nich jest były znakomity piłkarz reprezentacji Jugosławii Siniša Mihajlović. Kiedy po zakończeniu kariery został szkoleniowcem, a w latach 2012–2013 jako selekcjoner prowadził narodowy zespół Serbii, niektórzy, w tym były prezes tamtejszej federacji Zvezdan Terzić, zarzucali mu, że to Berti decyduje o tym, których piłkarzy powołać do kadry. Mihajlović groził byłemu prezesowi, z którym zresztą od lat miał na pieńku, wytoczeniem procesu o zniesławienie. Tak właśnie uczynił z piłkarskim menedżerem Zoranem Duriciem, który również zarzucił mu, że Berti ma zbyt duży wpływ na powołania piłkarzy do serbskiej kadry.

Kiedy w czerwcu 2015 roku Siniša Mihaijlović objął AC Milan, który skończył wtedy sezon dopiero na 10. miejscu, tuż za Torino, jednym z zawodników, którzy przewinęli się jako kandydaci do ewentualnych wzmocnień Rossonerich, był właśnie kapitan Granaty Kamil Glik.

PIŁKARZE SPRZEDAJĄ MECZE

Bari z Glikiem w składzie wyjściowym zaczęło 2011 rok świetnie, bo na wyjeździe w derbach Apulii pokonało US Lecce 1:0. Zwycięską bramkę zdobył w końcówce Stefano Okaka. Kamil na środku defensywy zagrał z Nicolą Belmonte. Dzięki cennej wygranej Bari udało się doskoczyć do zespołów z dołu tabeli.

„Po tym meczu kibice nazwali go »Tytanem«. Był bohaterem, bo jako nowo pozyskany piłkarz zagrał dobre spotkanie. Walczył, wybijał, przecinał co trzeba. Szybko go tam polubiono. Zresztą w Bari Kamil nawiązał bardzo dobry kontakt z miejscową rodziną, która zajmowała się jubilerstwem. Przyjechali potem nawet do Turynu. Pamiętam, że świetnie gotowali, a spaghetti, które wtedy przyrządzili, było super. To był fajny okres dla Kamila, bo grał i realizował swoje marzenia", mówi menedżer Kołakowski.

Potem nie było już tak dobrze. Po sześciu kolejnych porażkach z rzędu z zespołem pożegnał się trener Ventura. Nowym szkoleniowcem został Bortolo Mutti. Straty do odrobienia były już tak duże, że los Bari zdawał się przesądzony.

Kamil dalej grał w wyjściowym składzie. W rundzie rewanżowej zaliczył 16 meczów w Serie A. Drugi rok z rzędu spadł jednak z ligowej elity. Internetowi hejterzy czy niektórzy z futbolowych ekspertów nie zostawiali wtedy na nim suchej nitki. Jednym z nich był Przemysław Rudzki, obecnie wicenaczelny „Przeglądu Sportowego", który wówczas publikował w „Fakcie".

To się nazywa robić reklamę rodakom w mocnej lidze! Kamil Glik (23 l.) z włoskiego Bari, odkąd zmienił klub, co rusz dostarcza włoskiej prasie powodów do lawinowej krytyki. Polski obrońca w meczu z Milanem znów był jednym z antybohaterów.

Jego zespół przegrał 0:3 w spotkaniu pucharowym, a dziennikarze na Półwyspie Apenińskim uznali, że był jednym z najgorszych zawodników na boisku. Glik dostał jedną z najniższych not od portalu calciomercatonews.com, podobnie jak od serwisu sportevai.it. Media zgodnie podkreśliły, że Glik nie radził sobie z rywalami. To prawda – przy pierwszej bramce dla Milanu patrzył tylko i czekał co zrobi Zlatan Ibrahimović (30 l.), aż ten w końcu strzelił gola. Przy bramce na 3:0, zanim zdążył pomyśleć o zrobieniu wślizgu (na dodatek nie trzymał linii i był spóźniony, nie wychodząc do pułapki ofsajdowej), Robinho (27 l.) już pakował piłkę do siatki.

Można gorzko stwierdzić, że Glik kontynuuje swoją „świetną" passę. Po fatalnym występie w meczu z Juventusem Turyn Polak trafił do jedenastki 20. kolejki Serie A w doborowym towarzystwie, m.in. z Alessandro Nestą (35 l.) i Francesco Tottim (35 l.). Szkoda tylko, że była to jedenastka… najgorszych piłkarzy.

Włosi podsumowali popisy Glika bardzo krótko: „Wszystko zrujnował". W kraju, w którym kibice kojarzą głównie występy Zbigniewa Bońka (53 l.) i jego gole, Glik psuje reputację polskim piłkarzom. Przy utrzymaniu obecnej formy nie będzie jednak długo tego robił. (*Glik przynosi wstyd Polakom*, „Fakt", 22 stycznia 2011).

Tym tekstem najbardziej przejęła się żona piłkarza (wtedy jeszcze narzeczona). „Kiedy czytałam ten tekst w internecie, to się popłakałam. Dziennikarze pisali różne brednie. Nie byli Kamilowi zbyt przychylni. Wtedy wszystko czytaliśmy, przejmowaliśmy się opiniami. Teraz to już jest gdzieś poza nami. Nie bierzemy wszystkiego do serca, jak wtedy", tłumaczy Marta.

Do całej sprawy postanowił się odnieść przyjaciel piłkarza Damian Seweryn: „Prowadziłem wtedy bloga i odpowiedziałem panu Rudzkiemu na to, co napisał o Kamilu. Nie rozumiem, jak można było użyć takich słów. Przecież Kamil gra w jednej z najsilniejszych lig na świecie. Odpisał mi potem na swoim blogu, porównując mnie do piłkarza klasy D".

Znajomy przysyła mi link do tekstu z jakiegoś niszowego serwisu, a w tekście tym zaciekle atakuje mnie jakiś Seweryn. Niestety – nie jest to ani muzyk Seweryn Krajewski, ani wybitny aktor, dziś dyrektor Teatru Polskiego w Warszawie Andrzej Seweryn, a wiem o istnieniu tylko dwóch wymienionych. Nie chce mi się tego czytać, przelatuję więc wzrokiem, żeby zorientować się o co chodzi, a chodzi o to, że piłkarz klasy „D" nie zgadza się z moją krytyką piłkarza reprezentacji Polski. Piłkarzem pierwszym jest wspomniany Seweryn, piłkarzem drugim – Kamil Glik.

Otóż napisałem niedawno komentarz, w którym wyraziłem swoje głębokie zdziwienie. Dlaczegóż to bowiem większość polskich serwisów i portali wiecznie robi ze mnie i milionów czytelników idiotów, pisząc, że „Glik nie zatrzymał Interu". Albo: „Glik nie powstrzymał Juventusu". I tak co tydzień, że polski obrońca kogoś tam nie zatrzymał. No a miał zatrzymać? Z jakiego niby powodu miałby zatrzymać Zlatana Ibrahimovicia? Nie widzę niczego zdrożnego w tym, że wyrażam zdziwienie tym czyimś zdziwieniem. Napisałem więc, że Harrison Ford nie gra w *M jak Miłość*, a pilot awionetki z Bemowa nie lata nad Atlantykiem boeingiem, tak jak Glik nie może zatrzymać wielkich piłkarzy. I od razu oburzenie jego kolegi, Andrzeja, yyyy, przepraszam, Damiana Seweryna.

Ten ostatni podważa moje kompetencje do oceniania piłkarzy i to jest rzecz, której wyjątkowo nie lubię. Nie dlatego, że jestem bufonem przekonanym o swojej wielkości, lecz dlatego, iż jest to głupi stereotyp panujący w środowisku piłkarskim – oceniać może jedynie ekspert, były wielki piłkarz. Pada pytanie: w takim razie kto? Eeeee, Boniek! No i kto jeszcze? Cisza.

Tak, tak, gdyby oceniać naszych piłkarzy mogli tylko eksperci formatu Bońka, musiałby on jeździć od studia do studia, od gazety do gazety, bo przecież nikt inny nie ma do tego prawa. Dobry degustator nie musi być od razu wytwórcą pysznych win, dobry krytyk teatralny czy filmowy, stojąc przed kamerą, mógłby się kompromitować, co nie oznacza, że w swoich zawodach obaj nie mogą się znaleźć na wyżynach. Zmierzam do tego, że znam się na piłce wystarczająco dobrze, by ocenić, kto grać umie, a kto nie, to, panowie piłkarze, łatwiejsze niż się wam wydaje. Glik umie średnio – podkreślam, moim zdaniem. Seweryn – w ogóle (…)

W swoim zawodzie zrobiłem raczej więcej niż mniej. Na pewno dużo więcej niż Damian Seweryn w swoim zdołałby dokonać w dziesięciu wcieleniach. Jeśli zatem ja nie mam prawa krytykować Glika (choć to raczej stwierdzanie faktów niż krytyka, będę się upierał – Glik jest mało winien, że nie potrafi w pojedynkę zatrzymać tych wszystkich wielkich drużyn), to jakie prawo do krytyki mojej osoby ma Andrzej, yyyyy, Damian Seweryn? (Przemysław Rudzki, *Ósmy dzień tygodnia: czemu jest winny Kamil Glik i misteria na Old Trafford*, Onet.pl, 14 lutego 2011).

Inni eksperci, jak Giampiero Ventura, klubowi koledzy czy prezes PZPN-u, a w przeszłości wybitny piłkarz Zbigniew Boniek, mieli odmienne zdanie. „Z Kamilem w Bari graliśmy razem przez sześć miesięcy. Był wtedy młody i trudno go porównywać w tamtym czasie i teraz”, mówi Alessandro Gazzi. W Bari ten doświadczony pomocnik występował przez prawie siedem lat. Na koncie ma ponad

200 występów w jedenastce z Apulii. „Już wtedy było widać w nim potencjał, a te kilka miesięcy na pewno pozwoliło mu się lepiej rozwinąć. Potrzebował czasu, żeby dojrzeć, żeby czerpać z tego, czego się nauczył. Co do występów w Bari, to oczywiście zdarzały mu się błędy czy niepotrzebne kartki, bo jest agresywnym obrońcą, ale kiedy jest się młodym, to bardziej gra się instynktem niż głową. Teraz jest zupełnie innym piłkarzem, skoncentrowanym i wykazującym się inteligencją. Wykorzystuje potencjał wynikający z jego możliwości", ocenia Gazzi, z którym rozmawiałem w Turynie w kwietniu 2015 roku.

„Obserwowałem Kamila w tym czasie i mogę powiedzieć, że wstydu polskiemu futbolowi na pewno nie przynosił. Spokojnie przecierał sobie szlaki w zawodowej piłce. Co do pewnych sądów czy artykułów, to nie mam zamiaru się do nich odnosić. O jego pozycji świadczy choćby to, jakie miejsce zajmuje teraz w reprezentacji Polski. Zresztą nie wszyscy w wieku 20 lat muszą być świetnie grającymi czy ukształtowanymi zawodnikami. Niektórzy potrzebują na to więcej czasu. Kamil przebijał się powoli, szczebel po szczebelku, i dotarł tam, gdzie teraz jest", stwierdza Zbigniew Boniek.

„Cała historia krytyki pod jego adresem, często zupełnie niesłusznej, dowodzi, jak Kamil świetnie sobie ze wszystkim poradził. Życie pokazało zresztą potem, jak się sprawy miały. Kiedy kilku piłkarzy sprzedaje mecze, to nic nie można zrobić", dodaje Kołakowski.

Co do pana Rudzkiego, to on później mnie przeprosił za to, że tak napisał, i przyznał się do błędu, do tego, że użył za mocnych słów. Tak że wyjaśniliśmy sobie tę sytuację.

Nie minął rok, a włoska policja zatrzymała dziewiątkę piłkarzy Bari. Poszło o ustawianie spotkań w Serie A wiosną 2011 roku. Skandal, nie pierwszy w ostatnich latach w Italii, zwany Scommessopoli, dotknął czołowe postacie futbolu w tym kraju, w tym ówczesnego trenera Juventusu Antonio Contego czy trzykrotnego króla strzelców Serie A Giuseppe Signoriego. Dostało się też zawodnikom, którzy grali w Bari.

W 2012 roku posypały się wyroki. Belgijski bramkarz Jean-François Gillet, który potem za Venturą powędrował do Torino, został ukarany 43-miesięczną dyskwalifikacją (skróconą potem do 13 miesięcy). Obrońca Andrea Masiello, który przyznał, że celowo zdobył samobójczego gola w przegranych 0:2 derbach z Lecce pod koniec sezonu, za co oferowano mu 50 tysięcy euro, otrzymał karę zawieszenia na 22 miesiące. Karą dla Alessandro Gazziego były trzy miesiące i dziesięć dni zawieszenia plus grzywna w wysokości 40 tysięcy euro. Dyskwalifikacja dotknęła też partnerów Kamila za środka obrony: Nicolę Belmonte i Marca Rossi. Ten pierwszy został zawieszony na pół roku, drugi – na 20 miesięcy.

Nie zastanawiałem się nad tym. Dla mnie to, co działo się na boisku podczas meczów, było normalne. Potem, jak cała sprawa wyszła na jaw i posypały się kary dyskwalifikacji, to człowiek zaczął niektóre rzeczy analizować. Trudno mi cokolwiek powiedzieć na ten temat.

Bramkarz Gillet trafił potem do nas do Torino z Bolonii. Nie miał jeszcze za sobą żadnego wyroku. Kiedy sprawa wyszła na jaw, to absolutnie się do wszystkiego nie przyznawał. Starał się udowodnić swoją niewinność. Był jednak kapitanem Bari. Do klubu trafił jako młody chłopak i grał tam dziesięć lat. O pewnych rzeczach, o tym, co działo się w klubie i mieście, musiał wiedzieć. Tłumaczył jednak, że tak nie było. Nie przepraszał za to, co się stało. Został zdyskwalifikowany, odczekał swoje i wrócił na boisko. Teraz gra w Belgii.

W końcówce sezonu 2010/11 Kamil już nie wybiegał na murawę. W meczu z AS Roma w 35. kolejce otrzymał czerwoną kartkę. Nie zagrał w przedostatnim meczu sezonu z US Lecce, który Bari na swoim stadionie przegrało 0:2. Lokalnemu rywalowi zapewniło to utrzymanie. Ostatnie w tabeli Bari nie grało już o nic i „pomagało" innym, co później wykryli śledczy.

Kiedy sezon Serie A się kończył, Kamil był już w Polsce. Spotkałem go wtedy na meczu ekstraklasy pomiędzy Odrą Wodzisław a ŁKS-em Łódź. O swoją przyszłość we Włoszech nie musiał się martwić. „Jasne, szkoda, że nie utrzymaliśmy się w Serie A, ale straty z pierwszej części rozgrywek okazały się zbyt duże. Dla mnie najważniejsze było to, że miałem możliwość regularnych występów w lidze z najlepszymi. Co dalej? Do Bari byłem wypożyczony z Palermo. Z tym klubem wiąże mnie jeszcze czteroletni kontrakt, więc latem na pewno tam wracam i w lipcu rozpoczynam przygotowania do nowego sezonu. Przez całą rundę byłem zresztą w kontakcie z działaczami Palermo. Śledzili moją grę i często ze mną rozmawiali. Gdzie będę grał, to się okaże. Na dziś jest oferta, żebym pozostał w Bari. Trudno na razie jednak powiedzieć coś więcej", mówił.

Już wtedy pojawiały się spekulacje, że może jednak dalej będzie występował w Serie A. Włoskie media donosiły o zainteresowaniu trzech klubów: Fiorentiny, Chievo Verony i AC Sieny, która właśnie wywalczyła awans do ligowej elity.

Wtedy, pod koniec maja 2011 roku, rozpoczynał też treningi z zespołem... Piasta. Wszystko po to, by być w formie przed czerwcowym zgrupowaniem reprezentacji Polski i meczami z Argentyną i Francją.

W trakcie treningu Realu Madryt

Fot. Piotr Kucza

Już w barwach dorosłej reprezentacji Polski.
Dziś jest jej podporą

Fot. Piotr Kucza (2)

Po lewej: Selekcjoner Franciszek Smuda i Kamil Glik podczas zgrupowania reprezentacji Polski w Portugalii, luty 2010 roku

Poniżej: W starciu z piłkarzem Romy Manuelem Iturbe, 12 kwietnia 2015 roku

Piątka z Rooneyem po meczu z Anglią w Warszawie

Fot. Michał Chwieduk / Edvtor.net

Walka o piłkę z Robbiem Keanem z Irlandii. Pierwszy mecz Polska zremisowała na wyjeździe, w rewanżu w Warszawie pół roku później wygrała 2:1, przypieczętowując awans na Euro 2016

Fot. Ian Walton / Getty Images

Z flagą Torino

Fot. Piotr Kucza

Wspaniała XVIII-wieczna bazylika Superga

Fot. Michał Zichlarz (2)

To właśnie o tę bazylikę 4 maja 1949 roku rozbił się samolot z piłkarzami Grande Torino. W ostatnich trzech latach Kamil co roku odczytywał nazwiska tych, którzy zginęli w katastrofie

Po prawej: Z własną podobizną
w barwach Torino

Poniżej: Gorące derby na
Stadionie Olimpijskim
w kwietniu 2015 roku

Fot. Piotr Kucza

Fot. Michał Zichlarz

DWIE OFERTY

Latem ważyła się przyszłość Kamila. Ostatecznie konkretne oferty przedstawiło grające w Serie B Torino FC oraz Glasgow Rangers. Szkoci świętowali akurat zdobycie swojego ostatniego jak na razie, bo 54. tytułu mistrzowskiego, oraz szykowali wzmocnienia przed eliminacjami w Lidze Mistrzów. Piłkarz musiał podjąć decyzję: czy grać na zapleczu ligowej elity we Włoszech, czy też przejść do znanego europejskiego klubu.

„Jarek Kołakowski zadzwonił i powiedział mi, że ma dwie oferty. Finansowo było podobnie. »Ty musisz podjąć decyzję, którą z nich wybierasz«, mówił. W Torino był trener, który znał mnie z Bari. Był dyrektor sportowy, który dzwonił, i prezes, który przekonywał, żeby przyjść do klubu, bo robimy awans. Mówił, że z Ogbonną będziemy stanowili podstawę drużyny. Ale wiadomo, mając do wyboru drugoligowe Torino i Glasgow Rangers, większość skłaniałaby się ku drugiej opcji. To była moja decyzja. Jarek na nic mnie nie namawiał. Wahałem się do samego końca… Potrafię jednak podjąć dobrą w skutkach decyzję. Taką był na pewno wyjazd do Hiszpanii czy potem powrót do Polski. Taką też był wybór Torino. Glasgow Rangers, po tym jak nie weszło do fazy grupowej Ligi Mistrzów, w kolejnym roku zostało bankrutem, a my akurat wchodziliśmy do Serie A", przyznaje.

Istotna w tym wszystkim była reprezentacja Polski. „Chodziło mi o wybór zespołu, gdzie będę miał możliwość częstej gry. To było ważne w kontekście Euro 2012", podkreśla Kamil. „Przechodząc do Szkocji, zarobiłby na pewno większe pieniądze, ale być może nie mieściłby się w podstawowym składzie. Sama mu powtarzałam: »Jesteśmy już we Włoszech, chce cię trener Ventura, więc chyba lepiej zostać, mimo że Torino jest w Serie B«. Sama doradzałam, żeby wybrał ten klub. Tak zrobił i było to, jak się teraz okazuje, dobre rozwiązanie", mówi Marta Glik.

„Tutaj muszę wyrazić szacunek i uznanie dla jego menedżera pana Jarka Kołakowskiego, który bardzo trafnie ocenił Kamila jeszcze jako młodego i mało znanego zawodnika – ocenia Damian Seweryn. – Cieszę się, że pomogłem za czasów gry w Piaście jemu i Kamilowi Wilczkowi w podpisaniu umów z tym menedżerem. Kołakowski stworzył Kamilowi odpowiednią ścieżkę rozwoju. Transfer do Palermo, potem, kiedy nie grał, wypożyczenie do Bari czy wreszcie przejście do Torino. Oczywiście Kamil musiał swoją postawą i pracą zasłużyć na grę, ale menedżer pomagał mu na różnych etapach kariery również w sprawach życia codziennego. Z perspektywy czasu dla Kamila podpisanie umowy z Kołakowskim było jak trafienie w totka".

Po kilku latach menedżer Kamila uważa, że przechodząc do Glasgow Rangers, Glik też dałby sobie radę: „Mimo że później popadli w kłopoty, był to czołowy szkocki klub. Po ogłoszeniu upadłości kontrakt zostałby rozwiązany i można byłoby wybierać w ofertach. Gdyby tam wtedy trafił, na pewno dziś też grałby gdzieś na dobrym poziomie. Uważam zresztą, że jest predestynowany do występów na Wyspach, do gry w powietrzu. W tym wypadku zdecydowała jednak osoba trenera Ventury. Znał Kamila, a on jego. Na pewno było to bezpieczniejsze rozwiązanie".

Pół roku byłem w Palermo, potem pół w Bari. Po tych przygodach zastanawiałem się, co dalej. Rozważałem, czy Serie A to dla mnie odpowiednie miejsce. Celem była przecież reprezentacja Polski. Żeby jednak w niej grać, musiałem regularnie występować w ligowym zespole.

Ostatecznie zdecydowałem się na Torino. Przeprowadzka tam nie była trudna. Kiedy transfer został sfinalizowany, miałem jeszcze tydzień, żeby wszystko przygotować. Zresztą odległość z Jastrzębia do Turynu nie jest jakaś ogromna – to 1200 kilometrów.

Przyjechałem do klubu, w którym 90 procent kadry zostało wymienione. Znałem jednego zawodnika. To był Matteo Darmian, z którym wcześniej byliśmy w Palermo. Bardzo spokojny chłopak, a przy tym skromny i profesjonalny w każdym calu. Spędziliśmy razem pięć lat. Podczas autokarowych podróży siedzieliśmy razem. Do dziś utrzymujemy ze sobą dobry kontakt.

10 lipca 2011 roku Kamil po raz pierwszy trenował z nowym zespołem. „Cel jest jeden: walka o awans. Klub ma duże ambicje. Co wiem o nowym zespole? Na mecze przychodzi tam bardzo dużo kibiców. Osobiście nie znam żadnego z zawodników, ale będzie okazja do poznania się na obozie w Austrii", mówił przed początkiem swojej przygody z Torino.

INDIANIE PRZECIWKO JANKESOM

Grugliasco. To obrzeża Turynu i miejsce, gdzie znajduje się Museo del Grande Torino. Żeby tam dojechać, trzeba dotrzeć do ostatniej stacji linii metra Fermi, przesiąść się do autobusu numer 76 i jechać

W muzeum Grande Torino można zobaczyć koszulkę Glika z numerem 25. Obok Alberto Lovisolo

Fot. Michał Zichlarz

jeszcze 13 przystanków. Potem pozostaje szukanie i pytanie przechodniów… Niełatwo tam trafić. Obecnie muzeum mieści się w zabytkowej Villa Claretta Assandri. To okazały budynek, niegdyś rezydencja arystokracji, wzniesiony w drugiej połowie XVII wieku.

Wcześniej muzeum znajdowało się na wzgórzu Superga. Gdy trzeba było szukać nowej lokalizacji, padło na Grugliasco, gdzie po wojnie masowo przyjeżdżali przybysze z południa kraju, którzy później pracowali w fabrykach Fiata i stawali się kibicami Juventusu.

„W mieście faktycznie więcej jest fanów Torino. Juventus wspierają tacy kibice jak choćby mój tata, który przyjechał tutaj jako 14-latek z Palermo i szybko zaczął pracować w zakładach Fiata. Takich ludzi z południa kraju były w Turynie tysiące", tłumaczy Silvia Marchese, której mąż jest Polakiem, moim kuzynem, i pracuje jako lekarz w szpitalu w Albie, około 60 kilometrów od Turynu.

Trudno zapoznać się z historią Torino FC, nie odwiedzając muzeum. W siedzibie klubu, która mieści się w centrum miasta przy Via dell'Arcivescovado, informują mnie, jak tam dotrzeć. Niestety nie dodają, że muzeum otwarte jest wyłącznie w soboty i niedziele. To dlatego, że jest prowadzone przez grupę zapaleńców, którzy w tygodniu normalnie pracują. Z obecnymi władzami klubu ma niewiele wspólnego. To dwa inne światy. Dlaczego mieści się tak daleko od centrum?

„Przed zimowymi igrzyskami w Turynie w 2006 roku powstawało wiele nowych budynków. My potrzebowaliśmy tysiąca metrów kwadratowych, żeby umieścić tam nasze eksponaty. I choć prezydentem miasta był wówczas kibic Torino, to nie znaleziono dla nas miejsca i musieliśmy się wyprowadzić na obrzeża, do Grugliasco. To dlatego, że miasto rządzone jest przez rodzinę Agnellich. Z demokracją nie ma to nic wspólnego" – mówi gorzko mój przewodnik po Museo del Grande Torino Alberto Lovisolo. Nie szczędzi cierpkich słów jeżeli chodzi o rodzinę Agnellich i Juventus: „Nienawidzimy wszystkiego, co ten klub sobą reprezentuje. To siła rodziny Agnellich i arogancja.

Przypomina to walkę Indian przeciwko Jankesom. My zawsze jesteśmy Indianami, oni Jankesami".

Football Club Torino założono 3 grudnia 1906 roku – dziewięć lat po tym, jak swoją działalność rozpoczął lokalny rywal, Juventus. Torino to jeden z najbardziej zasłużonych klubów w historii włoskiego *calcio* – mistrzostwo kraju zdobywało siedmiokrotnie. Pod tym względem lepszy jest tylko Juventus (32 tytuły), Milan i Inter (po 18) oraz Genoa (9).

Także pod względem liczby sezonów w Serie A jest w ścisłej czołówce, z 72 latami gry wśród najlepszych. Więcej sezonów na koncie mają Inter (84), Roma i Juventus (po 83), Milan (82), Fiorentina (78) oraz Lazio (73).

W Torino nigdy nie brakowało wielkich nazwisk. W 1912 roku w sztabie szkoleniowym znalazło się miejsce dla późniejszej legendy światowego futbolu Vittorio Pozzo, który w latach 30. dwa razy poprowadził reprezentację Włoch do tytułu mistrza świata. „W 1914 roku Torino wyjechało na długie, bo trzymiesięczne tournée po Ameryce Południowej. O sile drużyny świadczył fakt, że wygrała z reprezentacjami Argentyny i Brazylii. Pozzo pojechał z nimi jako trener. Gdyby nie I wojna światowa, to mistrzowski tytuł zdobylibyśmy już w 1915 roku, a tak trzeba było czekać do 1927. Wtedy to w drużynie grali znakomici napastnicy, jak Baloncieri, Libonatti czy Rossetti II", opowiada Lovisolo i pokazuje zdjęcia wspaniałych piłkarzy z przeszłości.

Faktycznie jednak, przynajmniej oficjalnie, Torino po raz pierwszy na liście triumfatorów Serie A zapisało się dopiero w sezonie 1927/28. W 1927 roku tytuł nie został mu przyznany z powodu korupcji. Poszło o derbowy mecz z Juventusem z 5 maja 1927 roku, który Torino wygrało 2:1. Jeden z oficjeli obiecał 50 tysięcy lirów obrońcy Juve i reprezentantowi Włoch Luigiemu Allemandiemu. Połowę kwoty otrzymał przed spotkaniem, a drugą miał dostać po jego zakończeniu. Odmówiono mu jednak obiecanej wcześniej wypłaty. Sprawa wyszła na jaw i wybuchł wielki skandal. Ostatecznie *scudetto* nie zostało przyznane nikomu, a Allemandiego dożywotnio zdyskwalifikowano. Na szczęście dla niego został ułaskawiony przez księcia, a potem ostatniego króla Włoch Umberto II. W 1934 roku z reprezentacją swojego kraju zdobył mistrzostwo świata.

Pełna dramatycznych zwrotów jest też najnowsza historia Torino. W 1994 roku właścicielem Granaty został przedsiębiorca z Ligurii Gianmarco Calleri. Już wtedy kondycja finansowa turyńczyków nie była najlepsza. Wobec tego Calleri wolał sprawić, żeby część papierów... spłonęła. „Wśród nich wiele cennych dokumentów, choćby z okresu Grande Torino. To prezydent, który wolał, żeby historia jego klubu poszła z dymem", mówi z żalem w głosie Lovisolo.

W 2005 roku Torino Calcio wywalczyło awans do Serie A. Ledwie 40 dni później futbolowe władze nie dopuściły do tego, żeby zespół zagrał wśród najlepszych. Powodem była fatalna sytuacja finansowa. Okazało się, że Torino od lat nie płaciło podatków, za to umiejętnie prowadziło kreatywną księgowość. Cała sytuacja o mało co nie skończyła się katastrofą. „Dług wynosił osiem milionów euro. Nie było to wiele, porównując na przykład z zadłużeniem Parmy, które wynosi ponad 200 milionów. Milionowe długi ma też Lazio czy Roma. Nie było jednak w Turynie banku, który udzieliłby naszemu klubowi pomocy. W tym czasie budowano stadion Juventusu. Dla niektórych dwa kluby w jednym mieście to było zbyt wiele. To był powód naszych kłopotów", uważa Lovisolo.

W ostatniej chwili udało się uratować zasłużony klub i trofea Grande Torino, które komornik wystawił już na sprzedaż. Prawie półtora miliona euro wyłożył za nie obecny właściciel Torino FC Urbano Cairo. To przedsiębiorca z Mediolanu, swego czasu współpracował z samym Silvio Berlusconim. Jest założycielem i właścicielem spółki Cairo Communication, która wyceniana jest na 230 milionów euro. Od 2005 roku jest też prezydentem Torino FC.

GRANDE TORINO

Czas świetności Torino przypada na lata 40. Turyńczycy kompletnie zdominowali wtedy Serie A. Młody i ambitny prezydent klubu Ferruccio Novo w krótkim czasie stworzył ekipę, która rok w rok zdobywała mistrzostwo kraju. W latach 1943–1949 udawało się to pięciokrotnie. Zespół tworzyli sami reprezentanci. „W maju 1947 roku Italia grała towarzyskie spotkanie z silną już wtedy jedenastką Węgier, w której występował słynny Ferenc Puskás. Wygraliśmy ten mecz 3:2. W składzie naszej drużyny było dziesięciu zawodników Torino, tylko w bramce stał zawodnik Juventusu, Lucido Sentimenti. I to wcale nie dlatego, że był lepszy na swojej pozycji od bramkarza Torino Valerio Bacigalupo – po prostu przepisy wtedy nie pozwalały, by w reprezentacji wystąpiło jedenastu zawodników z jednego klubu", informuje Alberto Lovisolo

Sezon 1947/48 Grande Torino, bo taki przydomek zespół zdobył w Italii, skończyło z 29 zwycięstwami na koncie i rekordową liczbą 125 zdobytych bramek. Wygrana 10:0 z Alessandrią do dzisiaj jest rekordem.

Gwiazdą zespołu był Valentino Mazzola. „Był połową drużyny. Drugą część tworzyła reszta z nas", mówił o nim klubowy kolega Mario Rigamonti, także reprezentant Włoch. Mazzola strzelił dla

Torino ponad 100 goli i prowadził drużynę do kolejnych *scudetto*, czyli tytułów mistrza kraju. Miał też burzliwe życie. Rozszedł się ze swoją pierwszą żoną, z którą miał dwóch synów: Sandro – później również wspaniałego reprezentanta Włoch – oraz Ferruccio, który także zaliczył występy w Serie A. „W 1949 roku głośno spekulowano o tym, że Valentino może w końcu opuścić Torino i przejść do Interu. Potrzebował pieniędzy, bo musiał utrzymać dwie rodziny. Klubowi koledzy poszli wtedy do prezydenta klubu i prosili, żeby obniżył im kontrakty, a podwyższył go Valentino. Wszystko po to, aby zatrzymać Mazzolę w zespole", opowiadał Lovisolo.

Sandro, a właściwie Alessandro Mazzola, we wrześniu 2002 roku przyjechał do Polski. Stal Bielsko-Biała, która obchodziła akurat jubileusz 80-lecia istnienia, wykorzystała fakt, że właściciel Torino był też głównym udziałowcem Zagłębia Sosnowiec i że w tym mieście znajduje się wiele włoskich firm. Przyjazd zespołu z Serie A nic więc nie kosztował ówczesnego czwartoligowca. Torino pokonało wtedy Zagłębie 2:0, a jednym z obserwatorów meczu był właśnie 70-krotny reprezentant Italii Sandro Mazzola. Piastował wtedy stanowisko dyrektora technicznego klubu, w którym przed laty występował jego ojciec. Turniej oglądał w eleganckim garniturze, paląc przy tym cygara. Z tamtego spotkania został mi autograf słynnego napastnika, w latach 60. jednego z najlepszych włoskich piłkarzy, który z Interem dwa razy zdobywał Puchar Europy, a z reprezentacją sięgnął po mistrzostwo kontynentu w 1968 roku.

Wróćmy do jego ojca. Otóż miejsce Valentino Mazzoli w Torino miał zająć nie kto inny jak późniejsza gwiazda Realu Alfredo Di Stefano. Po katastrofie lotniczej Grande Torino sprawa upadła, a Di Stefano zamiast do Włoch trafił z River Plate do kolumbijskiego Millionarios, z którego potem przeniósł się do Madrytu.

„W latach 40. była u nas wielka bieda. Nie było nic. Grande Torino dawało ludziom nadzieję, trochę radości. Nie musieli myśleć o problemach dnia codziennego. To był wielki i wspaniały zespół, któremu kibicowano w całej Italii. Może tak jak teraz Juventusovi", opowiada mój przewodnik po muzeum.

W Museo del Grande Torino można zobaczyć też niecodzienną trąbkę. Należała ona do Oreste Bolmidy. To ktoś, kogo można porównać do wielkiego fana Górnika Zabrze, pana Stasia Sętkowskiego, który na meczach zachęca piłkarzy do lepszej gry dźwiękiem swojego charakterystycznego dzwonka, a po meczach wręcza najlepszym zawodnikom koguty. „Oreste Bolmida był kolejarzem i kierował ruchem pociągów. W trakcie ligowych spotkań, kiedy widział, że drużyna nie spisuje się najlepiej, albo gdy czuł, że zespół przestaje grać, wyciągał instrument i dął w niego. To była słynna *quarto d'ora granata*, czyli 15 minut, w czasie których Torino miażdżyło rywala. Dla Valentino Mazzoli i jego kolegów był to sygnał, że trzeba się wziąć do pracy. Mazzola podwijał rękawy i się zaczynało. W jednym ze spotkań przeciwko Lazio przegrywali już 0:3. Bolmida zaczął trąbić i tak zmobilizował zespół, że ten wygrał 4:3, strzeliwszy cztery gole w kwadrans. Wspaniałą passę Grande Torino przerwała katastrofa lotnicza z 4 maja 1949 roku, w której zginął cały wspaniały zespół wraz z trenerami", opowiada Lovisolo.

W 1976 roku Torino sięgnęło po mistrzostwo po raz ostatni. „Prezydent Orfeo Pianelli zbudował wyjątkowy zespół, którego trenerem był Gigi Radice. Wprowadził holenderski system gry pressingiem, a w drużynie byli tacy fantastyczni gracze jak obrońca Giorgio Ferrini czy napastnik Paolo Pulici", wymienia mój przewodnik.

Pytam o najlepszych zawodników w historii Torino. „Mazzola, Ferrini, Pulici, a z zagranicznych Brazylijczyk Junior, który występował u nas w latach 80. Co do Kamila Glika, to uosabia wszystko, co najlepsze w historii naszego klubu. Proszę, przekaż mu, żeby nie opuszczał Torino, żeby dalej dla nas grał!", podkreśla Lovisolo na koniec naszego spotkania.

W ostatniej sali muzeum na piętrze można znaleźć zdjęcie i koszulkę Kamila z numerem 25.

BITWA O AWANS

W czerwcu 2011 roku nowym szkoleniowcem Torino FC został Giampiero Ventura – specjalista od awansów. Wcześniej do ligowej elity w Italii wkroczył z Lecce i Cagliari. Zastąpił Franca Lerdę, młodego szkoleniowca, któremu nie udało się wprowadzić Granaty do najlepszych. Zabrakło kilku punktów, żeby Torino mogło walczyć w barażach o Serie A. Ostatecznie klub skończył sezon na ósmym miejscu z 58 punktami na koncie. Szósta w tabeli Reggina Calcio, która później przegrała play-off o awans z Novarą, miała na koncie 61 punktów.

Ventura przemeblował skład. Bramkarzem został Ferdinando Coppola, pojawili się nowi i dobrze rokujący obrońcy, jak Kamil Glik, Matteo Darmian czy doświadczony Alessandro Parisi. Dołączyli do Angelo Ogbonny, który w tamtym czasie był liderem defensywy i grał na tyle dobrze, że z zespołu Serie B trafił nawet do reprezentacji Włoch. Był czwartym piłkarzem w ostatnich 30 latach, który z zaplecza Serie A trafił do kadry narodowej. Czarnoskóry Ogbonna zadebiutował w spotkaniu przeciwko Polsce we Wrocławiu 11 listopada 2011 roku, które Włosi wygrali 2:0.

W Turynie pojawili się też inni zawodnicy, jak późniejszy reprezentant Albanii Migjen Basha czy Manuel Iori, a z wypożyczenia do kanadyjskiego Toronto FC wrócił Serb Alen Stevanović.

„Kiedy Kamil tam trafił, wcale nie było mu łatwo. Musiał walczyć o miejsce w podstawowym składzie, bo w zespole pojawiło się wielu zawodników, którzy na swoim koncie mieli po sto, dwieście czy trzysta spotkań w Serie A. Zachowując proporcje, ówczesne Torino to było takie Zagłębie Lubin w drugiej lidze u nas", ocenia Kołakowski.

Kamil zaczął sezon 2011/12 w pierwszym składzie. W inauguracyjnym spotkaniu turyńczycy pokonali na wyjeździe Ascoli 2:1, strzelając dwa gole w końcówce. Granata należała do faworytów rozgrywek. Po ośmiu kolejkach drużyna Ventury była już liderem tabeli z 20 punktami na koncie i sześcioma wygranymi meczami. Po pierwszej części sezonu, czyli po rozegraniu 21 meczów, Torino miało 42 punkty i wciąż pozostawało liderem. „Realizujemy cel, który od początku jest jasny: awans do Serie A. Ja jestem bardzo zadowolony. Gram, drużyna prowadzi w tabeli, a poza tym straciliśmy najmniej goli w rozgrywkach. Nasz trener często rotuje składem, dokonuje zmian w zespole. To sprawia, że każdy piłkarz czuje się potrzebny i jeszcze bardziej przykłada się do pracy. Mój cel na nowy rok jest jasny: awans z Torino do Serie A, a potem występy na Euro!", mówił mi Kamil na początku stycznia 2012 roku.

Z wyjątkiem kilku meczów na początku sezonu i końcówki, gdzie miał kłopoty z kontuzją, grał w pierwszej jedenastce i walnie przyczynił się do wywalczenia upragnionego awansu. Sezon zakończył z 23 spotkaniami na koncie i dwoma golami strzelonymi w meczach z Regginą Calcio w 34. kolejce (1:0) i FC Crotone w 37. kolejce (2:1). Obie te bramki zapewniły Granacie cenne punkty. Ostatecznie turyńczycy ukończyli maratońskie rozgrywki na drugim miejscu w tabeli. I Torino, i Pescara Calcio zgromadziły po 83 punkty. Jedenastka Ventury mogła się pochwalić tym, że miała najszczelniejszą defensywę – w 42 ligowych grach straciła ledwie 28 „oczek".

Najskuteczniejszym strzelcem rozgrywek, z 28 bramkami na koncie, był Ciro Immobile z Pescary. Dwa lata później został zawodnikiem Torino FC, gdzie również strzelał gola za golem, trafił też do reprezentacji Włoch.

CZERWONE DERBY

1 grudnia 2012 roku. Po awansie Torino do Serie A kibice w mieście znowu, po ponad trzech latach czekania, mogą się emocjonować derbami z Juve. Spotkanie na Juventus Stadium przyciągnęło komplet ponad 40 tysięcy kibiców. Goście mogli nawet prowadzić, ale świetnej okazji nie wykorzystał Riccardo Meggiorini. W 36. minucie Kamil, w okolicach linii środkowej, w zdecydowany sposób zaatakował Emanuele Giaccheriniego. Wyprostowana noga, pełna szybkość. Napastnik Juve upadł jak porażony prądem. Sędzia Gianluca Rocchi podbiegł i bez namysłu pokazał polskiemu obrońcy czerwoną kartkę. Nie pomogły protesty i błagalne gesty – Kamil musiał przedwcześnie opuścić boisko. Do przerwy Torino jeszcze jakoś się trzymało, w drugiej połowie straciło jednak trzy bramki. Dwa razy do siatki Jean-François Gilleta trafił Claudio Marchisio, a raz Sebastian Giovinco.

Nie minęło pół roku i Kamil w derbowym starciu znowu wyleciał z boiska! W niedzielę 28 kwietnia 2013 roku obie drużyny zmierzyły się na Stadionie Olimpijskim. Tym razem Glik musiał opuścić boisko w 90. minucie za drugą żółtą kartkę i faul na Fabiu Quagliarelli. Obaj wystartowali do prostopadle zagranej piłki, tocząc walkę bark w bark. Piłkarz Juve odbił się od Kamila niczym piłeczka od skały i, jak rażony piorunem, padł na murawę. Nie wyglądało to na jakiś ostry faul, ale i tak Mauro Bergonzi wysłał Kamila do szatni. Polski obrońca, schodząc z boiska, tylko kręcił głową z dezaprobatą. Granata przegrywała wtedy 0:1 i wkrótce w osłabieniu straciła jeszcze jedną bramkę.

Czerwona kartka zazwyczaj nie jest powodem do chluby. Jednak nie dla zażartych kibiców Torino, a w szczególności tych, którzy co dwa tygodnie zasiadają na Curva Maratona na Stadionie Olimpijskim. To tam siedzą najbardziej zagorzali fani Granaty.

Jeśli jeszcze, jak to się mówi w futbolowej gwarze, „wycinasz" znienawidzonego rywala, to możesz liczyć na poklask. Mało tego, cieszysz się szacunkiem i uznaniem – być może większym, niż gdybyś strzelił zwycięskiego gola w ligowym meczu.

W swoim pierwszym sezonie w Serie A w barwach Torino Kamil, z ośmioma żółtymi kartkami i dwoma czerwonymi, obok takich graczy jak Daniele Conti z Cagliari, Brazylijczyk Juan z Interu czy Daniele Gastaldello z Sampdorii, należał do najostrzej grających. Z kolei w sezonie 2013/14 otrzymał rekordową w swojej karierze liczbę kartek. Z 12 żółtymi na koncie, był pod tym względem w Serie A w czołówce. W ostatnich rozgrywkach było zresztą podobnie.

Teraz jestem innym zawodnikiem niż wtedy. Pierwsze derby to emocje, a ja byłem młodym chłopcem. Giaccheriniego trafiłem dość agresywnie. Celem nie były jednak nogi, a piłka. Dziś w takiej sytuacji zachowałbym się już zupełnie inaczej, na pewno nie doszłoby do takiego zdarzenia. Wszystko przychodzi jednak z czasem, ze zdobywanym doświadczeniem. Po tym meczu byłem, można powiedzieć, na cenzurowanym. W ostatniej minucie kolejnego derbowego meczu dostałem drugą żółtą kartkę, a w konsekwencji czerwoną. Uważam, że niesłusznie. Wtedy sędziowie inaczej na mnie patrzeli. Z czasem wszystko zaczęło się zmieniać, moje relacje z nimi stały się lepsze. Szczególnie od momentu, kiedy zostałem kapitanem. Nabrano wtedy do mnie szacunku. Nie popełniam też już takich błędów, które zdarzały mi się wcześniej.

W 30. kolejce, w ostatnim marcowym meczu z Juve, który rywal wygrał 4:1, Kamil też o mało co nie wyleciał z boiska. Za faul na Paulu Pogbie w 31. minucie otrzymał żółtą kartkę. Był to już dziesiąty kartonik w sezonie. Pod koniec spotkania zatrzymał przed swoim polem karnym rozpędzonego Alexa Sandro. Najlepszy włoski arbiter Nicola Rizzoli, który wcześniej popełniał błąd za błędem, nie uznając na przykład przy wyniku 1:2 prawidłowo zdobytej bramki przez Maxi Lópeza, nie zdecydował się na wyrzucenie Glika.

Ten ostatni mecz wzbudził zresztą wiele emocji. Starcie Kamila z prawym obrońcą Starej Damy Stephanem Lichtsteinerem przy linii

Kamil powstrzymuje Stephana Lichtsteinera z Juventusu, 1 grudnia 2012 roku

Fot. Claudio Villa / Getty Images

bocznej na początku spotkania, kiedy Szwajcar w teatralnym geście padł na murawę, miało w sieci kilka milionów odsłon. „Przysięgam, że nie mogę się doczekać, kiedy spotkam na ulicy tego szwajcarskiego du... Jesteś hańbą", napisała na swoim facebookowym profilu Fabiola Cairola, zażarta fanka Torino. „Takie starcia były i będą w derbach jeszcze nie raz", skwitował wszystko na swój sposób Kamil.

GWIZDY ZA GENUĘ

Maj 2009 roku. Końcówka ligowego sezonu we Włoszech. Torino walczy o utrzymanie się w gronie najlepszych. Na dwie kolejki przed zakończeniem sezonu Granata gra u siebie z zaprzyjaźnioną, przynajmniej jeśli chodzi o kibiców, Genoą CFC. W tym momencie zespół jest miejsce powyżej strefy spadkowej. Mecz kończy się porażką turyńczyków 2:3 i obsunięciem na 18. pozycję, która oznacza spadek, szósty w historii klubu.

Cztery lata później Torino i Genua grają ze sobą ponownie w końcówce rozgrywek. I oba walczą o utrzymanie.

„Nie graliśmy ani my, ani oni. Piłkarze podawali sobie piłkę, tak żeby nikomu nie stała się krzywda – wspomina Willie Peyote, raper z Turynu, a na co dzień wielki fan Granaty. Skończyło się na wyniku 0:0. – Byliśmy rozczarowani, bo oczekiwaliśmy rewanżu za to, co Genua zrobiła nam wcześniej. Przynajmniej tak to rozumieliśmy my, kibice. Piłkarze mogli się przynajmniej starać. Niestety tak nie było".

Pytam Kamila o to spotkanie. „Ten mecz to był skandal – potwierdza. – To była gra: ty do mnie, ja do ciebie. Fani byli bardzo niezadowoleni".

Po meczu stało się coś nieoczekiwanego, a Kamil, mimo wielkiego rozczarowania miejscowych *tifosi*, zaskarbił sobie ich sympatię.

„Kiedy zawodnicy schodzili do szatni, cały stadion gwizdał. Jedynym, który został na boisku, był Kamil, choć nie był jeszcze wtedy kapitanem. Wziął na siebie całe odium wściekłości i rozgoryczenia kibiców. Stał na murawie i widać było, że jest mu przykro, jakby chciał powiedzieć: sorry, zgadzam się z wami, to nie było to, czego od nas wymagacie, ale futbol też czasami taki jest. Po prostu nas rozumiał. Zaimponowało mi to, że został na boisku", akcentuje Peyote.

W pierwszym sezonie Kamila w Serie A jego Torino skończyło na 16. miejscu. „Utrzymaliśmy się wtedy w lidze, więc cel został osiągnięty. Szkoda jednak, że nie udało się nam wywalczyć miejsca w pierwszej dziesiątce. Była wtedy ku temu szansa, ale w wielu spotkaniach, jak z Fiorentiną, Juventusem, Milanem czy Cagliari, pogubiliśmy punkty w końcówkach. Zabrakło trochę szczęścia i rutyny. Wielu piłkarzy w naszej kadrze nie miało za sobą dużego doświadczenia w Serie A", wspomina.

W sezonie 2012/13 zagrał w 32 z 38 ligowych meczów i strzelił jednego gola w spotkaniu z Lazio. W tamtym czasie olbrzymim zaskoczeniem był spadek z elity US Palermo, klubu, gdzie Kamil w Italii zaczynał i który wciąż był współwłaścicielem jego karty zawodniczej. „Takich współwłasności jest we Włoszech mnóstwo. Co do Palermo, to rzeczywiście była to wielka niespodzianka. Kiedy tam przychodziłem, drużyna z takimi zawodnikami w składzie jak Pastore była groźna dla najlepszych. Spadek był dla Palermo szokiem", mówi Glik.

Wkrótce Torino wykupiło od Palermo udziały Kamila i stał się on w stu procentach zawodnikiem Granaty, z kontraktem obowiązującym do 2017 roku. Turyńczycy zapłacili ekipie z Sycylii 2,35 miliona euro.

IL CAPITANO

W lipcu 2013 roku trener Ventura musiał zdecydować, kto będzie nowym kapitanem. Noszący opaskę Rolando Bianchi przeniósł się bowiem do FC Bologna, a jego zastępca, Angelo Ogbonna, za 13 milionów euro przechodził do Juventusu. „To była niezwykła rzecz dla Torino, ponieważ Glik został pierwszym zagranicznym kapitanem zespołu w historii. W zaistniałych okolicznościach było to jednak naturalne rozwiązanie", tłumaczy mi Giampiero Ventura. „Zaczynał się mój trzeci rok pobytu w Torino. Dłuższy staż miał wprawdzie D'Ambrosio, ale w grudniu kończył mu się kontrakt i zanosiło się na to, że odejdzie. W tej sytuacji trener zdecydował, że to ja będę kapitanem", opowiada Kamil.

Ta decyzja spotkała się z wielkim aplauzem kibiców, którzy już wcześniej domagali się, żeby to właśnie Polak był kapitanem ich drużyny. Kiedy w końcu tak się stało, zaczęli śpiewać: „C'e solo un capitano" – „Jest tylko jeden kapitan".

W przeszłości zdarzało się już, że grający we Włoszech polscy piłkarze, jak Zbigniew Boniek w Juventusie czy Marek Koźmiński w Brescii, biegali z kapitańską opaską, ale nigdy na stałe. Zresztą niewielu polskich zawodników za granicą dostąpiło tego wyróżnienia. Jednym z nich był Krzysztof Warzycha, legenda Panathinaikosu, który w klubie z Aten z powodzeniem występował przez 15 lat. Opaskę kapitańską popularnych Koniczynek nosił pod koniec kariery. Oprócz tego przez lata ekipę Schalke 04 na murawę wyprowadzał Tomasz Wałdoch, kolejny z wybitnych reprezentantów Polski. Tak było przez cztery sezony. Z kolei przez rok kapitanem holenderskiego SC Heerenveen był Arkadiusz Radomski.

„Z reguły opaska przeznaczona jest dla kogoś, kto związany jest z klubem od lat, kto zna jego kulturę. Tak było w Realu, gdzie przez lata opaskę nosili tacy zawodnicy jak Raúl czy Casillas. Owszem, zdarzają się obcokrajowcy, którzy są kapitanami, jak choćby Cristiano Ronaldo czy Marcelo, opaska częściej trafia jednak do kogoś, kto od lat jest w klubie. Kiedy zakłada ją obcokrajowiec, mamy do czynienia z ewenementem", tłumaczy Jerzy Dudek, 60-krotny reprezentant Polski, który w swojej karierze grał w wielkich europejskich klubach: Feyenoordzie, Liverpoolu i Realu Madryt.

Kamil, kiedy został kapitanem, był jednym z dwóch zagranicznych piłkarzy w Serie A, którzy wyprowadzali swój zespół na murawę. Oprócz niego czynił to jeszcze Javier Zanetti, świetny argentyński pomocnik Interu Mediolan, który we włoskiej lidze zagrał 615 razy.

W długiej historii Torino Glik jest dopiero trzecim zagranicznym kapitanem, ponadto pierwsi dwaj nosili kapitańską opaskę niemal sto lat temu! Byli to szwajcarscy piłkarze Friedrich Bollinger i Heinrich Bachmann I. Na pewno wpłynął na to fakt, że założycielem Football Club Torino był urodzony w Szwajcarii przedsiębiorca Alfred Dick. Na tej liście jest wiele wybitnych nazwisk świetnych reprezentantów Włoch, którzy byli też kapitanami narodowego zespołu, jak Adolfo Baloncieri, Riccardo Carapellese czy Valentino Mazzola. Do tego dochodzą inni kadrowicze: Giorgio Ferrini, Claudio Sala, Francesco Graziani, a z czasów bardziej współczesnych Ruggiero Rizzitelli, Gianluigi Lentini i Diego Fuser. Jest też słynny Enzo Bearzot, po zakończeniu kariery wybitny szkoleniowiec, który w 1982 na mundialu w Hiszpanii doprowadził jedenastkę z Półwyspu Apenińskiego do trzeciego w historii tytułu mistrza świata.

Lista kapitanów Torino

(w nawiasie liczba sezonów z kapitańską opaską)
1907–1912, Friedrich Bollinger, Szwajcaria, (6)
1912–1916, 1919–1924, Heinrich Bachmann I, Szwajcaria, (9)
1925–1932, Adolfo Baloncieri (7)
1932–1934, Cesare Martin II (2)
1934–1937, Antonio Janni (3)
1937–1939, Mario Bo (2)
1939–1943, Osvaldo Ferrini (4)
1944–1949, Valentino Mazzola (4)
1949–1952, Riccardo Carapellese (3)
1952–1954, Luigi Giuliano (2)
1954–1957, Raffaele Cuscela (3)
1957–1963, Enzo Bearzot (6)
1963–1975, Giorgio Ferrini (12)
1975–1980, Claudio Sala (5)
1980–1981, Francesco Graziani (1)
1981–1987, Renato Zaccarelli (6)
1987–1992, 1996–1997, Roberto Cravero (6)
1992–1994, Luca Fusi (2)
1994–1995, Andrea Silenzi (1)
1995–1996, Ruggiero Rizzitelli (1)
1997–2000, Gianluigi Lentini (3)
2000–2002, Antonio Asta (2)
2002–2003, Luca Bucci (1)
2003–2004, Simone Vergassola (1)
2003–2004, Diego Fuser (1)
2004–2005, 2006–2007, Diego De Ascentis (2)
2005–2006, Oscar Brevi (1)

2007–2008, Gianluca Comotto (1)
2008–2009, Alessandro Rosina (1)
2009–2013, Rolando Bianchi (4)
2013– , Kamil Glik (3)
(Źródło: it.wikipedia.org/wiki/Calciatori_del_Torino_Football_Club).

W nowej dla siebie roli Glik po raz pierwszy wystąpił 20 lipca 2013 w sparingowym spotkaniu przeciwko Bormiese (10:0). „Trochę się bał odpowiedzialności, ale wsparcie kibiców dodało mu skrzydeł. Fani są mocno za nim. To pomaga mu w grze", mówi Marta. „Dostał szansę i bardzo szybko wkomponował się w zespół. To człowiek-skała i megacharakter. Nikomu nie odpuścił. Emanuje z niego pewność siebie, siła. Nie dziwię się, że jest kapitanem zespołu, który ma tylu kibiców i takie osiągnięcia", twierdzi natomiast kolega z boiska Mariusz Muszalik.

O tym, że zostanę kapitanem, dowiedziałem się od trenera przed pierwszym meczem sparingowym. D'Ambrosio był wtedy w klubie dłużej niż ja, ale nie dogadywał się za bardzo z dyrekcją zespołu, bo chciał odejść. Kibice zażądali wtedy, żebym to ja przejął kapitańską opaskę. Miałem więc poparcie z trzech stron: klubu, trenera i fanów.

„Jest kapitanem zespołu w liczącym się włoskim klubie. Już samo to pokazuje, jaką musi mieć charyzmę. W Piaście było wielu obcokrajowców, ale rzadko który z nich znał język. Z kolei Kamil świetnie daje sobie radę. Pewnie łatwiej było mu przyswoić włoski, bo wcześniej uczył się hiszpańskiego, ale już samo to dowodzi jego wyjątkowości", stwierdza Kamil Wilczek. „Przyjemnie widzieć tę ewolucję, jaka się w nim dokonała: od chłopaka, który w Palermo witał się z wszystkimi zawodnikami, kiedy podpisał tam kontrakt, i który był tym wszystkim zaaferowany, do kapitana zespołu Serie A", dodaje Kołakowski.

Po derbach z Juventusem wiosną 2015 roku przekonałem się, jak Kamil sobie radzi, sprawując funkcję kapitana – nie tylko na boisku, ale też poza nim. Przez prawie godzinę udzielał wywiadów: najpierw dziennikarzom pokazującej mecze ligi włoskiej telewizji Sky Sport, a potem kolejnym przedstawicielom mediów. Kiedy większość zawodników opuszczała stadion, on dalej stał i odpowiadał na pytania.

„To jest człowiek, który wie, co robi na boisku, i przekazuje to zespołowi. Potrafi być kapitanem i na murawie, i poza nią", podkreśla Alessandro Gazzi. „Jest dobrym, wręcz modelowym kapitanem. W meczach widać, jak się przykłada do swoich zadań. Na treningach zawsze staje na czele grupy. Ciężko pracuje na swój sukces", przekonuje bramkarz Torino Daniele Padelli. Z kolei Omar El Kaddouri, reprezentant Maroka mający na swoim koncie grę w Napoli i Torino, mówi: „Na pewno dla wielu to zaskakujące, że Polak jest kapitanem takiego zespołu jak Torino. We Włoszech nie jest przyjęte, żeby kapitanami byli obcokrajowcy. Przypadek Kamila pokazuje tylko, jak dużym cieszy się tu respektem. Ma charakter odpowiedni do tego, żeby być liderem zespołu. Kiedy trzeba, potrafi krzyknąć czy zmobilizować. Jako kapitan świetnie daje sobie radę".

Marta i Victoria regularnie obserwują spotkania na Stadionie Olimpijskim. „Mecz oglądamy w boksach z żonami innych piłkarzy. Czuć może trochę zazdrości, że Kamil jest kapitanem tak wielkiego zespołu. Jego popularność udziela się też mnie, bo niektórzy mnie rozpoznają i proszą, żebym go pozdrowiła", mówi Marta z uśmiechem.

Kiedy „Il Capitano" pojawia się na mieście, zaczyna się prawdziwe szaleństwo. Ludzie podchodzą, proszą o wspólną fotkę czy autograf. „To, co dzieje się we Włoszech, i to, co jest w Polsce, to dwie zupełnie różne rzeczy, choć po bramce z Anglią to się pomału zmienia. Tam Kamil jest rozpoznawany dosłownie wszędzie. Przekonałem się o tym, odwiedzając go w Turynie. Nie było miejsca, w którym ktoś go nie zatrzymał, nie poprosił o autograf czy zdjęcie. A już szał był tam, gdzie są fani Torino. Z klubowych sklepów na mieście nie chcieli go wypuścić. O jego popularności świadczy fakt, że śpiewają o nim piosenki. Jeśli Kamil na dłużej zostałby w Torino, mógłby się stać ikoną klubu", uważa Damian Seweryn. Gdy przyjeżdżam do Turynu, przekonuję się, że rzeczywiście Kamil jest tu gwiazdą. W Caffe Torino w centrum miasta o autograf prosi go kasjerka i kilka innych osób. Podobnie jest na Piazza San Carlo – ludzie chcą sobie zrobić wspólne fotki i okazują sympatię.

W 2013 roku kibice Torino zaczynają też w charakterystyczny sposób skandować nazwisko Kamila. „Glik, Glik, Glik, Glik!" niesie się po stadionie. „Zaczęło się to oczywiście na Maratonie. Nie było jakiegoś jednego szczególnego momentu, który dałby temu początek. Kibice widzieli, że przy rzutach rożnych Kamil jest niebezpieczny pod bramką rywala, i prosili czy dopingowali, by tam pobiegł, skandując przy tym charakterystycznie: »Glik, Glik, Glik!«", opowiada zagorzały fan Torino FC Francesco Bevilacqua.

RAPER Z TURYNU

Na Maratonie dosyć regularnie zasiada też Willie Peyote. Piszę „dosyć regularnie", bo kiedy ma koncerty i jest poza miastem, a Torino gra akurat u siebie, oczywiście nie może być obecny na Stadio Olimpico.

Willie to raper z Turynu, na swoim koncie ma dwa albumy. Kiedy spotykamy się w barze Lab przy Piazza Vittorio Veneto, pracuje akurat nad kolejnym. Przed spotkaniem Kamil uprzedza, że możemy mieć problemy z porozumieniem się po angielsku, okazuje się jednak, że świetnie się dogadujemy, bo Willie językiem Szekspira włada bardzo dobrze. Ma niski, zachrypnięty głos, a przy tym wiele do powodzenia.

„Z muzyki utrzymuję się od 2014 roku. Jak to się zaczęło? Ojciec był bębniarzem. Jeździłem z nim na koncerty i pokochałem granie. Zaczynałem jako 14- czy 15-latek. Najpierw byłem basistą w zespole punkowym, potem pojawił się rap. Dlaczego ten rodzaj muzyki? Daje możliwość powiedzenia wielu rzeczy w jednym utworze, a ja chcę wiele przekazać. Rock czy inny styl muzyczny nie stwarza takich możliwości", tłumaczy.

Willie ma 31 lat. Skończył nauki polityczne. Rapuje od ponad dziesięciu lat. „Od dwóch lat mogę mówić, że jestem rozpoznawalny.

Znacie Williego Peyote? Nie miałem pojęcia! – żartuje sobie. Teraz, jak twierdzi, wszystko zależy od kolejnego albumu. – Jestem w dobrym miejscu, więc teraz albo nigdy. Muszę zrobić kolejny krok, żeby stać się jeszcze bardziej rozpoznawalnym artystą. Jak zawsze w życiu potrzebne jest szczęście, by o właściwym czasie znaleźć się we właściwym miejscu. Nie wiem, co będzie za rok, czy rozwinę się tak jak Kamil na boisku. Tak jak wielu chce grać, tak wielu chce też być muzykami. Wiesz, że jesteś dobry, masz talent, ale to nie wszystko. Trzeba ciężko pracować, tak by odróżnić się od innych. Ja muszę się wciąż zastanawiać i analizować, dlaczego wybierają mnie. To cięższa praca niż osiem godzin w biurze. Tam wiesz, kiedy kończysz, i masz spokój. A w tej profesji nie wiesz nawet, kiedy zaczynasz i kończysz. Harujesz, a i tak może się okazać, że to za mało. Z piłkarzami jest podobnie: masz 15 lat i jesteś świetny, ale jeśli nikt nie zobaczy cię w akcji, to nic z tego nie będzie, nie zostaniesz zauważony. Z drugiej strony jedno zdarzenie może spowodować załamanie kariery", snuje swoje rozważania.

Willie, jak mówi, nienawidzi trzech rzeczy: rodziny Agnellich, która od lat trzęsie Turynem, Juventusu i Berlusconiego. „W życiu trzeba kogoś nienawidzić, trzeba mieć wroga. To daje motywację do życia, do działania", przekonuje.

Swoją grą, a przede wszystkim postawą w barwach Granaty, Kamil do tego stopnia zaskarbił sobie sympatię tifosich z Torino, że jesienią 2013 roku Willie Peyote postanowił napisać o nim utwór*. „Został nagrany, jeszcze zanim Kamil został kapitanem Torino. Od tej piosenki zaczęła się też jego dobra passa w waszej reprezentacji: zaraz potem strzelił gola Anglikom", mówi z uśmiechem Willie. W rzeczywistości Kamil gola Wyspiarzom na Stadionie Narodowym w Warszawie strzelił w październiku 2012 roku. Nie ma to jednak większego znaczenia, ponieważ tak czy inaczej jest jednym

* Tekst na stronie 327.

z niewielu piłkarzy, który doczekał się oryginalnego muzycznego kawałka o sobie.

W latach 50. Andrzej Bogucki i Chór Czejanda śpiewali piosenkę *Trzej przyjaciele z boiska*. Jeden był skrzydłowym, drugi bramkarzem, a trzeci łącznikiem:

Niejeden mecz już wygrali,
niejeden przegrać zdążyli,
często się rozjeżdżali,
lecz zawsze znów się schodzili.
Jeden rodem jest z miasta Warszawy,
drugi rodem z miasta Chorzowa,
no a trzeci jest rodem z Krakowa.
Co ich łączy? Przyjaźń i sport.

Śpiewano o skrzydłowym warszawskiej Gwardii Krzysztofie Baszkiewiczu, bramkarzu krakowskiej Wisły Jerzym Jurowiczu i łączniku z chorzowskiego Ruchu, legendarnym Gerardzie Cieśliku. Autorem tekstu był Artur Międzyrzecki, a muzykę skomponował sam Władysław Szpilman, którego wspomnienia zekranizował w oscarowym *Pianiście* Roman Polański.

Potem z kolei Skaldowie, do tekstu Wojciecha Młynarskiego, śpiewali o piłkarzach wielkiego Górnika Zabrze z lat 60.:

Żeby Kostka najtrudniejszym strzałom sprostał,
z Oślizłą każdy atak się rozgryzło.
Żeby Lubański miał na bramkę zryw szatański,
żeby Latocha wiedział, za co się go kocha,
żeby Olek był bożyszczem wszystkich Polek,
żeby „Zyga” [Szołtysik – przyp. aut.] *zwijał się jak fryga,*
cała reszta, żeby siebie w walce przeszła.

„Z tym utworem było tak: po pierwszej czerwonej kartce Kamila w derbach myślałem o tym, żeby nagrać taki kawałek. Po drugiej czerwonej nie miałem już wątpliwości – zakochałem się w Kamilu!", opowiada z uśmiechem Willie, a ja zauważam: „Ale nie jest przecież dobrze, kiedy zawodnik otrzymuje czerwoną kartkę i wylatuje z boiska". „To prawda, nie jest to dobre – odpowiada muzyk. – Tym bardziej kiedy dzieje się to w pierwszej połowie, a ty przegrywasz ważny mecz 0:3. Ale styl, pasja, sposób, w jaki chciał zademonstrować rywalowi, że nie będzie mu łatwo, wzbudził powszechny poklask i szacunek. Te pierwsze po kilkuletniej przerwie derby były pod wieloma względami historyczne. Przynajmniej dla mnie. Były pierwszymi na nowym stadionie Juventusu, a my znowu byliśmy w Serie A. Kamil pokazał przeciwnikowi, z kim będzie miał do czynienia. Odebrał piłkę Giaccheriniemu z taką mocą, że od razu bardzo mi się to spodobało. Nienawidzę Juventusu, a nauczył mnie tego mój ojciec. Nauczył mnie historii klubu i nienawiści do Juve. Jestem zagorzałym fanem Torino, więc takie zagranie Kamila zasłużyło moim zdaniem na uznanie. Mam 30 lat i nie widziałem na własne oczy sukcesów, zwycięstw czy gry w europejskich pucharach. Pamiętam za to wiele złych meczów w Serie B, niepowodzeń i beznadziejnych obrońców, jak Maltagliati czy Di Loreto. Kiedy byłem chłopcem, sam grałem w piłkę w wiosce, z której pochodzę. Może nie byłem tak dobry jak Glik (śmiech), ale też kopałem. Kocham taki styl gry w obronie, jaki prezentuje Kamil. Wcześniej z upodobaniem patrzyłem na występy takich defensorów jak Vinnie Jones czy Paolo Montero: twardych, zdecydowanych, nieprzepuszczających nikomu. To może trochę styl z poprzedniej epoki, ale ja go uwielbiam".

Willie zaczyna opowiadać o Giorgio Ferrinim. To legenda Torino, pobił prawie wszystkie możliwe klubowe rekordy. Nic dziwnego, że tak jest, bo Granatę reprezentował przez 16 sezonów, w latach 1959–1975. Zagrał w 566 oficjalnych spotkaniach Toro, w tym w 404 w Serie A. Nikt też nie może się z nim równać pod względem liczby gier w Copa Italia czy w europejskich pucharach. W tych drugich zaliczył 45 występów. Przez 12 sezonów był kapitanem Torino. Na swoim koncie ma też siedem występów we włoskiej reprezentacji. Był w kadrze zespołu, który w 1968 zdobył mistrzostwo Europy. Słynął z ostrej, żeby nie powiedzieć: brutalnej gry. „My, kibice Torino, jesteśmy wychowani na opowieściach o nim. To był niezwykle silny i zdecydowany obrońca. Kiedyś podczas derbów z Juventusem kopnął Omara Sívoriego w oczy", opowiada Willie Peyote. Ferrini nie tylko tym „wyczynem" przeszedł do historii zarówno włoskiego, jak i światowego futbolu. 2 czerwca 1962 roku, w swoim drugim meczu w grupie B na mundialu w Chile, reprezentacja Włoch grała właśnie z gospodarzami. Spotkanie to przeszło do historii jako „Bitwa o Santiago", a angielski komentator David Coleman tak zapowiadał na antenie BBC skrót z tego skandalicznego, jak się okazało, meczu: „To najgłupsza, najbardziej przerażająca, obrzydliwa i haniebna reklama futbolu w jego historii. Oba zespoły spotkały się ze sobą pierwszy raz i miejmy nadzieję, że ostatni. Jeśli mistrzostwa świata mają przetrwać, to coś powinno się zrobić. Po zobaczeniu skrótu z tego meczu dojdą państwo do wniosku, że obie reprezentacje powinny zostać natychmiast wykluczone z mistrzostw". Na boisku od pierwszej minuty faktycznie trwała jatka, a piłkarze obu zespołów nie szczędzili sobie razów. Już po kilkunastu minutach Ferrini potężnym kopniakiem zaatakował Honorino Landę, za co angielski arbiter Ken Aston kazał mu opuścić boisko. Kazał, bo nie było wtedy jeszcze czerwonych kartek. Ferrini odmówił zejścia z murawy, w związku z czym do akcji wkroczyła policja i to w jej asyście piłkarz, przy aplauzie 66 tysięcy fanów, schodził z placu gry. Ostatecznie osłabieni Włosi przegrali 0:2 i pożegnali się z imprezą.

Swego czasu zagorzały fan Toro Francesco Bevilacqua pokazał mi w swojej komórce zdjęcie Ferriniego i powiedział: „Glik i Ferrini są nawet podobni fizycznie". „Kamil nie jest wielkim artystą na boisku, ale symbolizuje to, co nam bliskie, czyli serce, pasję i ambicję. Tym równoważy wszelkie braki i za to go kochamy. W Turynie jest Juventus i ci biedni, czyli my. Nie mamy pieniędzy, nie stoi za nami familia Agnellich i wielka kasa. Musimy nadrabiać wszelkie braki pasją i siłą charakteru. Musimy mieć, nie wiem jak to wytłumaczyć po angielsku, to coś, na co kibice w Ameryce Południowej mówią *garra*, charakter, i takich piłkarzy jak Ferrini czy Glik w składzie, żeby sobie radzić", podkreśla Willie Peyote.

Pytam o jego muzyczny kawałek o Gliku. „Tak jak mówię, ten pomysł chodził mi po głowie po pierwszej czerwonej kartce dla Kamila w derbach z Juventusem. Do tego doszło skandowanie przez kibiców: »Glik, Glik, Glik, Glik!«, kiedy tylko był przy piłce albo kiedy spiker wywoływał jego nazwisko. Utwór jest mocny. Traktuje nie tylko o futbolu, stanowi pewną metaforę. Styl gry Glika jest zresztą dokładnie taki jak mój styl życia".

W utworze Williego pojawiają się nazwiska Marca Borriello oraz Alessandra Matriego. Napastnicy ci przedstawieni zostają w mocno negatywnym świetle. Co ich łączy? Obaj mają na swoim koncie występy w reprezentacji Włoch, grali też w Juventusie. Willie, szydząc z nich, zestawia ich z bezpardonowo grającym Glikiem. „Kiedy kawałek był już gotowy, poszedłem na trening puścić go Kamilowi. Posłuchał i krótko stwierdził: »Fajne«. Tyle. Do dziś tak naprawdę nie wiem, co sądzi o tym utworze. Z drugiej strony rozumiem, że nie może powiedzieć: »Bardzo mi się podoba«, bo przecież Matri i Borriello dalej grają" – mówi Willie.

Podoba mi się ten kawałek, jest naprawdę OK. Co do piłkarzy, których nazwiska pojawiają się w tekście, to nie moja sprawa. Dla mnie kawałek jest naprawdę w porządku. A jeśli chodzi o muzykę, to słucham wszystkiego – od disco polo po mocniejsze rzeczy, takie jak choćby David Guetta czy Fiesto. Nie mam jednak jakiegoś jednego utworu, piosenki, której słuchałbym przed meczem.

Z 34-letnim Borriello, w Carpi FC, przez kilka miesięcy w zeszłym roku grał Kamil Wilczek. Ten doświadczony napastnik doszedł do zespołu beniaminka Serie A już w trakcie sezonu 2015/16. „Dobry piłkarz. Widać, że grał na wysokim poziomie. I fajny kolega. Pozytywnie go odbierałem", mówił Wilczek. Borriello nie pytał polskiego napastnika o Glika. Nie mówił też o swojej przeszłości. Ten wychowany w Neapolu piłkarz w wieku dziesięciu lat stracił ojca, którego zastrzelił członek mafii. W jednym z wywiadów wspominał, że dorastał w dzielnicy o nazwie San Giovanni a Teduccio, gdzie było najwięcej gangów. „Rok przeżyty tam to jak dziesięć lat gdzie indziej", opowiadał. Wychowaniem jego i dwójki rodzeństwa zajmowała się wyłącznie mama, Margherita. Borriello występował nie tylko w Juventusie, ale też w Milanie, Romie czy West Ham. Zaliczył siedem występów w reprezentacji Włoch.

SUPERGA. LOTNICZA KATASTROFA

Położona na wzgórzu Superga (675 metrów n.p.m.) bazylika robi duże wrażenie. Majestatyczna budowla z XVIII wieku, wzniesiona jako podziękowanie za zwycięstwo nad armią francuską w 1706 roku w wojnie o sukcesję hiszpańską, jest jednym z kilku charakterystycznych miejsc dla stolicy Piemontu. Od centrum miasta to kawałek drogi. Planuję tam pojechać autobusem. Na szczyt można się dostać zabytkową, XIX-wieczną linią tramwajową.

Poznany w Turynie fan Torino Francesco Bevilacqua oferuje pomoc. Jedziemy jego samochodem, a po drodze dołącza do nas jego dziewczyna Fabiola. Mówi, że przed momentem na wzgórzu była żona Kamila. Widziała akurat jej zdjęcia stamtąd na Facebooku.

Piękna i majestatyczna bazylika zwieńczona jest 75-metrową kopułą. Wokół sporo osób. Ze wzgórza rozciąga się wspaniała panorama miasta. „Gdyby nie zanieczyszczenie, to widać byłoby nawet Alpy", mówią Francesco z Fabiolą.

Do katastrofy lotniczej z udziałem piłkarzy Grande Torino doszło na tyłach budowli. „W lutym 1949 roku reprezentacja Włoch grała towarzyskie spotkanie z Portugalią. Po tym meczu piłkarz rywala Francisco Ferreira zapytał Valentino Mazzolę, czy Torino nie przyleciałoby do Lizbony na towarzyski mecz z jego Benficą. Prezydent

Ferruccio Novo się zgodził, ale pod jednym warunkiem: wcześniej drużyna musiała sobie zapewnić mistrzostwo kraju. Udało się to 30 kwietnia po remisie 0:0 z Interem. Dzięki temu wynikowi na pięć kolejek przed końcem rozgrywek Torino zdobyło kolejne *scudetto*", opowiadał Alberto Lovisolo z Museo del Grande Torino.

Do Lizbony na towarzyskie spotkanie turyńczycy polecieli w niedzielę 1 maja. Mecz rozegrano dwa dni później. Benfica pokonała wtedy mistrza Włoch 4:3. Wieczorem odbył się bankiet, a następnego dnia Grande Torino wracało do domu. Samolot typu Fiat G.212 CP wyleciał ze stolicy Portugalii o godzinie 9.40, o 13.00 miał międzylądowanie w Barcelonie, by zatankować. Na pokładzie znajdowało się 31 osób: czterech członków załogi, pięć osób ze sztabu szkoleniowego, trzech dziennikarzy, 18 graczy i organizator lotu.

O godzinie 16.45 pilot poinformował kontrolerów lotu na lotnisku w Turynie, że schodzą na wysokość 2000 metrów. Pogoda była akurat kiepska – padało, a widoczność utrudniała mgła. O godzinie 17.02 pilot informował o gęstych chmurach oraz fatalnej widoczności, w okolicach wzniesienia Superga ograniczonej do 40 metrów. Dla napędzanego trzema silnikami Alfa Romeo samolotu, który potrafił rozwinąć prędkość ponad 300 kilometrów na godzinę, były to katastrofalne, a w konsekwencji tragiczne warunki. Piloci nie zauważyli w porę potężnej bazyliki. Nie mieli czasu na reakcję, na uniknięcie kolizji, i o 17.05 maszyna uderzyła w ścianę budowli. Zginęli wszyscy uczestnicy lotu – wśród nich wielcy piłkarze Grande Torino, jednej z najlepszych klubowych jedenastek w tamtych czasach, praktycznie cała reprezentacja Włoch. Mazzola, Gabetto, Loik, bracia Aldo i Dino Ballarin, Rigamonti, Bongiorni, Castigliano, Maroso, bramkarz Bacigalupo, Fadini, Grezar, Grava, Martelli, Menti, Operto, Ossola, Schubert.

W Muzeum del Grande Torino można zobaczyć śmigło oraz jedno z kół rozbitej doszczętnie maszyny. „Wyprodukowano łącznie dziewięć egzemplarzy tego modelu, którym lecieli piłkarze. *Notabene* producentem był Fiat, właściciel i sponsor naszego wielkiego rywala. Z tych dziewięciu samolotów siedem spadło, a jeden w ogóle nie wystartował", opowiadał gorzko mój przewodnik w muzeum.

Można tam zobaczyć niecodzienną walizkę. Należała ona do trenera Grande Torino Ernő Egri Erbsteina. Ten mający żydowskie pochodzenie szkoleniowiec z Węgier z powodzeniem radził sobie we Włoszech. W sezonie 1948/49 razem z Anglikiem Lesliem Lievesleyem doprowadził Torino do kolejnego mistrzostwa. W jego bagażu znaleziono lalkę. Erbstein kupił ją dla swojej starszej córki Susanny. W walizce mieści się zdjęcie zabawki. „Pani Susanna występowała na baletowych scenach świata. Zawsze podróżowała z lalką, którą kupił dla niej w Lizbonie ojciec. Zapowiedziała nam, że któregoś dnia lalka z powrotem trafi do walizki naszego muzeum", mówił Alberto Lovisolo.

Identyfikacji zwłok dokonywał legendarny trener Vittorio Pozzo, który w 1934 i 1938 roku zdobywał z reprezentacją Włoch mistrzostwo świata. Znał wszystkich piłkarzy i szkoleniowców osobiście. Pogrzeb Grande Torino wywołał wielkie poruszenie nie tylko we Włoszech, ale na całym świecie. Zginęły przecież największe futbolowe gwiazdy. Ceremonia w Turynie zgromadziła milion osób, choć miasto liczyło wtedy 400 tysięcy mieszkańców. Uroczystości odbyły się w majestatycznym Palazzo Madama. Nieprzeliczone tłumy zebrały się też przed włoską ambasadą w Lizbonie. Wypadek kompletnie załamał Francisco Ferreirę. Zawodnik Benfiki wysłał potem rodzinom zmarłych pieniądze.

Komisja badająca przyczynę wypadku wskazała na gęstą mgłę, która niemal całkowicie ograniczała widoczność, błąd nawigacyjny pilotów oraz niedostateczną komunikację radiową.

Do Lizbony nie poleciała dwójka graczy Grande Torino, obrońca Sauro Tomà i drugi bramkarz Renato Gandolfi. Ten pierwszy, wielki przyjaciel Mazzoli, nie mógł grać, bo akurat był kontuzjowany. „Całe swoje życie poświęcił pielęgnowaniu pamięci o przyjaciołach, którzy zginęli w katastrofie. Parę lat temu się z nim spotkałem. Miał poczucie winy, że nie było go razem z przyjaciółmi", wspomina Lovisolo. Toma jest autorem książki o Grande Torino: *Me Grand Turin: storia della squadra di calcio più forte del mondo* („Mój wielki Turyn: opowieść o kolegach z boiska i najsilniejszym zespole na świecie").

Gandolfi natomiast został w domu, a zamiast niego poleciał trzeci golkiper, Dino Ballarin, który nie zagrał żadnego oficjalnego spotkania w barwach turyńskiej jedenastki. Na atrakcyjny wyjazd do stolicy Portugalii nalegał jego starszy brat, reprezentant Italii Aldo.

Każdy kibic Torino w swoim kalendarzyku ma zaznaczoną datę 4 maja. To jeden z najważniejszych dni w roku. Mazzola jest legendą nie tylko Torino, ale i całej włoskiej piłki. Kiedy nowi piłkarze, szczególnie ci z zagranicy, pojawiają się w zespole, szybko się im tłumaczy, kim był dla klubu i jak wielka była to postać.

W dwa tygodnie po katastrofie reprezentacja Włoch rozgrywała na stadionie we Florencji mecz z Austrią. Team Italii wyprowadził na płytę boiska Alessandro Mazzola, syn Valentina.

Malcem i jego o trzy lata młodszym bratem Feruccio zajął się z całą serdecznością Benito Lorenzi, czołowy napastnik Interu, który debiutował w barwach narodowych na kilka tygodni przed dramatem u boku swojego przyjaciela, Valentina Mazzoli. Lorenzi przelewał na nich niemal ojcowską czułość, zabierał na mecze i treningi, wychowywał w atmosferze wielkiego futbolu. Obaj, wpatrzeni w kuratora, także zaczęli kopać piłkę i okazali się nader pojętnymi uczniami. Zwłaszcza starszy, silniej zbudowany, wyższy o 11 cm Sandro wykazał nadspodziewaną smykałkę do gry". (Andrzej Gowarzewski, Grzegorz Stański, *Wielcy piłkarze, sławne kluby*, Warszawa 1979).

Tragiczna katastrofa lotnicza miała oczywiście swoje przełożenie na wyniki reprezentacji Włoch, która składała się z piłkarzy Grande Torino. Na mundial w Brazylii w 1950 roku postanowiono nie lecieć, a płynąć statkiem. Za taką decyzją optował Ferruccio Novo, twórca sukcesów klubu z Turynu, który nie poleciał ze swoim zespołem do Lizbony, dzięki czemu uniknął śmierci. Był wówczas członkiem komitetu włoskiej federacji, który odpowiadał za przygotowania Squadra Azzurra do czwartych mistrzostw świata. Długi dwutygodniowy rejs przez Atlantyk kosztował Włochów porażkę w pierwszym meczu MŚ ze Szwecją 2:3 i w praktyce pożegnanie z turniejem. Wygrana w kolejnym spotkaniu z Paragwajem już nic nie dała, a o medale, z sukcesami, walczyli potem Skandynawowie.

Po tragicznym wypadku Torino już nigdy później nie odnosiło takich sukcesów jak w latach 40. „Wszyscy pamiętamy o Grande Torino. Przynajmniej my, kibice. W Turynie jest nas więcej niż fanów naszego rywala, Juventusu. Co roku na wzgórzu Superga gromadzi się nas kilkanaście tysięcy. Co roku też Lega Calcio wyznacza nam mecze na ten dzień", tłumaczy Francesco Bevilacqua. Tego dnia odbywa się uroczysta msza, a potem kibice wraz z całym zespołem udają się na tyły bazyliki pod mur, gdzie rozbił się samolot. Teraz jest tam pamiątkowa tablica.

„Torino to wielki klub, ale też naznaczony tragiczną historią", podkreśla Kamil. Faktycznie tak jest. I nie chodzi tylko o katastrofę lotniczą na wzgórzu Superga. W środku Museo del Grande Torino, zaraz przy wejściu do Villa Claretta Assandri, stoi wspaniały zabytkowy automobil. Właścicielem tego oryginalnego samochodu z okresu międzywojnia był Gigi Meroni. „Zapowiadał się na wielkiej klasy zawodnika. Występował z numerem 7. Był artystą: malował i projektował ubrania, poza tym nosił długie włosy. Trener kadry mówił, że jak ich nie zetnie, to nie będzie powoływany, w końcu jednak Meroni i tak grał w drużynie narodowej. Do tego zakochał się w mężatce, co przysporzyło mu kolejnych problemów", opowiadał

Alberto Lovisolo. 15 października 1967 Meroni zginął w wypadku. Został potrącony przez samochód prowadzony przez Attilia Romero, który *notabene* później został prezydentem Torino i doprowadził klub do bankructwa w 2005 roku.

A legenda klubu i wieloletni kapitan Giorgio Ferrini, do którego w Turynie porównuje się Glika? Buty na kołku zawiesił w 1975 roku, w wieku 36 lat, a rok później umarł z powodu tętniaka.

Był jeszcze Bruno Neri, piłkarz Torino i reprezentacji o antyfaszystowskich przekonaniach. Do dziś zachowały się zdjęcia, jak odmawia wykonania faszystowskiego salutu, którym we Włoszech Benito Mussoliniego rozpoczynały się ligowe spotkania. Neri nie ograniczył do takiej formy protestu. Brał czynny udział w ruchu oporu, dołączył do partyzantki. Zginął w walce z niemieckimi oddziałami 10 lipca 1944 roku.

Wielu kibicom na świecie Torino kojarzy się jednak przede wszystkim z tragicznym wypadkiem lotniczym. Co roku kapitan zespołu głośno odczytuje nazwiska 31 osób, które zginęły w katastrofie 4 maja 1949 roku. Kamilowi przypada ten zaszczyt od trzech lat.

Wokół tłum. Na tyłach bazyliki jest bowiem mało miejsca, a w uroczystości biorą udział tysiące osób. Wokół „Il Capitano", w otoczeniu kamer telewizyjnych, stoją prezydent i właściciel klubu Urbano Cairo, trener Giampero Ventura, a także koledzy z zespołu. Kamil głośno odczytuje listę. „To moment, któremu towarzyszą wielkie emocje. Ta uroczystość ma przecież dla klubu i dla naszych oddanych kibiców wielkie znaczenie", podkreśla w rozmowie ze mną.

W kwietniu 2016 roku turyński magistrat zdecydował o nadaniu stadionowi, na którym swoje ligowe mecze rozgrywa Torino FC, nazwy Stadio Grande Torino. To hołd dla jednej z najwspanialszych klubowych jedenastek w historii włoskiego *calcio*. Pełna nazwa brzmi teraz Stadio Olimpico Grande Torino. Pierwszy mecz na obiekcie pod tą nazwą Granata rozegrała z Sassuolo Calcio 24 kwietnia. Zespół gospodarzy na murawę wyprowadził „Il Capitano" Kamil Glik.

WYRÓWNANIE REKORDU BOŃKA

Ligowego sezonu 2014/15 Torino nie rozpoczęło najlepiej. Bilans trzech pierwszych meczów to dwie porażki odniesione w meczach z Sampdorią i Hellas Verona oraz remis z Interem, do tego zero zdobytych bramek i trzecie od końca miejsce w tabeli.

Przełamanie nastąpiło dopiero w wyjazdowym meczu z Cagliari, choć i tam zanosiło się na klęskę, bo to gospodarze objęli prowadzenie. Dla Kamila było to setne spotkanie w barwach Toro. Kto miał poderwać swój zespół do walki, jeśli nie kapitan? W 21. minucie wykorzystał dobre dośrodkowanie Juana Sáncheza Miňo i wyrównał na 1:1. Potem bramkę dołożył jeszcze Fabio Quagliarella i ekipa z Turynu wygrała 2:1.

Kamil Glik strzelił gola dla Torino FC w wygranym 2:1 wyjazdowym spotkaniu 4. kolejki włoskiej Serie A z Cagliari Calcio. Polak rozegrał całe spotkanie. To jego pierwsze trafienie w obecnym sezonie. (90minut.pl).

Oto seria postów dotycząca tej informacji w owym najpopularniejszym polskim serwisie futbolowym:

@Asvel: Zastanawia mnie jakim cudem technicznie klocek Glik, radzi sobie całkiem nieźle w przedstawicielu Serie A? Czyżby Serie A chyliło się ku upadkowi

@dangen: Brawo!!! Glik dał przykład jak przystało na kapitana i nareszcie jego Torino wygrało.

@dan: przecież powszechnie wiadomo, że Serie A przeżywa kryzys, co widać po nędzy jaką grają w pucharach (Juventus miażdży całą ligę, a w Lidze Mistrzów nie potrafi wyjść z grupy)

@kks: asvel – surowy technicznie ale też coś tam potrafi jednak, a poza tym ma niesamowity charakter. Takie przecinaki też są potrzebne, nie każdy obrońca musi być wirtuozem

@Świnia: No, wirtuozem nie jest, ale na co dzień gra przeciwko wirtuozom i też mnie to trochę zastanawia jakim cudem mu tam tak dobrze idzie.

@K: Dla tych co oglądają mecze tylko w „internecie" polecam zobaczyć jakikolwiek mecz Torino na żywo. Mnie się to udało i jestem mega zadowolony z postawy Glika. Jak na obrońcę – dochodzi do bardzo dużej ilości sytuacji strzeleckich w polu karnym przy stałych fragmentach gry.

„Na początku czytałem to, co o mnie pisano. Teraz uodporniłem się na takie czy inne opinie, już się nimi nie przejmuję. Zresztą tylko od czasu do czasu przeglądnę internet, a gazet prawie nie czytam", przyznaje Kamil.

Jego bramka w Cagliari była zapowiedzią kolejnych goli w Serie A. Pod tym względem najbardziej owocny był grudzień 2014 roku: najpierw Glik zdobył wyrównującą bramkę w spotkaniu z US Palermo (2:2) u siebie, a potem przyszedł mecz z Genoą.

Dla Granaty nie był to łatwy okres. Drużyna grała wtedy praktycznie co kilka dni. Z jeden strony brała udział w spotkaniach w Serie A i Coppa Italia, a z drugiej w meczach Ligi Europy. Zespół

Giampiero Ventury pewnie awansował wprawdzie do 1/16 Ligi Europy, zajmując drugie miejsce w grupie B za belgijskim FC Brugge, a przed HJK Helsinki i FC Kopenhaga, ale w Serie A było kiepsko. Po 15 kolejkach zajmował dopiero 15. lokatę, mając ledwie dwa punkty więcej niż znajdujące się na miejscu spadkowym Cagliari.

Po efektownie wygranym meczu w Lidze Europy, na wyjeździe z FC Kopenhaga 5:1, w kolejnym spotkaniu, z Empoli, trener Ventura dał Glikowi odpocząć. W starciu z Genoą, tuż przed świętami Bożego Narodzenia, polski obrońca już jednak zagrał i został bohaterem spotkania. Zdobył dwie bramki, a jego drużyna, po serii sześciu ligowych meczów bez zwycięstwa, wreszcie zatriumfowała.

Glik był nie do upilnowania w polu karnym Genui przy stałych fragmentach. Za pierwszym razem Polak zamknął akcję po dośrodkowaniu z rzutu wolnego i pokonał Eugenio Lamannę strzałem prawą nogą przy bliższym słupku. Nieco ponad dziesięć minut później wykazał się snajperskim instynktem, ruszył za uderzeniem kolegi, i z bliska wepchnął piłkę do siatki głową. Z takim impetem, że sam wylądował w bramce. W końcówce Torino skutecznie się broniło. Sędzia dwa razy musiał wstrzymać grę, bo poobijany Glik leżał na murawie. Polak nie szczędził zdrowia, rzucał się pod nogi rywali, strzały zawodników Genui blokował nawet głową. Walczył z bólem, ale zacisnął zęby i dotrwał do końcowego gwizdka sędziego, po którym utonął w ramionach kolegów. („Przegląd Sportowy", 22 grudnia 2014).

Tym samym Kamil stał się, obok Zbigniewa Bońka, jedynym polskim zawodnikiem, który trafił w Serie A więcej niż raz w jednym spotkaniu. Obecnemu prezesowi PZPN-u ta sztuka udała się 5 stycznia 1986 roku, kiedy to jako zawodnik AS Roma zdobył dwa gole w wygranym 4:0 spotkaniu z Atalantą Bergamo.

Prawie 29 lat później wreszcie ktoś powtórzył jego wyczyn. Kto by się spodziewał, że będzie to akurat środkowy obrońca? („Przegląd Sportowy", 22 grudnia 2014).

Entuzjastyczne były też komentarze włoskich mediów.

W defensywie był nie do zastąpienia, a w ataku motywował innych. Trudno mu będzie powtórzyć taki wyczyn jak te dwa gole. (tuttomercatoweb.com).

Z kolei gazeta „Corriera dello Sport" zwróciła uwagę, że dzięki Glikowi jego Torino przerwało fatalną passę sześciu kolejnych meczów bez wygranej, a Genua straciła miano niepokonanego zespołu na wyjeździe. Turyński dziennik „Tuttosport" przypomniał, że w poprzednim sezonie Torino wygrało u siebie z Genoą w podobnych okolicznościach, tyle tylko, że wtedy gole w ostatnich minutach zdobywali, sprzedani później w sumie za 25 milionów euro, Ciro Immobile i Alessio Cerci.

Jeśli nazywasz się Kamil Glik, możesz w pojedynkę zrobić to, co dwie gwiazdy – Immobile i Cerci – zrobiły razem. To coś niesamowitego i iście mesjańskiego. Zwłaszcza że zbliżają się święta Bożego Narodzenia. („Tuttosport", 22 grudnia 2014).

„Trafiam częściej dlatego, że nabrałem więcej pewności siebie, skaczę z większym zdecydowaniem. Zmieniłem się przede wszystkim mentalnie", zaznacza Kamil.

Zmianę, o której mówi sam piłkarz, widać także pod polem karnym Torino. Nawet w gestykulacji – Glik zamaszyście dyryguje partnerami, ustawia ich, ewidentnie czuje się przywódcą. On we Włoszech przeszedł imponującą ewolucję. Od zahukanego obrońcy z prowincjonalnej ligi, który w Palermo nie nadążał za wymaganiami taktycznymi, przez chropowatego w stylu gry twardziela przyuczającego się u boku byłego kapitana Torino Angelo Ogbonny, po najważniejszą postać drużyny. Z piłką jest staranny (piąty najcelniej podający zawodnik rozgrywek), bez piłki współtworzy piątą najszczelniejszą defensywę w Serie A i trzecią najszczelniejszą w Lidze Europejskiej, w której Torino gola straciło dopiero po 510 minutach rywalizacji. I to dzięki temu zdobywa punkty, bo napastnicy pudłują na potęgę. Gdyby turyńczycy nie strzelali najrzadziej w lidze – zmarnowali nawet wszystkie rzuty karne! – nie zajmowaliby 14. miejsca w tabeli, lecz ponownie walczyli o awans do Ligi Europejskiej. (Rafał Stec, *Kamil Glik skacze coraz wyżej*, „Gazeta Wyborcza", 14 stycznia 2015, str. 26).

Po 16 kolejkach Kamil na swoim koncie miał więcej trafień w lidze niż takie gwiazdy jak choćby Miroslav Klose czy Paul Pogba, a razem z reprezentantem Włoch Fabio Quagliarellą był najlepszym strzelcem swojej drużyny z czterema zdobytymi bramkami. Wkrótce Kamil powiększył ów dorobek, w styczniu trafiając w meczu z Milanem (1:1), strzelając zwycięskiego gola w marcowym starciu z Napoli (1:0) i miesiąc później z Atalantą Bergamo (2:1). Tym samym ponownie wyrównał wynik Bońka, tyle że teraz w liczbie zdobytych bramek w rozgrywkach ligi włoskiej. Popularny „Zibi" w sezonie 1985/86, swoim pierwszym w barwach AS Roma, zdobył siedem „oczek". Tyle samo goli na koncie Kamila sprawiło, że na początku kwietnia 2015 roku był najskuteczniejszym strzelcem w Europie. O trafienie mniej w tym czasie miał Brazylijczyk Naldo z VfL Wolfsburg. „To wyjątkowy przypadek, że grający w defensywie zawodnik zdobywa tyle bramek. Nie zdarzyło mi się jeszcze grać z takim obrońcą", przyznaje pomocnik Alessandro Gazzi. „Kamil nie dość, że gra dobrze w defensywie, gdzie świetnie czyta grę, to jeszcze jest tak skuteczny z przodu. Z takim goleadorem lepiej grać w jednym zespole, niż

Fot. Maurizio Lagana / Getty Images

Tuż po bramce strzelonej Atalancie 4 kwietnia 2015 roku w Bergamo

występować przeciw niemu", uśmiecha się z kolei bramkarz Daniele Padelli. Także piłkarze innych włoskich klubów komplementowali Kamila. „To jeden z lepszych obrońców w Serie A. To nie przypadek, że dobrze gra w reprezentacji Polski i jest kapitanem takiego zespołu jak Torino", powiedział mi Seydou Keita. Ten były zawodnik Barcelony, który obecnie występuje w AS Roma, w swojej bogatej karierze grał z kilkoma polskimi piłkarzami, Jackiem Bąkiem czy Łukaszem Skorupskim, a do reprezentacji Mali wprowadzał go trener Henryk Kasperczak.

Kamil gonił największe gwiazdy w dziejach Serie A, najskuteczniejszych defensorów w historii włoskiej ligowej piłki – jak choćby Marco Materazziego, który w sezonie 2000/01 dla Perugii zdobył 12 bramek, pobijając rekord Daniela Passarelli. Argentyńczyk w barwach Fiorentiny w sezonie 1985/86 strzelił 11 goli. Obaj piłkarze byli mistrzami świata, obaj też do swojego dorobku dokładali trafienia z karnych, czego Kamil nie robił. „U nas w zespole do wykonywania jedenastek jest wyznaczony Fabio Quagliarella. Ja jestem następny w kolejce. Mógłbym przejąć od niego ten obowiązek, ale specjalnie się na to nie napinam. Wiadomo, że w tym wszystkim nie indywidualne wyczyny są najważniejsze, ale dobro drużyny. Jeśli jednak do wyprzedzenia prezesa Bońka będzie mi brakowało jednego trafienia, a meczów będzie coraz mniej, wtedy dogadam się z Fabiem i podejdę do jedenastki", mówi Kamil.

„Kamil to nasz »bomber« – po Fabio Quagliarelli jest przecież drugim najlepszym strzelcem zespołu. W tym sezonie jest niesamowity, gra jak napastnik. Zdobywa bramki i jest szczęśliwy, a my zadowoleni, bo przecież dzięki temu mamy cenne punkty i notujemy ważne zwycięstwa. Mimo to wolę, kiedy gra w defensywie. Pewniej się wtedy czuję", mówił mi w kwietniu 2015 roku Daniele Padelli, bramkarz Torino.

Albo to masz, albo nie. Wszystko zależy od tego, jak piłka z rożnego czy wolnego jest bita. Jeśli jest odchodząca, bita z prawej strony przez lewonożnego zawodnika, to wiadomo, że trzeba się ustawić bliżej bramki, bo jest mniej czasu na dobiegnięcie. Jeśli jest dochodząca, to ustawiam się na linii szesnastki, bo jest wtedy więcej czasu. To podstawy, bo wiadomo, konkretnej odpowiedzi na pytanie, jak ustawić się do dośrodkowywanej piłki, nie ma. Albo się to potrafi zrobić, albo nie. W 70 procentach to kwestia talentu. Z drugiej strony każdy trener, czy to w klubie, czy w reprezentacji, ma swoje schematy.

Pięć z siedmiu swoich bramek Kamil zdobył po strzałach głową, a dwie po uderzeniach prawą nogą. Wśród tych, którzy najcelniej dośrodkowywali, był Alexander Farnerud. Szwedzki pomocnik zaliczył dwie asysty przy trafieniach Polaka. Te bramki dały Granacie sporo punktów – dziennikarze policzyli, że w sumie aż 11. Dzięki temu Torino znacznie awansowało w tabeli. Po 30 kolejkach było na ósmym miejscu, z kilkoma punktami straty do pozycji premiowanej grą w europejskich pucharach.

„W zeszłym sezonie mieliśmy w tym czasie dziewięć punktów straty do miejsca dającego grę w pucharach, a teraz mamy ich sześć. Poza tym do zakończenia sezonu zostało jeszcze osiem kolejek, a my mamy sprzyjający kalendarz. Oprócz derbów z Juventusem mecze z czołówką są już za nami", podkreślał Kamil.

Ostatecznie z występów w pucharach nic nie wyszło, a Torino zakończyło rozgrywki na dziewiątym miejscu. Kamil zaliczył łącznie siedem trafień – tyle samo co świetny słowacki pomocnik Marek Hamšík i napastnicy Juventusu Fernando Llorente czy Alessandro Matri, a więcej niż choćby niektórzy piłkarze ofensywni, jak Kolumbijczyk Fredy Guarín, Japończyk Keisuke Honda czy były reprezentant Włoch Antonio Cassano.

„Muszę przyznać, że nie byłem jakoś specjalnie zaskoczony bramkami, które Kamil zdobywał. Świetnie gra przecież głową, a przy dobrze podanej piłce, z sześciu czy siedmiu metrów, trudno go powstrzymać. To na pewno jego dodatkowa wartość. Ja biłem mu wówczas brawa i gratulowałem przy każdej okazji. Był wtedy przecież jednym z najskuteczniejszych obrońców w ligach europejskich, a dzięki tym golom znacznie podskoczyła też jego wartość we Włoszech. Jego rozwój nie jest dla mnie zaskoczeniem. To zdrowy, silny obrońca grający z charakterem. Do tego w ostatnim czasie poprawił grę głową, a także technikę", ocenia Zbigniew Boniek.

Nic dziwnego, że po zakończeniu rozgrywek Kamil znalazł się w jedenastce sezonu kilku włoskich portali internetowych i gazet, z „La Gazzetta dello Sport" na czele. Według największego włoskiego dziennika sportowego ta jedenastka wyglądała następująco: Mattia Perin (Genoa) – Leonardo Bonucci (Juventus), Kamil Glik (Torino), Daniele Rugani (Empoli) – Diego Perotti (Genoa), Paul Pogba (Juventus), Radja Nainggolan (Roma), Felipe Anderson (Lazio) – Carlos Tévez (Juventus), Luca Toni (Hellas Verona), Paulo Dybala (Palermo).

POWRÓT DO EUROPY

Podczas jednego z letnich pobytów Kamila w Jastrzębiu-Zdroju pytałem go o przygotowania do sezonu. Te we włoskich klubach są ponoć wyjątkowo intensywne. Wiadomo, piłkarze w niedługim, bo kilkutygodniowym okresie muszą naładować akumulatory na cały rok. Serie A nie ma przecież zimowej przerwy, nie licząc tej kilkunastodniowej w okresie świąteczno-noworocznym.

Torino było akurat przed eliminacjami w trzeciej rundzie Ligi Europy, gdzie jego pierwszym rywalem była szwedzka IF Brommapojkarna. W Polsce zawsze są obawy i mówi się, że drużyna, która tak wcześnie rozpoczyna rozgrywki, potem płaci za to w trakcie sezonu. „Jeśli chodzi o treningi, to nie ma jakichś większych różnic – tłumaczy Kamil. – Wszędzie trenuje się przecież tak samo. A co do długiego sezonu, to trener Ventura z pewnością będzie wiedział, jak nas przygotować i co robić w trakcie rozgrywek".

Szkoleniowa kadra Torino jest mocno rozbudowana. Jest cały sztab z trenerem Venturą i jego asystentami na czele, do tego trener bramkarzy, trener od rehabilitacji, który zajmuje się tylko tymi, którzy wracają do zespołu po urazach. Jest też czterech masażystów. Klub

ma także na etacie dwóch lekarzy. Są również dentysta, dietetyk i podiatra, który pojawia się w klubie dwa razy w tygodniu. Obcina paznokcie i dba, żeby nie było zadziorów.

Kibice Torino 20 lat czekali na grę swojego zespołu w europejskich pucharach. Występ w nich i tak można nazwać szczęściem, zdecydowały o nim bowiem kłopoty finansowe Parmy FC. Włoski Związek Piłki Nożnej odmówił temu klubowi wydania licencji na grę w pucharach. Chodziło o 300 tysięcy euro niezapłaconego podatku. Miejsce Parmy w eliminacjach Ligi Europy zajął więc kolejny, siódmy zespół w tabeli. Było to właśnie Torino.

Czwartkowy wieczór 26 lutego 2015 roku. Torino grało w 1/16 Ligi Europy na wyjeździe z Athletic Bilbao. W pierwszym meczu był remis 2:2. Kilka dni wcześniej w ważnym spotkaniu ligowym z Fiorentiną (1:1) trener Giampiero Ventura dał odpocząć kilku zawodnikom, w tym Kamilowi.

Spotkanie w Bilbao rozgrywane było akurat po meczu Legii, która u siebie, przy pustych trybunach, została rozbita w tych samych zawodach 0:3 przez Ajax.

W Bilbao panowała świetna atmosfera na widowni, a na boisku toczyła się zacięta walka o każdy metr. Kamil trzymał w ryzach obronę. Baskowie mieli może przewagę w polu, ale niewiele z tego wynikało, bo defensywa Włochów była szczelna jak mur, a na dodatek Torino wyprowadzało zabójcze kontry, po których do siatki trafili Fabio Quagliarella i Maxi López. Rywal też jednak zdobył bramkę, a w drugiej połowie, przy padającym deszczu, trwała dalsza wymiana ciosów. Kamil kilka razy ostro starł się z napastnikiem rywala Arturem Adurizem. Raz nawet, z powodu urazu, musiał opuścić boisko. Na szczęście wrócił po kilkudziesięciu sekundach. Ostatecznie po dramatycznym spotkaniu Torino zwyciężyło 3:2 i w dobrym stylu awansowało do 1/8 LE. Zaraz potem piłkarze dali upust radości na mokrej murawie, a kibice szaleli na trybunach.

„Pojechały nas tam cztery tysiące. To była dla nas wielka wygrana. Świętowaliśmy zresztą przez kilka dni. Przy okazji nawiązaliśmy też kontakty z kibicami Athleticu. Oni są trochę w podobnej sytuacji jak my, też muszą walczyć z bogatszymi od siebie rywalami", podkreśla Willie Peyote. „Na meczu w Bilbao byłem osobiście. Razem z Mirkiem Trzeciakiem przemokliśmy do suchej nitki. W butach chlupało, ale było warto. Co za bój! Co za mecz! Losy awansu się ważyły. To było wspaniałe widowisko pełne zwrotów, dramaturgii, walki. Do tego imponujący stadion w Bilbao, który zrobił na mnie duże wrażenie. Ze znacznym udziałem Kamila udało się awansować do kolejnej rundy. Posmakował tego. Chciałby znowu grać w pucharach", mówi menedżer Jarosław Kołakowski.

Włoska prasa z entuzjazmem podkreślała, że Torino jest pierwszym klubem we Włoszech, który zdołał wygrać w Bilbao. W kolejnej rundzie turyńczycy walczyli z Zenitem Sankt Petersburg. W rewanżu, w którym trzeba było odrobić dwubramkową stratę, Kamil dwa razy trafił do siatki, ale pierwszego trafienia sędziowie nie uznali, dopatrując się spalonego. Ostatecznie drużynie nie udało się wejść do ćwierćfinału rozgrywek.

> Na pewno była to fajna sprawa i przygoda, że po 20 latach znowu zagraliśmy w pucharach. Gra w Bilbao i wygrana tam to było coś. To jeden z moich najprzyjemniejszych momentów w Torino. Przy okazji oglądania ostatnio ligowego meczu Athletic – Valencia przypomniałem sobie to nasze spotkanie. Też lało wtedy jak z cebra, a na murawie toczyła się zażarta walka, z której to my wyszliśmy zwycięsko.
>
> Potem przyszła konfrontacja z Zenitem. Przede wszystkim szkoda było pierwszego meczu, gdzie od 25. minuty graliśmy w dziesiąt-

kę. Nie było łatwo i skończyło się na dwubramkowej stracie. Gdybyśmy w pierwszym meczu grali 11 na 11, to z pewnością byłoby inaczej.

W rewanżu rywal praktycznie nie oddał strzału na naszą bramkę. Co do nieuznanego gola, to w siedmiu przypadkach na dziesięć arbiter puściłby taką sytuację. Pół wysuniętej ręki wystarczyło jednak, żeby zasygnalizowana została pozycja spalona. Przegraliśmy dwumecz, ale z Ligą Europy pożegnaliśmy się z podniesioną głową.

W kolejnym sezonie niewiele zabrakło nam do tego, żeby ponownie zagrać w pucharach – trzech punktów. Wszyscy chcieliby grać w europejskich rozgrywkach. Może będzie mi to dane w kolejnym sezonie. Zobaczymy.

Gdyby europejskie puchary rozgrywano w latach 40., to pod względem osiągnięć na arenie międzynarodowej Torino mogłoby się pewnie równać z Juventusem. „Było wtedy taką Barceloną dnia dzisiejszego", nie ma wątpliwości Alberto Lovisolo z Museo del Grande Torino.

Puchary zaczęto rozgrywać dopiero od połowy lat 50. W tym czasie klub należał już do średniaków w Serie A, żeby w sezonie 1958/59 zaliczyć pierwszy spadek. I choć nie brakowało tam piłkarzy ze znanymi nazwiskami, jak choćby Junior, Enzo Francescoli, Abedi Pele, Toni Polster, Enzo Scifo, Martín Vázquez czy Jocelyn Angloma, to w konfrontacji na arenie europejskiej lepsi byli rywale. Nie licząc zdobycia Mitropa Cup w 1991 roku, czyli pucharu dla zespołów z Europy Centralnej, największym sukcesem Torino był występ w finale Pucharu UEFA w 1992 roku. Mierzyło się wówczas z Ajaxem Amsterdam, a o triumfie Holendrów przesądziły bramki zdobyte przez nich na wyjeździe (2:2, 0:0).

VIA FILADELFIA

Jest czwartek 23 kwietnia 2015 roku. Za trzy dni ma się odbyć derbowe spotkanie Torino z Juventusem. Z przesiadkami na lotnisku w Bergamo i wspaniałym dworcu w Mediolanie dotarłem pociągiem do Turynu. Mieszkam w małym hostelu Torino przy Via Giordano Bruno. Stąd niedaleko do miejsca spotkań ultrasów, czyli najbardziej zagorzałych kibiców Granaty, Stadionu Olimpijskiego, gdzie swoje mecze rozgrywa Torino, a także ośrodka treningowego przy bardzo ruchliwej Corso Unione Sovietica, gdzie na co dzień trenują piłkarze.

Chcę obejrzeć trening, ale szanse są raczej iluzoryczne. „Na trening nie wiem, czy cię wpuszczą, bo trener nerwowy chodzi trochę", informuje mnie SMS-em Kamil.

Trening jest o 14.00. Stoję więc przez prawie trzy godziny przed żelazną bramą i za betonowym płotem z dwójką zagorzałych fanów Torino, 24-letnim Francesco Bevilacquą i 26-letnim Jacopo Delizią. „Nasz jedyny prawdziwy kłopot to Juve", mówi Jacopo. „Nie pamiętamy już czasów, kiedy nasze Torino wygrywało z Juventusem. To było przecież 20 lat temu. Ten okres pamiętają nasi ojcowie", stwierdzają obaj.

Jacopo wyrzuca przyjacielowi, że jako młody chłopak sympatyzował z Interem. „Ale to było dlatego, że grał tam Brazylijczyk

Ronaldo", tłumaczy Francesco, który w Turynie stanie się moim przewodnikiem. „Nie szkodzi. Ja nigdy nie splamiłem się tym, żeby kibicować komuś innemu", odcina się Jacopo.

Komu kibicuje Turyn przed derbami? Francesco i Jacopo nie mają wątpliwości: „Naszemu Torino! Owszem, oni mają kibiców także w innych częściach Italii, ale w Turynie nas jest więcej", przekonuje Jacopo, któremu nawet przez gardło nie przechodzi nazwa Juventusu.

Francesco za karnet na cały sezon płaci 200 euro. „Dla mnie, studenta, to duża kwota. Zresztą z tym kibicowaniem nie wygląda to dobrze: średnia na ligowych meczach to około 15–16 tysięcy. Zresztą zobacz, za kilka dni derby, a jest nas tutaj zaledwie kilku", tłumaczy. Torino kibicuje też jego ojciec. „U nas tak jest, że miłość do Toro przechodzi z pokolenia na pokolenie", podkreśla chłopak. Jego dziewczyna, Fabiola Cairola, też kibicuje Torino. Nawet paznokcie ma pomalowane w barwach ukochanego klubu, czyli na kasztanowo. „Ona jest nawet bardziej zagorzałym fanem niż ja. Nie wiem, co by było, gdyby była mężczyzną", śmieje się Francesco. Fabiola prezentuje paznokcie i mówi: „Dziadek kibicował klubowi, potem tata, a teraz ja".

Znużeni czekaniem na piłkarzy Francesco i Jacopo wskakują na wysoki mur oddzielający ulicę od centrum treningowego przy Corso Unione Sovietica. Po kilku minutach muszą jednak zeskoczyć, bo zauważa ich ochrona. „My nie mamy nawet miejsca, gdzie zespół może spokojnie trenować – mówi kwaśno Jacopo. – W tym centrum treningowym jeszcze do niedawna ćwiczył nasz rywal. Tereny te należą do Fiata, więc już wiesz, kto jest ich właścicielem".

Torino FC rzeczywiście, w przeciwieństwie do Juventusu, jest porozrzucane po całym mieście. Mecze rozgrywa na dawnym Stadio Comunale, który budowany był z myślą o drugich mistrzostwach świata w 1934 roku. Obiekt ten sławił zresztą wtedy imię ówczesnego przywódcy Włoch Benito Mussoliniego. W latach 80. mógł pomieścić 65 tysięcy widzów i służył obu turyńskim klubom. Pamięta czasy wielkiego Juve z Michelem Platinim czy Zbigniewem Bońkiem w składzie. Siedziba Torino mieści się z kolei w centrum miasta, przy Via dell'Arcivescovado.

„Mało jest klubów we Włoszech, które mają swoje stadiony na własność. Należą do nich na przykład Juventus czy Sassuolo. Reszta wynajmuje je od miasta – tak jest przecież w Rzymie czy Mediolanie. Ja nie narzekam. Na trening z miejsca, gdzie mieszkam, mam niedaleko samochodem i łatwo mi tam dotrzeć", tłumaczy Kamil.

Stadio Comunale został przebudowany w związku z zimowymi igrzyskami olimpijskimi w 2006 roku. To tam odbyła się ceremonia rozpoczęcia i zakończenia imprezy, a teraz na Stadio Olimpico Grande Torino, który może pomieścić 28 tysięcy kibiców, gra właśnie Torino.

Po treningu piłkarze powoli opuszczają bazę przy Corso Unione Sovietica. Jednym z pierwszych, którzy wyjeżdżają, jest trzeci bramkarz Luca Castellazzi. Jeździ luksusowym porsche. „To dlatego, że wcześniej grał w Interze", tłumaczą kibice. Automatyczna metalowa brama rozsuwa się, a moi towarzysze, kiedy widzą, że zawodnik zatrzymuje się na moment, od razu podchodzą i proszą o autografy. Kamil jeździ po Turynie służbowym suzuki. Z wejścia na trening nic nie wyszło, więc pomógł w zorganizowaniu spotkania z ultrasami Torino. „Podrzucę cię, ale sam nie mogę tam z tobą pójść, bo w klubie mnie zjedzą", informuje. Pytam, czy mogą się z nami zabrać poznani przeze mnie koledzy. Francesco świetnie mówi po angielsku, więc może mi pomóc jako tłumacz. „Jasne", rzuca Kamil.

Obaj kibice są w szoku – oto mają wsiąść do samochodu z kapitanem swojego ukochanego klubu. Francesco pyta, skąd Kamil ma oryginalną czarną klubową bluzę, którą zamieścił na swoim Instagramie. Okazuje się, że została ona przygotowana na zamówienie.

Ukochany przez ultrasów Sweet Bar przy Via Filadelfia znajduje się niedaleko centrum treningowego Torino. Lokal prowadzi Tony

Kamil w Sweet Barze, miejscu spotkań ultrasów Torino przy Via Fladelfia

Fot. Michał Zichlarz

Basa. To tutaj spotykają się na co dzień ultrasi Torino z Curva Maratona, najbardziej zagorzali fani klubu. „Kamil to symbol. My, ultrasi, chcemy, żeby został w Torino do końca kariery. To wspaniały zawodnik. Jeśli Kamil odejdzie, powstanie olbrzymi bałagan", przekonuje właściciel baru.

Kibice już zresztą zorganizowali akcję w mediach społecznościowych, w ramach której domagają się, aby nie tykać ich kapitana. Utworzyli hashtag #gliknonsitocca, co w tłumaczeniu oznacza: „Glik jest nietykalny".

Tony jest pod wrażeniem wyczynów Kamila w Torino: „Kiedy do nas przyszedł, był solidnym zawodnikiem. Grał, trenował, ale szczerze, to nikt nie myślał, że tak się rozwinie, że zrobi taki postęp. Wybił się u nas i jest mocno związany z Torino. Ultrasi chcieli więc, żeby został kapitanem".

Rozmowie przysłuchuje się inny Tony. To szef ultrasów z Curva Maratona. „Ma jednak zakaz stadionowy", tłumaczy mi jeden z fanów.

W Sweet Barze pełno pamiątkowych zdjęć Torino, a także koszulek, szalików, innych gadżetów. Prawie każdy chce sobie zrobić zdjęcie z Kamilem. Fani proszą o autograf na oryginalnej koszulce. Jest na niej zdjęcie Kamila i sentencja o następującej treści: „Musisz od siebie wymagać, nawet gdyby inni od ciebie nie wymagali". Autorem tych słów był Karol Wojtyła. „Koszulka będzie licytowana, a dochód z jej sprzedaży zasilić ma dziecięcy szpital w mieście", informuje Basa.

We Włoszech zostajesz kibicem już w dzieciństwie. W Turynie rodzisz się i od razu jesteś związany albo z Granatą, albo z Juventusem. Nasi fani są bardzo wymagający, nie akceptują obijania się na boisku. Ale jeśli dajesz z siebie wszystko, jeśli starasz się ze wszystkich sił, to obdarzają cię miłością, zaufaniem i wsparciem. Fani Torino należą do jednych z najlepszych we Włoszech. Ja mogę się tylko cieszyć, że trafiłem do takiego klubu.

Nie da się pisać o Torino, jeśli nie odwiedzi się tego miejsca przy Via Filadelfia. Sweet Bar znajduje się naprzeciwko starego stadionu wielkiego AC Torino. To na tym obiekcie ów zasłużony dla włoskiego futbolu klub zdobył sześć z siedmiu swoich tytułów mistrza kraju. To magiczne miejsce, które teraz popadło w kompletną ruinę. Zresztą w 1997 roku stadion został zburzony. „Były prezydent miasta Diego Novelli obiecywał odbudowę. Doszło nawet do symbolicznego wmurowania cegły. To były jednak tylko słowa. Na rozpoczęcie prac czekamy do dzisiaj", mówi gorzko Albero Lovisolo.

Ostał się jedynie niewielki fragment trybun. Część z nich została zbombardowana podczas II wojny światowej, co widać na zdjęciach przy oryginalnej, starej bramie wejściowej. Całość jest ogrodzona metalowym płotem. Idąc ulicą, można przeoczyć to miejsce.

Fot. Michał Zichlarz

Ruiny starego stadionu Torino przy Via Filadelfia. To tam Grande Torino w latach 40. seryjnie zdobywało scudetto

„Chcesz wejść do środka?", pyta Rafał Majewski. Pochodzi z Otwocka, a we Włoszech mieszka od 30 lat. Związany jest z grupą ultrasów. Kamil poprosił go o pomoc w tłumaczeniu.

Wkrótce stary stadion przy Via Filadelfia ma się stać nowym centrum treningowym Torino FC, z trybuną na 4200 miejsc i dwoma boiskami. Na głównym będzie grał młodzieżowy zespół.

Na terenie tego zrujnowanego obiektu czuć historię. To właśnie tutaj wzdłuż linii bocznej przechadzał się jeden z najlepszych szkoleniowców w historii światowej piłki Vittorio Pozzo, po boisku biegał Valentino Mazzola, a swój sygnał na trąbce odgrywał Oreste Bolmida.

Przy budowie nowego centrum ma być zachowana stara betonowa część stojącej do dzisiaj narożnej trybuny. Kibice mają jednak wątpliwości, czy tak rzeczywiście będzie i czy nowoczesny obiekt w ogóle powstanie. Chodzi o prezydenta klubu Urbano Cairo. To jeden z najbogatszych Włochów, ale wśród kibiców Torino, a w szczególności wśród ultrasów, nie ma dobrych notowań. „Za przejęcie klubu nie zapłacił ani centa. Niechętnie też dokłada do interesu. Jak ma wydać jednego euro na klub, to jest problem", tłumaczą.

Tuż obok Sweet Baru znajduje się zakład szewski. Uwagę przykuwają klubowe pamiątki wystawione za szybą i liczne zdjęcia starego Torino. Widać na przykład mocno wysłużone piłkarskie buty. Wraz z Rafałem wchodzimy do środka.

Właściciel, prawie 80-letni Vincenzo Bevilacqua, reperuje akurat jakiś but. Pytamy o pamiątki. Tłumaczy, że pochodzi z Sycylii, a do Turynu przyjechał w 1949 roku. Z jednej z szafek wyciąga kartkę formatu A4, na górze której widnieje jego imię i nazwisko, a pod spodem informacje o „Gli ultimi giorni del Grande Torino", czyli ostatnich dniach Grande Torino. Tłumaczy, że stare piłkarskie buty należały do Valerio Bacigalupo, bramkarza Granaty. Z tyłu kartki jest zdjęcie tamtej wielkiej drużyny. Na Via Filadelfia wszyscy żyją historią.

Naprzeciwko, na wysokości betonowej trybuny starego stadionu znajduje się nieduży transparent z napisem: „Juve merda". „Co znaczy »merda?«", pytam Rafała. „Gówno", tłumaczy Polak.

GLIK EKSCYTUJE PISARZY

Na Via Filadelfia ponownie jestem w niedzielę około 11.00. Do derbów zostały jeszcze cztery i pół godziny, ale pod Sweet Barem już czeka tłum ultrasów. Jestem w samą porę, bo za chwilę wyruszają na Stadion Olimpijski. Rafał namawiał mnie zresztą, żeby przyjść wcześniej. O dniu derbów wspominał mi też Damian Seweryn: „Mecz tam to prawdziwe święto. Kibice nie przychodzą na niego za przysłowiowe pięć dwunasta, ale zbierają się w kawiarenkach na kilka godzin przed rozpoczęciem, a potem w grupach idą na stadion. Później dyskutują ze sobą o tym, co się zdarzyło, i celebrują wygraną albo przeżywają porażkę. Potrafią docenić to, że Kamil zostawia na boisku tyle zdrowia".

W marcu 2016 roku, przed kolejnymi derbami z Juve, wejście do Sweet Baru zostało podpalone. Poważnie zniszczony został front budynku, osmalony od czarnego dymu. Płomienie sięgnęły pierwszego piętra kamienicy. Przybyli na miejsce strażacy znaleźli kanister z benzyną i puszkę z gazem. Na szczęście nikomu nic się nie stało. Policja wszczęła dochodzenie w całej sprawie. W grę miały wchodzić wewnętrzne porachunki między kibicami.

Trzymam się trochę z boku. Nagle, zza metalowego płotu starego stadionu Torino, na bruku lądują drewniane drągale, czy raczej pałki.

Jeden z ultrasów podnosi je i wtyka za spodnie z tyłu. Część już ma na głowach kominiarki. To zapowiedź tego, co się wydarzy za chwilę.

Pochód rusza z głośnym okrzykiem: „Juve, Juve vaffanculo!". Stara Dama jest obrażana na wiele sposobów. Kibice Bianconerich nie pozostają zresztą dłużni. Maszerujemy Via Filadelfia, a w pewnym momencie tuż obok mnie eksploduje petarda. Przez kilka minut nie słyszę na lewe ucho. W końcu pochód dociera na Piazzale San Gabriele di Gorizia. To już sąsiedztwo stadionu. Zaczynają się harce ultrasów obu zespołów i robi się gorąco. Do akcji wkraczają policja i karabinierzy. Cykam kilka fotek. Podchodzi Rafał i mówi, żebym przestał, bo chłopakom się to nie podoba. W końcu wycofuję się z całego zamieszania. Tak będzie bezpieczniej, bo oprócz wyzwisk zaczynają się też starcia.

Kopanie, plucie, rzucanie butelkami, kamieniami, a w akcji kije i petardy. Wśród kibiców krąży wiadomość o ataku na autokar z piłkarzami Juventusu. Pięć minut po rozpoczęciu spotkania z sektora gości ktoś rzuca bombę w kierunku Curva Primavera. Gwałtowny wybuch niszczy trzy krzesełka. Dziesięć osób jest rannych i ląduje w szpitalu. (*Derby z Dzikiego Zachodu*, „La Gazzetta dello Sport", 27 kwietnia 2015).

„La Gazzetta dello Sport" przypomina dramatyczne wydarzenia z przeszłości. 28 października 1979 roku w derbach Rzymu ginie trafiony petardą Vincenzo Paparelli. 17 czerwca 2001 roku od wybuchu bomby domowej roboty ginie kibic ACR Messina, Antonino Curró, a 22 listopada 2014 roku w trakcie meczu Atalanta – Roma i zamieszek na trybunach wybuchła bomba, która raniła dwóch policjantów.

Przed laty ultrasi, choć też nie byli święci, wykazywali się innymi metodami działania. W Muzeum Wielkiego Torino moją uwagę zwróciło zdjęcie z jednego z derbowych spotkań z Juventusem z lat

70. Wśród tysięcy kibiców na starym Stadio Comunale widać mnicha. Habit, który do dzisiaj wisi zresztą na piętrze muzeum obok wspomnianej fotografii, przywdział Pino C, czyli Pino Strega, jeden z ówczesnych przywódców ultrasów Torino. Przechadzał się wśród nieświadomych niczego kibiców Juve. To nie wszystko – zamówiono karawan oraz trumnę, w której znalazły się szalik i koszulka Juventusu. Potem kondukt podszedł pod sektor, gdzie kibicowali fani rywala. To był pogrzeb Bianconerich, który organizował Pino C. Jest wielkim i potężnym chłopem, ma łapę jak bochen chleba, sprawia jednak niezwykle sympatyczne wrażenie. Dziś oprowadza wycieczki po Museo del Grande Torino. Na wspomnienie dawnych czasów tylko się uśmiecha. Pytam, w ilu ustawkach brał udział. „No comments", rzuca krótko.

Przed derbami z Juve nie ma szans na to, żeby spotkać się i porozmawiać z Kamilem. Raz, że czuć duże ciśnienie przed spotkaniem, a dwa, że w Turynie odwiedza go akurat mama. Liczę jeszcze na to, że może uda się wejść na sobotni przedmeczowy trening. „W poprzednich latach wpuszczano nas na kilkanaście minut. Chodziło o to, żeby jeszcze bardziej zdopingować chłopaków do gry", mówiło mi na miejscu kilku fanów Torino. O wejściu do centrum treningowego przy Corso Unione Sovietica nie było jednak mowy.

Młodsze pokolenie kibiców żyje wspomnieniami, a o wygranych ze znienawidzonym rywalem słyszało tylko od starszych. Wśród nich jest nagrywający razem z Williem Peyote'em DJ Koma. Wspomina mecz z 1995 roku, kiedy Torino wygrało z Juventusem 3:2. „Bramki strzelali Rizzitelli i Angloma. To była nasza ostatnia wygrana z nimi u siebie", przypomina.

W sobotnim „Tuttosport" na pierwszej stronie widnieje informacja nie o derbach, a o „Star Wars", czyli o losowaniu Ligi Mistrzów. Álvaro Morata i Cristiano Ronaldo dzierżą gwiezdne miecze. Tak jakby dziennikarze przewidzieli, kto będzie bohaterem półfinałowych gier pomiędzy Juventusem i Realem.

W zapowiedzi derbów jest wypowiedź Alessandro Baricco. To urodzony w Turynie cieszący się światowym uznaniem pisarz, autor sztuk teatralnych, eseista, a także kibic Torino. „Glik mi esalta", „Ekscytuje mnie gra Glika", mówi w wywiadzie dla „Tuttosport".

„Glik jest jak dobry rocznik wina. To gracz z przeszłości: prosty, ale też odważny, czyli taki, jakich my, kibice Granaty, lubimy. Do tego dochodzi ta jego niesamowita zdolność zdobywania bramek. To wspaniale widzieć, jak reagują fani, kiedy przyznawany jest nam rzut rożny. Wydaje się, że defensywa rywali wie, jak powstrzymać piłkarza, ale szczęśliwie nie potrafią znaleźć odpowiednich środków", opowiadał obrazowo Baricco.

„Trzeba powiedzieć, że trener Ventura wykonał kapitalną pracę z Glikiem, który jako piłkarz zrobił bardzo duże postępy. Doskonale radzi sobie na swojej pozycji, a kapitańska opaska sprawiła, że jest jeszcze bardziej odpowiedzialny za to, co dzieje się na boisku", tłumaczy z kolei Massimo Gramellini, zastępca redaktora naczelnego prestiżowego dziennika „La Stampa". Mówię, że w Polsce Kamil przez wielu był krytykowany za braki techniczne i faule, lecz Gramellini zaznacza: „Tutaj fani kochają go, bo jest właściwym rodzajem piłkarza dla Torino. Dla nas, kibiców Toro, przy ocenie gracza ważniejsza jest odwaga i determinacja niż technika".

Ten znany dziennikarz, publicysta i pisarz od dziecka jest fanem Torino. O swoim ukochanym klubie napisał zresztą kilka książek, na przykład *Granata da legare* czy *Toro. I migliori derby della nostra vita* („Toro. O najlepszych derbach naszego życia"). Widziałem ją w sklepie z pamiątkami naprzeciwko katedry św. Jana Chrzciciela, gdzie w kaplicy przechowywany jest słynny całun turyński. Stawia w niej pytanie, czym byłoby Torino bez Juventusu, i udziela takiej odpowiedzi: „Czym byłoby światło bez ciemności, sen bez koszmaru, płaca bez podatków, kakao bez kożucha, Piotruś Pan bez kapitana Haka, Robin Hood bez szeryfa z Nottingham, a Królowa Śnieżka bez złej wiedźmy? Każda istota potrzebuje przeciwieństwa, żeby się określić. Więc jeśli Juve by nie istniało, trzeba byłoby je wymyślić. Oczywiście tak dobrze by nam to nie wyszło".

Przed stadionem kupuję swoim dzieciom, Zosi i Jasiowi, koszulki z czasów Grande Torino z numerem 10 z tyłu, czyli takie, w jakiej w przeszłości grał słynny Valentino Mazzola. To on jest rekordzistą, jeśli chodzi o najszybciej strzelonego gola w derbowych spotkaniach. 18 czerwca 1944 roku trafił w 1. minucie i 18. sekundzie.

Na Stadionie Olimpijskim z tyłu jednej bramki znajduje się Curva Maratona, a z drugiej – Curva Primevera. To na nich zasiadają najbardziej zagorzali sympatycy Torino. Trwa też między nimi rywalizacja o to, kto wykaże się lepszą oprawą. Przygotowania do derbów ultrasi zaczęli jeszcze na kilka tygodni przed spotkaniem.

Na Maratonie widnieją wielkie transparenty z napisami: „Noi vogliamo 11 leoni" („Chcemy 11 lwów") czy „La storia ci appartiene" („Historia należy do nas"). Jest też zdjęcie Giorgio Ferriniego. Kiedy tuż przed spotkaniem z głośników rozbrzmiewa hymn Granaty, *E ancora Toro, e sempre Toro*, a prawie 30 tysięcy tifosich śpiewa, robi to ogromne wrażenie.

Dwa tysiące kibiców Juventusu siedzi tuż obok Curva Primavera. Obie grupy oddzielone są od siebie pleksiglasowymi szybami, nie ma żadnej strefy buforowej. Nic dziwnego, że nieraz dochodzi tu do tragedii. Wcześniej obie grupy przerzucają się zresztą między sobą racami. Wygląda to bardzo niebezpiecznie.

Fani Bianconerich wywieszają flagi swoich legend: Omara Sívoriego i Pavla Nedvěda. Ten drugi z płyty boiska przygląda się zresztą rozgrzewce piłkarzy Juve. Po zakończeniu kariery czeski piłkarz wszedł do klubowego zarządu, a pod koniec zeszłego roku został wiceprezydentem Juventusu, w którym wcześniej z powodzeniem grał przez prawie dziesięć lat. Gości witają przeciągłe gwizdy.

Juventus jest akurat świeżo po swoim pierwszym od 12 lat awansie do półfinału Ligi Mistrzów, trener Massimiliano Allegri daje więc odpocząć niektórym zawodnikom. Na ławce siadają Giorgio Chiellini i mający w tym momencie najwięcej bramek w Serie A Carlos Tévez. Dzięki temu na boisku od pierwszej minuty pojawia się czarnoskóry Angelo Ogbonna. To prawie wychowanek Torino. Dołączył do tego klubu w wieku 14 lat, a jako 18-latek debiutował w pierwszym zespole w Serie A. Z Granaty trafił nawet do reprezentacji Włoch. W niektórych meczach był kapitanem Torino. W 2013 roku przeszedł do Juventusu, co wzbudziło ogromne kontrowersje wśród fanów. „Po derbach z nimi, kiedy już było wiadomo, że tam przejdzie, na środku boiska obłapiał się z ich zawodnikami i wymieniał koszulką. Jak już chciał to zrobić, to mógł w szatni, a nie na boisku przed wszystkimi kibicami", mówi z pogardą Willie Peyote.

Nic dziwnego, że każde podejście Ogbonny do piłki kwitowane jest przeciągłymi gwizdami. „Kiedy przechodził do Juventusu, był o klasę lepszy od Glika. Teraz jest cieniem zawodnika, który grał w Torino, a Kamil znajduje się poziom wyżej od niego", uważa Giovanni Rolle z „Ital Press".

W trakcie spotkania Kamil kilka razy ostro dyskutuje z arbitrem Paolo Tagliavento. „Akurat nie sędziował źle i dawał radę. W derbach pod tym względem bywało gorzej, na przykład rok czy dwa lata temu. Wtedy sędziowie na pewno nam nie pomagali. A to rywal zdobył bramkę ze spalonego, a to nie podyktowano nam karnego", przypomina.

Mecz ma dramatyczny przebieg. Torino przegrywało po kapitalnym uderzeniu z wolnego Andrei Pirlo, lecz najpierw wyrównało po strzale Matteo Darmiana, a w drugiej połowie zdobyło zwycięskie trafienie. Bramkę na wagę trzech punktów strzelił Fabio Quagliarella. Juventusowi nie pomogło już wejście Téveza i Torino, po prawie 20 latach przerwy, znowu pokonało znienawidzonego rywala.

Po meczu na boisko wbiegły setki fanów, którzy chcieli gorąco podziękować swoim bohaterom. Skończyło się tym, że piłkarze opuszczali murawę jedynie w slipkach.

„Nie ma się co dziwić radości naszych kibiców. Po pierwsze to historyczne zwycięstwo, odniesione po 20 latach przerwy, a po drugie właśnie zdobyliśmy bardzo dla nas ważne punkty w tabeli. Zagraliśmy tak, jak potrafiliśmy najlepiej, byliśmy dobrzy w każdym elemencie. Z tyłu wszystko było poukładane, z kolei z przodu wykorzystaliśmy stworzone przez nas sytuacje. Można powiedzieć, że w derbowym meczu byliśmy bardzo konkretni", mówił Kamil zaraz po spotkaniu. „Nie tylko zdobyliśmy ważne punkty, ale też przerwaliśmy długą passę bez wygranych z naszym odwiecznym rywalem. To nie przypadkowe zwycięstwo. Proszę spojrzeć na nasze wyniki w Lidze Europy. Wygraliśmy na wyjeździe z tak silnymi rywalami jak Athletic Bilbao czy u siebie z Zenitem. Nasz triumf w meczu z Juventusem, półfinalistą Ligi Mistrzów, nie jest więc przypadkiem", chwalił swój zespół udzielający wywiadów w strefie prasowej prezydent Torino Urbano Cairo. „Wygrać derby z Juve, na dodatek po 20 latach przerwy, to wielkie wydarzenie dla kibiców, klubu i dla nas, piłkarzy. Do tego pokonaliśmy przecież czołową drużynę Europy. To coś znaczy", dodawał skrzydłowy Omar El Kaddouri.

Wracając z meczu do hostelu Torino, przechodziłem obok Sweet Baru. Świętowanie długo oczekiwanego zwycięstwa w derbach już trwało.

Piłkarze nie mogli sobie pozwolić na odpoczynek, bo już za kilka dni grali kolejne spotkanie, w Palermo. Nazajutrz, po porannym treningu w strugach deszczu, Kamil nie ma czasu dla siebie. Przez parę godzin ma na głowie nie tylko mnie, ale też ekipę TVN-u, która przyleciała do Turynu kręcić o nim program.

Rzecznik prasowy Torino FC Piero Venera pozwala ochroniarzom wpuścić nas do ośrodka treningowego przy Corso Unione Sovietica, ale na obserwację zajęć nie ma szans. Zostajemy umieszczeni w kontenerze, który służy jako doraźne biuro prasowe. Dzięki Venerze udaje mi się porozmawiać z El Kaddourim, Padellim i Gazzim.

W rozmowie z tym ostatnim pomaga Urszula Chincz z TVN-u, która świetnie mówi po włosku.

„Tutaj jest tak, że każda rozmowa musi być ustalona z biurem prasowym klubu, w tym wypadku trzeba zapytać o zgodę Piero Venerę. Inaczej się nie da. To on ustala harmonogram spotkań, a dziennikarz nie może ot tak zadzwonić do zawodnika. Gdyby potem się coś ukazało, to byłby problem", tłumaczy Kamil.

Telewizja chce też zamienić słowo z kibicami Torino. Rozmawiając z Glikiem, zastanawiają się, gdzie pojechać na miasto. Mówię, że możemy spróbować na Via Filadelfia, Kamil słusznie przewiduje jednak, że może tam nikogo nie być, tym bardziej, że telefon Tony'ego Basy nie odpowiada. Postanawiamy spróbować, lecz wszystko jest pozamykane. „Chłopaki świętują wygraną", mówi z uśmiechem Kamil. W końcu zabiera ekipę TVN-u do centrum, do Caffe Torino, gdzie przed wejściem znajduje się charakterystyczny byk, symbol klubu. „Trzeba na niego wejść. To przynosi szczęście", mówi, pozując do kolejnych zdjęć z przechodzącymi akurat ludźmi, w większości zapewne sympatykami Granaty. Kolejne spotkanie z polskimi dziennikarzami ma się odbyć za kilka godzin w jego mieszkaniu, już z żoną i córeczką. Materiał wyemitowany zostanie kilka dni później w programie *Dzień Dobry TVN* pod tytułem *Grande campione*. Właśnie tak zwracają się do Kamila spotkani na mieście kibice. W tym czasie dzwoni kilku dziennikarzy z Polski, którzy też chcą przeprowadzić wywiad po wygranych derbach z Juventusem. Teraz lepiej rozumiem treść e-maila, który Kamil wysłał mi przed miesiącem: „Siema, Michał, jasne, możemy się umówić na rozmowę na Skypie, ale ostatnio serio nawet nie mam czasu do toalety wyskoczyć, hehe". Grafik po derbach Glik ma napięty do granic możliwości, bo już następnego dnia, we wtorek, leci z zespołem na kolejny ligowy mecz z US Palermo.

W Turynie Kamil mieszka w samym centrum miasta, nieopodal wspaniałego placu Piazza San Carlo. 300-metrowe mieszkanie w kamienicy na piętrze robi wrażenie. Jest tu kilkanaście pokoi – wszystko stylowo urządzone, eleganckie i dobrze rozplanowane. Prawdziwy luksus wart parę milionów euro. Państwo Glikowie wynajmują to komfortowe lokum.

Po derbach z Juventusem Kamil zaprasza do siebie. Marta przygotowuje jedzenie, pyszne spaghetti, a Victoria bawi się w swoim kąciku. Co jedzą na co dzień? „W klubie jest dietetyk. Dużo makaronów, na kolację pierś z kurczaka, stek", odpowiada piłkarz. „Schabowego i ziemniaków nie jemy", dodaje jego żona.

Z wynajmowanego mieszkania w samym centrum Turynu są bardzo zadowoleni. „Mam stąd kilkanaście minut samochodem na trening. Do tego Marta z małą mogą spokojnie wyjść na miasto na spacer. Wokół kawiarenki, sklepy. Jest co robić i jak spędzać czas", chwali Kamil. W samym centrum, gdzie przebywa i mieszka sporo ludzi, jest też bezpiecznie. Wcześniej Glikowie również mieszkali niedaleko centrum, ale w słabo uczęszczanym miejscu. To sprawiło, że w Sylwestra 2012 roku zostali okradzeni.

„Nasz dom położony był w centrum, ale trochę na uboczu. Złodzieje musieli wiedzieć, kogo i kiedy okraść. 22 grudnia przyjechałem do domu, do Jastrzębia-Zdroju. Zaraz po świętach byłem już we Włoszech, bo z Torino udaliśmy się na obóz na Sycylię. To tam dowiedziałem się o kradzieży", opowiada piłkarz. Złodzieje zabrali torebki Marty, inne kosztowności, które znajdowały się w mieszkaniu, a także trzy tysiące euro. Łącznie straty zostały oszacowane na mniej więcej osiem tysięcy euro. „Nie ma co jednak wszystkiego rozpamiętywać. Nie ma tego złego, co by na dobre nie wyszło. Podobną sytuację miałem w okresie występów w Bari. Też mnie okradziono, a potem miałem dobry rok. Oby tak było i teraz", mówił mi wtedy Kamil.

Kradzieże i włamania do mieszkań piłkarzy czy nawet napady na nich to we Włoszech zjawisko niestety dość częste. W Neapolu gwiazda tamtejszego zespołu Marek Hamšík okradziony czy napadnięty

Fot. Irek Dorożański / Edytor.net

Jastrzębie-Zdrój. Z dziewczyną, a potem żoną Martą przed świętami Bożego Narodzenia, 21 grudnia 2009 roku

został trzy razy. To samo spotkało jego żonę, będącą akurat w ciąży, a także narzeczoną byłego napastnika SSC Napoli Ezequiela Lavezziego – piękność z Argentyny Yaninę Screpante. Skradziono jej rolexa o wartości 18 tysięcy euro. W lutym 2016 roku obrabowano z kolei Lorenza Insigne. Napastnicy na jednej z ulic miasta przystawili mu do głowy pistolet i zażądali pieniędzy oraz kosztowności. Wszystko przed ważnym meczem neapolitańczyków z Fiorentiną.

„Kradzieże się zdarzają. Na południu to codzienność, ale na północy też do nich dochodzi. Taka sytuacja na pewno nie należy do przyjemnych. W Bari policji udało się dotrzeć do tych, którzy nas okradli. W Turynie to się nie udało", mówi Kamil.

Innym z napadniętych w Turynie graczy był obrońca Juventusu Leonardo Bonucci. Opuszczał akurat jeden z salonów Ferrari, kiedy mężczyzna z bronią w ręce zażądał drogiego zegarka, który piłkarz nosił na ręce. Bonucci odpowiedział napastnikowi ciosem pięścią w twarz, po czym rzucił się w pościg za nim. Wszystko na oczach żony i dziecka, którzy akurat znajdowali się w samochodzie.

Wielbicielem drogich zegarków jest też Kamil. W swojej kolekcji ma kilka rolexów. „Mam dwa–trzy zegarki. Odpowiednio zarabiam i lubię sobie czasem kupić ładną rzecz. Na Ferrari też mnie stać, ale zupełnie mnie to nie pociąga. Może to dziwne, ale wolę kupić zegarek niż samochód. Samochód to w ogóle najgorsza inwestycja. Wyjeżdżasz z salonu i już jesteś trzydzieści procent do tyłu. Zupełnie bez sensu", mówił w wywiadzie dla portalu Weszło.com (*Glik: Patrzę w lusterko wsteczne i widzę, że szmat drogi za mną. Naprawdę mi się udało*, 19 maja 2015).

Zarobione na boisku pieniądze inwestuje w nieruchomości. Razem z Martą mają mieszkanie w Jastrzębiu-Zdroju. W zeszłym roku Kamil kupił pięć mieszkań w Krakowie. Teraz pięć kolejnych w Poznaniu.

Na te inwestycje namówił go przyjaciel z boiska Damian Seweryn. „Ilu jest takich piłkarzy, którzy zarobione w trakcie kariery pieniądze przepuścili? Ilu takich, którzy teraz nie mają za co żyć? Piłkarska kariera nie jest długa. Pomagam Kamilowi inwestować poprzez firmę budowlaną Gamma Service, którą założyłem ze swoim wspólnikiem. Pośredniczymy przy sprzedaży, wykańczamy mieszkania i nimi administrujemy. Tak też jest z lokalami, które kupił Kamil", informuje Seweryn.

Kasę, zarabiane pieniądze trzeba inwestować. Tak żeby za parę lat, kiedy nie będę już grał, nie stresować się za bardzo. Kupiłem pięć mieszkań w Krakowie, teraz pięć w Poznaniu, a wkrótce zamierzam kupić kolejne, w Katowicach i Gliwicach. Damian znalazł swój sposób na życie. Stara się mi przy tych inwestycjach pomagać. Ma swoją firmę i pomógł przy zakupie i wykończeniu mieszkań w Krakowie i w Poznaniu. Mogę na niego liczyć.

Z Martą mają też piękny drewniany dom w malutkiej miejscowości Skorupki na Mazurach. To wioska – czy raczej przysiółek, bo mieszka tam ledwie kilkadziesiąt osób – nad jeziorem Tałty na obszarze Krainy Wielkich Jezior Mazurskich. „Miejscowość jest położona pomiędzy Mikołajkami a Giżyckiem. W zeszłym roku spędziliśmy tam pierwsze wakacje. Nie mam tam żadnej rodziny, nie jeździłem wcześniej w te rejony, ale cieszę się, że mamy tam dom, bo to piękne i urokliwe miejsce. Mamy 20 czy 30 metrów do jeziora, z tarasu rozciąga się wspaniały widok. Wokół cisza i spokój. Świetne miejsce do wypoczynku. Jest też gdzie powędkować. Nie powiem, lubię w ten sposób odpocząć, choć nie mam na koncie jakichś wielkich połowów. Kiedy byłem tam latem zeszłego roku, wolałem czas spędzać z rodziną i z przyjaciółmi, z którymi długo się nie widziałem, na ryby wybrałem się raz czy dwa. W tym roku ponownie planujemy tam spędzić wakacje", mówi Kamil.

Wędkarstwo, jak się okazuje, to nie jedyna interesująca go rzecz. Piłkarza pociągają też... sztuki walki! Jarosław Kołakowski opowiada: „Półtora roku temu, razem z Norbertem Sawickim, zorganizowałem w hotelu Hilton spotkanie Kamila z Materlą – żeby jeszcze dodać mu animuszu przed meczami eliminacyjnymi. Żartowałem, że będzie z niego jeszcze większy zabijaka. Kamil lubi sztuki walki i lubi walki Michała. Czasami żartuje, że jak skończy grać, to wskoczy do klatki. A ja mu mówię: »Jak wskoczysz, to jeszcze szybciej wyskoczysz«. Spotkali się wtedy, pogadali. Dla Kamila to zresztą bardzo pozytywne zainteresowanie. Gra na boisku, w obronie, często przypomina walkę wręcz, jak w MMA. Materla docenia sportowe osiągnięcia Kamila. Docenia także to, że w przeciwieństwie do innych zawodników nie jest wysmarowany brylantyną czy żelem, że na murawie jest naturalny, nie szczędzi przy tym zdrowia”.

TRANSFEROWE ZAMIESZANIE

Już wczesną wiosną 2015 roku zaczęły się spekulacje co do przyszłości kapitana Torino. Wszystko przez jego strzeleckie wyczyny w Serie A – choć nie tylko. Kamil jest przecież przede wszystkim środkowym obrońcą i za to w pierwszej kolejności jest rozliczany.

„Można o nim powiedzieć, że jest w tej chwili obrońcą kompletnym. Świetnie się ustawia w defensywie, trudno go ograć, a do tego seryjnie zdobywa bramki. W ostatnich dwóch–trzech latach zrobił niesamowity postęp. Moim zdaniem to w tej chwili jeden z najlepszych defensorów w Europie. Jeśli dalej będzie pracował tak jak teraz, a w jego grze wciąż będzie widoczny taki progres, to na pewno wyląduje w większym i bogatszym klubie", mówił mi skrzydłowy Torino Omar El Kaddouri.

Wartość Kamila w ciągu roku wzrosła o kilkanaście milionów euro – przynajmniej zdaniem dziennikarzy „Tuttosport". Przed derbami Turynu porównali oni notowania poszczególnych graczy Torino i Juventusu na początku sezonu i pod jego koniec. Okazało się, że jednym z tych, którzy najbardziej zyskali, jest właśnie Glik. Przed rozgrywkami jego wartość szacowano na 4 miliony euro, a kwietniu 2015 roku była to już kwota 15 milionów. Na tyle samo „Tuttosport" wycenił reprezentanta Włoch Matteo Darmiana i robiącego wielkie postępy Serba Nikolę Maksimovicia, z którym Kamil gra w defensywie. Byli to najwyżej wyceniani zawodnicy Toro.

Zdaniem włoskich żurnalistów polski obrońca miał taką samą wartość co podpora obrony reprezentacji Italii Giorgio Chiellini czy świetny Argentyńczyk Carlos Tévez. „Patrzyliśmy na aktualną dyspozycję danego zawodnika. Uważamy, że te 15 milionów w przypadku Kamila jest właściwie uzasadnione. Wszyscy piłkarze tej klasy są przez dziennikarzy we Włoszech wyceniani na taką kwotę i Kamil nie stanowi tutaj wyjątku. Na pewno na wzrost wartości wpływają zdobywane przez niego bramki. Wcześniej nie trafiał z taką częstotliwością. Teraz jego wejścia w pole karne i celne strzały głową czy nogą to już standard", oceniał Marco Bo z „Tuttosport". Tym samym Kamil stał się drugim najdroższym polskim piłkarzem – po Robercie Lewandowskim, wycenianym w tamtym momencie na 44 miliony euro.

Najdroższsi Polscy piłkarze

Robert Lewandowski (Bayern Monachium) – 44 miliony euro*
Kamil Glik (Torino FC) – 15 milionów euro**
Wojciech Szczęsny (Arsenal) – 12,3 miliona euro*
Grzegorz Krychowiak (Sevilla FC) – 10,5 miliona euro*
Jakub Błaszczykowski (Borussia Dortmund) – 10,5 miliona euro*
Łukasz Piszczek (Borussia Dortmund) – 9,6 miliona euro*
Arkadiusz Milik (Ajax) – 4,4 miliona euro*
*według transfermarkt.de
** według „Tuttosport", kwiecień 2015

Po derbach i po wygwizdaniu Ogbonny przez kibiców pytam Kamila: „Ale do Juventusu chyba byś nie przeszedł?". „Gdyby chciał cię Juventus, to chcieliby cię też inni", padła odpowiedź.

Wśród zainteresowanych sprowadzeniem Kamila, przynajmniej według medialnych doniesień, są same znane kluby: Manchester

City, Manchester United, Bayern Monachium, VfL Wolfsburg, Galatasaray i Olympique Lyon. Turcy pod koniec czerwca 2015 roku złożyli konkretną ofertę, do transferu jednak nie doszło. Zapowiadał to zresztą już wcześniej prezydent Torino Umberto Cairo.

Po spotkaniu z Juventusem długo czekałem, żeby zadać mu kilka pytań na temat przyszłości Kamila. „To świetny piłkarz, nasz wielki kapitan i uczciwy człowiek. Jest z nami już od czterech lat i, jak widać szczególnie w tym sezonie, radzi sobie znakomicie. To nie tylko znakomity obrońca, ale nasz »bomber«. Świetnie odnajduje się pod bramką rywala. Cechy, które sobą reprezentuje – waleczność, ambicja, zaangażowanie – w umiejętny sposób przenosi na zespół. Cieszymy się, że mamy w drużynie gracza o takim charakterze. A co z jego przyszłością? Wiem, że Kamil z rodziną bardzo dobrze czuje się w Turynie, a ja mam taką zasadę, że jak zawodnik jest zadowolony i czuje się u nas dobrze, to zawsze staram się go zatrzymać. Powiem tak: Kamil będzie kapitanem Torino także w kolejnym sezonie", uciął wszelkie spekulacje prezydent.

> We Włoszech nie jest tak jak u nas, że właścicielami klubów są miasta. Tam klubami rządzą prywatni właściciele czy całe rodziny. O Zamparinim z Palermo nie mogę wiele powiedzieć, bo nie miałem z nim styczności. Co do naszego prezydenta Cairo, to powiem tyle: świetny człowiek, który żyje piłką. Przez te pięć lat mojego pobytu tutaj opuścił chyba jeden mecz u siebie. Na wyjazdach zdarzyło mu się nie być ze dwa razy. Murem staje za drużyną, nie słyszałem, żeby publicznie nas skrytykował. Każdemu życzyłbym tak fajnego człowieka w klubie i tak dobrego prezesa.

„Wiadomo, prezydent decyduje o wszystkim. Rzeczywiście i ja, i moja rodzina kapitalnie czujemy się w Turynie. Z Torino mam zresztą podpisany jeszcze dwuletni kontrakt. Z drugiej strony co prezes ma powiedzieć? Nie może inaczej", mówił mi Kamil zaraz po derbach z Juve.

Wiosną 2015 roku Marco Bo, dziennikarz „Tuttosport", tak oceniał szansę Kamila na ewentualny transfer: „Jest czterech–pięciu graczy Torino, którzy latem mogą opuścić klub. To Darmian, Peres, Maksimović i Glik. Myślę, że z tej grupy może odejść jeden czy nawet dwóch zawodników. Czy będzie wśród nich Kamil? Zobaczymy, co się wydarzy. Klub będzie go chciał raczej zatrzymać przez podwyższenie kontraktu. O ile? Słyszałem o kwocie 600 tysięcy euro".

Kamil miał z prezesem Torino niepisaną umowę, że jeżeli znajdzie się potencjalny nabywca, który zaproponuje atrakcyjny kontrakt, a przy tym da zarobić klubowi, to nikt na siłę nie będzie go zatrzymywał.

Piłka to olbrzymi biznes, a po tym jak na początku lipca 2015 Torino za 17,7 miliona euro sprzedało do Manchesteru United Matteo Darmiana, było praktycznie pewne, że kolejnego spektakularnego transferu w klubie nie będzie. Co ciekawe, w tym samym czasie na Wyspy przeprowadził się też inny z kolegów Kamila. Angelo Ogbonna za 13,9 miliona euro przeniósł się z Juventusu do West Ham United. „W ostatnich latach opuściła nas spora grupa dobrych zawodników, jak Ogbonna, Cerci, Immobile czy D'Ambrosio. I jak im idzie? Ogbonna w Juventusie prawie w ogóle nie grał, Cerci zawiódł w Atletico Madryt, a Immobile w Borussii Dortmund. Nie lepiej szło D'Ambrosio w Interze. Dla Kamila lepiej, żeby został u nas", podkreślają fani Torino. Do końca letniego okienka transferowego trwały jednak spekulacje co do jego transferu.

Na początku sierpnia pojawiły się głosy, że Kamil może dołączyć do Wojciecha Szczęsnego w AS Roma. Klub ze stolicy szukał wzmocnień linii defensywnej. Zresztą dyrektorem jest tam Walter Sabatini, który w 2010 roku ściągnął Kamila do Włoch. „Być może przejdzie tam z Torino Bruno Peres, ale nie sądzę, żeby był to Kamil Glik. Nie chciałoby mi się wierzyć, że po sprzedaniu do Manchesteru United Matteo Darmiana prezydent Urbano Cairo teraz miałby jeszcze puścić Glika", mówił Mario Bo. Na temat Kamila wypowiedział się też inny z żurnalistów turyńskiego dziennika, Alberto Manassero, w zamieszczonym na swoim blogu tekście zatytułowanym *Glik, lo specchio di Cairo*, czyli „Glik, lustro Cairo":

Żeby zrozumieć rzeczywistą wartość Kamila Glika, powinieneś być prawdziwym fanem Toro. To wartość wykraczająca poza pieniądze. Fantastyczna postawa na boisku, determinacja, poświęcenie, do tego cenne gole, charyzma, silna osobowość – to wszystko sprawia, że jest prawdziwym symbolem. Kimś, kogo zafrasowani kibice Granaty nie mieli już nadziei spotkać we współczesnym futbolu. Tymczasem z nim, z chłopakiem z Polski, nieświadomym, co znaczy Granata i *granatismi*, fani mogą się w pełni utożsamiać, bo jest jednym z nich.

To kapitan, jakiego Toro nie miało od wieków, gigant, jak Valentino [Mazzola – przyp. aut.] czy Giorgio [Ferrini – przyp. aut.]. Fani znajdują w nim symbol, jest dla nich jak Totti. To z nim mogą załopotać flagą, jak w czasach Puliciego, Claudio Sali, Zaccarellego czy Cravera. To ktoś, kogo mogą kochać bez ograniczeń i na zawsze.

Jeśli brać pod uwagę względy ekonomiczne, obecnie klub może się pozbyć każdego z graczy z wyjątkiem Kamila. Dla kibiców Byków, którzy stanowią o sile i znaczeniu klubu, Glik jest symbolem – kimś, kto dolewa benzyny do ognia pasji, z jaką latem cztery lata temu Ventura rozpoczął pracę w Torino. To coś, co musi być zachowane, chronione i traktowane z troską. Glik jest znakiem rozpoznawczym projektu Torino, który da o sobie znać w nadchodzących latach. Jest też lustrem, w którym odbija się postać Urbano Caira. (http://blog.tuttosport.com/una-voce-fuori-dal-toro/2015/06/03/glik-lo-specchio-di-cairo/?cookieAccept).

Fot. Pacific Press / Getty Images

Kibice Torino darzą Kamila ogromnym szacunkiem. Napis na transparencie mówi: „Twoje serce nade wszystko"

„Owszem, pojawiły się zapytania. Niektóre informacje podawane przez media o klubach, które się Kamilem interesowały, były prawdziwe, ale do rozmów nie doszło. Od samego zainteresowania do transferu droga daleka, szczególnie kiedy cena jest wysoka", tłumaczy menedżer Kołakowski.

Kiedy Matteo przeniósł się do Manchesteru United, wiedziałem, że na pewno kolejnym zawodnikom, w tym mnie, nie będzie łatwo zmienić klubu, bo prezes nie chciał za bardzo osłabiać drużyny. Co do mojej osoby, to były zapytania, ale konkretów, które w pełni zadowoliłyby klub, nie było. Spokojnie więc przygotowywałem się do sezonu, jak potrafiłem najlepiej. Nie zaprzątałem sobie głowy transferem.

W listopadzie zeszłego roku, na długo przed zimowym okienkiem transferowym, zaczęły się pojawiać kolejne rewelacje dotyczące Kamila. Jego ściągnięciem miałby być zainteresowany VfB Stuttgart. Gazeta „Stuttgarter Nachrichten" wymieniła nawet kwotę dziewięciu milionów euro, zaznaczając, że może się okazać niewystarczająca przy próbie sprowadzenia kapitana Torino FC.

Kilka dni później portale angielskie podały, że zakusy na Polaka czyni Norwich City. Dziennikarze utrzymywali, że młody szkocki menedżer Kanarków Alex Neil jest pod wrażeniem gry zawodnika i chętnie widziałby go w składzie prowadzonego przez siebie zespołu, który potrzebował wzmocnień w linii defensywnej.

Z kolei w grudniu 2015 roku pojawiła się propozycja Beşiktaşu. Według słów Ulricha Nikolinskiego, który znał Kamila jeszcze z czasów juniorskich występów z WSP w Niemczech, klub ze Stambułu oferował bardzo dobry kontrakt dla samego zawodnika – 1,6 miliona euro netto za sezon. Kamil, który tyle we Włoszech nie zarabia, odesłał niemieckiego menedżera do klubu. Zresztą wszelkie spekulacje czy ewentualne rozmowy zostały ucięte tuż przed świętami Bożego Narodzenia. Po przegranym u siebie meczu z Udinese 0:1, w którym *notabene* Polak nie zagrał, na klubowym Twitterze pojawiła się informacja: „Glik fino al 2020". Na zdjęciu uśmiechnięty od ucha do ucha Kamil, ubrany w klubowy garnitur, z dopasowanym krawatem Granaty, ściska dłoń uradowanego prezydenta klubu. Wygasający w czerwcu 2017 roku kontrakt przedłużony został o kolejne trzy lata.

Kamil stał się jednym z najdroższych piłkarzy Torino FC. „Za sezon zarobi około 750 tysięcy euro. To mniej więcej tyle, ile otrzymują też Bruno Peres czy Maxi López", mówił jeden z dziennikarzy z Turynu.

Latem, już po Euro, okaże się, czy Kamil dalej będzie grał w Granacie, czy jednak zmieni klub. Przecież już wczesną wiosną rozpoczęły się kolejne spekulacje, że może wzmocnić Inter Mediolan czy rozgrywający rewelacyjny sezon w Premier League Leicester City, gdzie trenerem jest Włoch Claudio Ranieri. Zresztą do Anglii był już przymierzany. Jako młodziutki chłopak, z Kamilem Wilczkiem, odbył krótki staż w Liverpoolu. Potem pojawiła się oferta ze Stoke City.

„Na pewno Premier League jest ligą, która bardzo mnie interesuje i w której kiedyś chciałbym spróbować sił. Jednak piłkarz nie zawsze może sobie wybrać to, co mu się podoba – idzie się tam, gdzie człowieka chcą. Przy ewentualnym transferze najważniejsze będzie dla mnie poczucie sportowego awansu. Wezmę też pod uwagę to, czy moja rodzina będzie się czuć dobrze w nowym miejscu", mówił magazynowi „FourFourTwo" (*Ważne, aby iść swoją drogą*, styczeń 2016, str. 23).

„Nie jest to jednak takie proste, żeby transfer doszedł do skutku – opowiada Kołakowski. – Pokazał to ostatni przykład z Maksimoviciem, którego z Torino chciało zimą pozyskać Napoli. Ostatecznie nic z tego nie wyszło. Tutaj trzeba powiedzieć, że Torino ma bardzo bogatego właściciela, a także trenera Venturę. W ostatnim czasie za ogromne pieniądze odchodzą stamtąd piłkarze. Wystarczy podać przykłady Cerciego, Immobile czy Darmiana. Przy tym sytuacja finansowa klubu jest taka, że nie musi on sprzedawać zawodników. Przychody Torino z praw telewizyjnych są na poziomie Borussii Dortmund. Okaże się, co życie przyniesie. W piłce tyle się dzieje, jest tyle zmiennych, że trudno przewidzieć, jak się wszystko potoczy. Kamil na pewno ma ambicje, żeby walczyć o najwyższe cele. Bardzo mocno przeżył na przykład grę w europejskich pucharach".

Sam piłkarz o przyszłym transferze stara się nie myśleć: „Przede mną ważny turniej Euro, a ja głowę wolę mieć pustą, niż zaprzątać sobie myśli tym, gdzie mogę trafić. Tak jest teraz, tak też było wcześniej, kiedy pojawiały się spekulacje czy rozważania, gdzie mogę wylądować. Najważniejsza jest dla mnie reprezentacja. Na tym się koncentruję i chcę mieć spokój, a co się wydarzy, to się wydarzy. Nie ma co za dużo myśleć".

SEZON NA OPAK

Ostatnie ligowe rozgrywki Torino rozpoczęło w świetnym stylu. Tak dobrze nie radziło sobie od sezonu, kiedy wywalczyło awans do Serie A cztery lata temu. Po czterech ligowych kolejkach i wygranych z Frosinone, Fiorentiną, Sampdorią oraz remisie na wyjeździe z Veroną, drużyna trenera Ventury była na drugim miejscu w tabeli za Interem Mediolan, wyprzedzając aż o sześć punktów Juventus, który zaczął sezon fatalnie. Kandydatura szkoleniowca Torino zaczęła być nawet wymieniana wśród ewentualnych następców selekcjonera reprezentacji Italii Antonia Conte, który na początku kwietnia podpisał kontrakt z londyńską Chelsea.

Niestety, potem nie było już tak dobrze. Po pierwszej części sezonu, po 19 kolejkach, turyńczycy zajmowali odległe 13. miejsce z aż ośmioma porażkami na koncie. Nie pomagały też takie sytuacje jak zamieszanie związane z czołowym napastnikiem zespołu Fabiem Quagliarellą. Na początku stycznia, w meczu przeciwko Napoli, po skutecznie wykonanej jedenastce doświadczony napastnik uniósł ręce i lekko się pokłonił. Przez kibiców Torino ten gest został odczytany jako przeprosiny za to, że trafił do siatki drużyny z miasta, z którego pochodzi. Nie pomogły oficjalne oświadczenie i tłumaczenia Quagliarelli, że chciał poprosić fanów Napoli o to, by w końcu przestali obrażać jego i jego rodzinę. *Tifosi* z Torino byli nieugięci i wściekli na swojego zawodnika, który profesjonalnym graczem stał się właśnie w ich klubie. Ostatecznie w styczniowym okienku transferowym Quagliarella przeszedł do Sampdorii, a jego miejsce w ataku zajął dobrze znany w Turynie Ciro Immobile.

Ostatni ligowy sezon nie był już też tak dobry dla samego Kamila, który wcześniej trafiał przecież w Serie A jak natchniony. Pod koniec rozgrywek Torino znalazło się nawet w grupie drużyn, które balansowały na granicy utrzymania, będąc ledwie kilka miejsc i punktów nad strefą spadkową.

„Sezon zdecydowanie słaby i poniżej naszych oczekiwań. Nie ma nawet co mówić... To był sezon na opak. Trudno wytłumaczyć pewne wyniki. Z Genuą prowadziliśmy 2:0 po półgodzinie gry, żeby jeszcze do przerwy stracić dwie bramki, a ostatecznie przegrać. Z Lazio graliśmy dobrze, mecz nam się układał, prowadziliśmy, ale nie strzeliliśmy karnego na 2:0 i ostatecznie w końcówce rywal wyrównał. W pierwszych derbach z Juventusem, które przegraliśmy 1:2, też bramkę straciliśmy w końcówce. W ogóle sporo było sytuacji, w których albo sami nie trafialiśmy z karnych, jak we wspomnianym meczu z Lazio czy z Carpi, albo nam nie uznawali bramek, jak w ostatnim spotkaniu z Juventusem. W tych ostatnich derbach nie dość, że nie uznano nam prawidłowo strzelonego gola, to jeszcze sędzia mógł przy karnym dla nas pokazać drugą żółtą kartkę Alexowi Sandro", tłumaczy Kamil.

Ostatecznie Torino, po kilku zwycięstwach z rzędu w końcówce sezonu, pewnie utrzymało się wśród najlepszych, ale i piłkarze, i kibice mieli ambicje powalczenia o coś więcej.

III. REPREZENTACJA

Z WIZYTĄ U DZIADKÓW

Z dziadkami Kamila spotykam się pod koniec marca 2015 roku – akurat kilka dni przed meczem w eliminacjach Euro z Irlandią w Dublinie. Krystyna i Walter Glikowie mieszkają na jastrzębskim osiedlu Przyjaźń przy ulicy Wyspiańskiego.

Od czasu mojej ostatniej wizyty u mamy Kamila na tym samym osiedlu we wrześniu zeszłego roku sporo się zmieniło. Kamil jest teraz jedną z gwiazd reprezentacji i Torino FC, na koncie ma sześć bramek. Parę dni wcześniej trafił w meczu z Zenitem Sankt Petersburg w 1/8 Ligi Europy.

Drzwi do mieszkania na pierwszym piętrze otwiera pani Krystyna. Jest bardzo wysoka, mówię więc, że wnuczek jest do niej podobny. Tylko się uśmiecha i żartuje. To bardzo pogodna, miła, szczera i otwarta kobieta. Pochodzi ze wsi Końskie na Kielecczyźnie. „Rodzice po wojnie przenieśli się na Ziemie Odzyskane, do Wrocławia, a potem przeprowadziliśmy się do Rybnika", opowiada.

Dziadek pochodzi z wioski Siedlec, położonej pomiędzy Strzelcami Opolskimi a Gogolinem na Opolszczyźnie. W plebiscycie z 1921 roku 109 mieszkańców głosowało tam za przynależnością do Niemiec, a 154 do Polski. Ostatecznie jednak miejscowość znalazła się po niemieckiej stronie, jako Schedlitz.

Walter Glück urodził się 13 stycznia 1941 roku. „Ojciec, Paweł Glück, pracował w Kamieniu Śląskim. Miał twardą rękę do roboty, bo oprócz pracy zajmował się też sześciohektarowym gospodarstwem, a na wsi był także sołtysem. Mama, Maria, z domu Morawiec, pochodziła ze Słowacji. W domu było nas dziesięcioro", mówi. Pytam, co się stało po wojnie. Czy rodzina została na miejscu, czy przeniosła się do Niemiec? „Zostali na miejscu, w Siedlcu. Jeden brat pracował potem przy odbudowie Nysy, która była doszczętnie zniszczona. Potem wyjechał do Niemiec".

Walter Glik w przeszłości grał w piłkę. „Jako obrońca grałem w LZS Siedlec". Kiedy zaczął biegać za piłką? „Jak tylko zaczął chodzić", śmieje się pani Krystyna. Dziadek Kamila pracował potem przy wierceniach geologicznych w Katowicach, a następnie w Rybniku, w przedsiębiorstwie budowlanym Peberow. To tam poznał swoją żonę. „Wiercił, wiercił i wywiercił kobietę", żartuje babcia Kamila, a jej mąż tłumaczy: „Pracowało się nie tylko na miejscu, ale były też delegacje. Byłem w Iraku, Berlinie czy Budapeszcie. W Iraku budowaliśmy szyb soli potasowej. Potem już do emerytury pracowałem jako ślusarz i spawacz na KWK »Jastrzębie«". Krystyna z kolei sprzątała trzy bloki na osiedlu Przyjaźń, które postawiło przedsiębiorstwo Peberow.

Walter i Krystyna Glikowie mieli trójkę synów: Dariusza, ojca chrzestnego Kamila, Jacka, jego tatę, i Tomasza. Pani Krystyna pochmurnieje, kiedy o nich pytam. „Darek był zapalonym sportowcem. Wiedział, kto z kim gra i ile ten czy inny strzelił goli. Sam grał zresztą w A-klasie w Społem Jastrzębie. Kamil bardzo go lubił. Kiedy tylko przyjeżdżał z meczów czy obozów, od razu do niego leciał. Mieli ze sobą bardzo dobry kontakt. Jacek z kolei był bardziej rozrywkowy, ale serce miał dobre – podkreśla. – Darek odszedł osiem miesięcy po śmierci Jacka. Wracał z Niemiec pociągiem. We Wrocławiu dosiadł się ponoć do ich przedziału jakiś nieznajomy i częstował wódką. Nie wiadomo, co to było. Darka reanimowali potem na dworcu w Katowicach, niestety bez skutku. Drugi mężczyzna z przedziału był nieprzytomny, ale go wyratowali. Jak wcześniej zmarł Jacek, to Darek żartował, że dla niego na cmentarzu nie będzie już miejsca. Teraz jeden leży po jednej, a drugi po przeciwnej stronie".

Z moim chrzestnym, Darkiem, dobrze się rozumieliśmy. Tata też interesował się sportem, ale z wujkiem to był jeden bieg do przodu. On interesował się nie tylko piłką, ale też siatkówką i innymi dyscyplinami. Był wielkim fanem sportu.

Pytam o śmierć taty Kamila. „Pamiętam, jak dzwonił z Niemiec. Powiedział: »Mama, nie martw się, będę miał robotę« i dał mi swojego kolegę do telefonu. Ja mówię: »Ty znajdź pracę, a nie dawaj kolegów do telefonu«. Dzień potem biegł do mieszkania po paszport, żeby załatwić wszystkie formalności związane z pracą. I tak tam został. Dostał zawału z wylewem. To był dobry chłopak, gdyby nie ta wódka", mówi smutno, a jej mąż dodaje: „Były kłopoty ze sprowadzeniem go do Polski, bo akurat panowała wtedy jakaś świńska grypa czy coś takiego i pojawiły się problemy z przejazdem przez granicę. Do tego tydzień leżał w chłodni. To kosztowało 800 euro. Kamil pomagał, jak mógł".

A jakim Kamil był chłopcem? „Nie było z nim jakichś większych problemów. Chociaż przeklinał. Raz, jak bratowa go usłyszała, to się przeraziła", śmieje się pani Krystyna. „Tylko dobre rzeczy o wnuczku masz mówić", karci dziadek Walter. „Kamil to dobry chłopak. Raz w tygodniu zadzwoni, a kiedy jest na miejscu, to zawsze nas odwiedzi. Zawsze też coś przywiezie. Pamiętam, kiedy wrócił z Portugalii, to przywiózł stamtąd wodę święconą, różaniec i obrazek z Matką Boską. Przyszedł i powiedział: »Babcia, wybierz sobie, co chcesz«. Teraz z Włoch też przysłał mi różaniec".

Pytam o nadchodzący mecz z Irlandią w Dublinie. „Jak będzie? Będzie dobrze. Mamy przecież w zespole dwóch dobrych snajperów, Lewandowskiego i Glika. Z Anglikami Kamil strzelił, to i teraz może znowu coś się uda", mówi pan Walter, a jego żona deklaruje: „Też wierzę, że Kamil znowu coś strzeli. Ja na pewno dziesiątkę różańca za niego odmówię".

Pani Krystyna regularnie daje na mszę za wnuczka. „Kiedy ma urodziny, idę do księdza i zamawiam mszę. No bo co mu kupić? Prezent niepotrzebny, bo wszystko ma, a pomodlić się warto", stwierdza.

Na mszę daje w uroczym drewnianym kościółku pod wezwaniem św. Barbary i Józefa na osiedlu Przyjaźń. Ta drewniana świątynia pochodzi z XVII wieku. Na jastrzębskie osiedle została przeniesiona w latach 70. zeszłego stulecia z wodzisławskiego Jedłownika. Kościół o charakterystycznej dzwonnicy miał być odpowiedzią na zapotrzebowanie rozrastającego się osiedla i miasta. „Władze nie chciały się zgodzić na nowy kościół na osiedlu. Wiadomo, społeczeństwo musiało być ateistyczne. Była jednak duża presja społeczna, bo nabożeństwa odbywały się w baraku. Musiało tam być sporo osób, które sprowadziły się z wiejskich terenów. Komuniści sami sobie więc zgotowali problem. W żaden sposób nie chcieli się jednak zgodzić na budowę nowego kościoła. W końcu wydali pozwolenie na sprowadzenie zabytkowego, drewnianego. Kalkulowano, że będzie drogi w utrzymaniu i będzie niszczał", tłumaczy Marcin Boratyn, kierownik jastrzębskiej Galerii Historii Miasta.

W tym pięknym zabytkowym kościele Kamil został ochrzczony, przyjął pierwszą komunię, brał ślub, a potem z Martą chrzcił swoją córeczkę Victorię. To nie wszystko. „24 kwietnia 2015 roku obchodziliśmy jubileusz 50-lecia małżeństwa. Z tej okazji zamówiona została msza. Ze względu na Kamila nie odbyła się w kwietniu, ale dopiero 6 czerwca, kiedy wnuk był już po sezonie. Był naszym starszym drużbą", śmieje się Krystyna Glik.

Ślub Kamila z Martą w kościele pw. Świętej Barbary i Józefa na osiedlu Przyjaźń w Jastrzębiu-Zdroju. Czerwiec 2011 roku

Fot. Michał Chwieduk

Fot. Michał Legierski/Edytor.net

Chrzest Victorii w kościele pw. Świętej Barbary i Józefa w Jastrzębiu-Zdroju, 26 grudnia 2013 roku

NIEMIECKIE PAPIERY

Pierwsze propozycje wyjazdu za granicę Kamil otrzymał już jako 16-latek. Dzięki kontaktom Antoniego Jelenia zawodnicy ze szkółki Janusza Pontusa regularnie zaczęli wyjeżdżać za zachodnią granicę. Pierwszy taki wyjazd odbył się na zaproszenie Fußballverein Dresden-Nord (obecnie Borea Drezno). „Klub grał wtedy w czwartej lidze, ale miał też swoją drużynę w A-Jugend w Bundeslidze, co było olbrzymią niespodzianką. Kamil i, o ile dobrze pamiętam, Krzysztof Gut zaprezentowali się na tyle dobrze, że Niemcy chcieli ich sprowadzić do siebie. Oferowali szkołę, internat. Wszystko w kontekście gry w młodzieżowej Bundeslidze", wspomina Jeleń, były gracz między innymi Borei Drezno. Potem pojawiły się opcje z innych niemieckich klubów. W tym czasie Jacek Glik pracował za zachodnią granicą. „Ojciec wyrobił sobie niemiecki paszport. Ja też mógłbym, ale tego nie zrobiłem, nie myślałem o tym. Z Niemcami nie mam przecież nic wspólnego. Ze słów to znam »danke«, «bitte« i tyle. Można powiedzieć, że co drugi Ślązak ma takie korzenie jak ja", mówi Kamil. Równocześnie przypomina sobie, że kiedyś padła propozycja przeprowadzki do Niemiec: „Zadzwonił jakiś menedżer i spytał, czy w grę wchodziłaby przeprowadzka na stałe. To było w czasie, kiedy grałem w szkółce w Wodzisławiu".

> Czy czuję się Ślązakiem? Tak. Tam się urodziłem i wychowałem. Z jednej strony Jastrzębie nie jest postrzegane tak samo jak Katowice, Gliwice czy inne śląskie miasta. Ale nie wstydzę się tego i staram się to podkreślać: jestem i czuję się Ślązakiem. Zresztą tata pochodził z Rybnika, śląskie korzenie ma też rodzina dziadka.

Janusz Pontus tak opowiada o całej historii: „Wiosną 2004 graliśmy dwa mecze z Energie Cottbus. Potem Kamil razem z Arkiem Miehle, który też miał niemieckie pochodzenie, dostali propozycję wyjazdu na obóz z reprezentacją Brandenburgii na dziesięciodniowe zgrupowanie. Wyraziliśmy na to zgodę. Chłopaki pojechały i pokazały się tam z tak dobrej strony, że padła propozycja ze strony reprezentacji Niemiec do lat 17". Antoni Jeleń przypomina natomiast: „To była ciekawa historia. Trenerem koordynatorem w Cottbus był wtedy Ulrich Nikolinski, który odpowiadał też za reprezentację juniorów Brandenburgii. Szkółka Janusza grała wtedy z Energie dwa razy. W Cottbus był remis 1:1, a w Wodzisławiu na boisku na »Łączkach« Energie, które akurat wywalczyło awans do A-Jugend Bundesligi, wygrało 7:2. Kamil Glik i »Czitos«, nie pamiętam już jego nazwiska [chodziło o Arkadiusza Miehle – przyp. aut.], pojechali na tydzień na obóz z kadrą Brandenburgii. Była też opcja gry w Energie, ale w sumie wszystko rozeszło się po kościach". Kamil tak kwituje całą historię: „Ja pamiętam tyle, że graliśmy mecze z Energie. Nie wiem, być może była taka propozycja, żeby jechać na jakiś obóz, ale ja nigdzie nie pojechałem. Może Arek, ale ja na pewno nie".

Z kadrą Brandenburgii to w ogóle dziwna historia. Kiedy na temat Kamila rozmawiałem z Michałem Tofilskim, który grał z nim razem w WSP, ten się zdziwił: „A mówił o tym, jak pojechał na kadrę Brandenburgii razem z Arkiem Miehle? Nie? Zaprzecza? Niemożliwe".

W końcu udaje mi się dotrzeć do Arkadiusza Miehle, uważanego w Wodzisławskiej Szkole Piłkarskiej za największy talent. Grał w reprezentacji Polski juniorów do lat 16, kiedy pojawiła się oferta wyjazdu na Zachód. „Na zgrupowanie kadry Brandenburgii pojechaliśmy razem z Kamilem. To było coś takiego jak kadra Śląska, czyli zawodnicy z kilku czy kilkunastu klubów. Byliśmy tam tydzień lub dwa, nie pamiętam już dokładnie jak długo. To było na obrzeżach Cottbus albo w niedużej miejscowości nieopodal. Treningi i warunki pobytowe były tam naprawdę na najwyższym poziomie. Świetne miejsce, hotel, a do dyspozycji kilka boisk. Dla nas obu było to takie pierwsze prawdziwe zetknięcie się z zagraniczną piłką. Wcześniej owszem, wyjeżdżaliśmy na zagraniczne zgrupowania czy mecze, ale teraz byliśmy sami, zdani wyłącznie na siebie, a wokół tylko Niemcy, piłkarze i trenerzy – opowiada Miehle. – Trzymaliśmy się oczywiście razem i muszę powiedzieć, że nie tylko nie odstawaliśmy od trenujących tam chłopaków, ale nawet ich przewyższaliśmy. Było sporo zajęć z piłką, sporo ćwiczeń na koordynację, szybkość mierzona na fotokomórkę. Najwyższy poziom". Pytam, czy pojawił się temat ewentualnej gry w juniorskiej kadrze Niemiec. „Coś się o tym mówiło. Ktoś stamtąd pytał nas, czy chcielibyśmy grać w ich reprezentacji, ale ponad zapytanie to nie wyszło. Ja grałem już wtedy w reprezentacji Polski do lat 16, miałem na swoim koncie kilka występów. Nie wiedziałem, czy w takiej sytuacji mógłbym grać dla Niemiec, czy nie. Zresztą potem i tak wróciliśmy do Wodzisławia, więc temat przestał być aktualny".

Miehle otrzymał później ofertę gry z niemieckiego Energie Cottbus, a w styczniu 2005 roku, jako 17-latek, pojechał na testy do Pogoni Szczecin. Był tam razem z innym graczem WSP Marcinem Pontusem. „Spędziłem tam miesiąc. Też wiele się nauczyłem. Potem wróciłem jednak do Wodzisławia i kilka miesięcy później podjąłem decyzję o tym, że rezygnuję z piłki", opowiada. Miehle pracował później jako przedstawiciel handlowy. Mieszka w Grzechyni, w okolicach Makowa Podhalańskiego, i prowadzi swoją działalność gospodarczą. Wiosną 2015 roku koledzy namówili go, żeby zagrał w występującym w A-klasie Gromie Grzechynia. „Zgodziłem się i zagrałem w dwóch czy trzech meczach – mówi. – Każdy z nas marzył, żeby zrobić jakąś tam karierę. Wiadomo było jednak, że będzie trudno, bo konkurencja była bardzo duża. Kiedy Kamil zaczął grać w Piaście, pomyślałem, że coś z tego będzie. Potem, gdy wyjechał do Włoch, stał się prawdziwym piłkarzem. Nabrał doświadczenia, umiejętności. To, że gra teraz na takim poziomie, to zasługa Włochów. Ja cieszę się, że mogłem z kimś takim trenować".

Niemiecki trener i menedżer Ulrich Nikolinski wspomina: „Od początku, kiedy tylko zobaczyłem go w Cottbus, zdawałem sobie sprawę, że ma papiery na granie. Akurat w Energie mieliśmy wtedy przerwę w treningach. Jako że byłem trenerem reprezentacji Brandenburgii, to zaprosiłem chłopaka na zgrupowanie kadry landu. Chciałem zobaczyć i sprawdzić, jak sobie poradzi. Widać było u niego zacięcie, wolę walki, zaangażowanie. Nie kalkulował. Do tego wiedział, jak się zachować na boisku, dobrze się przesuwał, czytał grę. Wielu tego nie potrafi, starają się, chcą, ale im nie wychodzi. On to umiał. Czy mógłby trafić do juniorskiej kadry Niemiec? Wszystko zależałoby od tego, jak by mu szło dalej. Był temat jego gry w Energie, ale ostatecznie do nas nie trafił".

Antoni Jeleń jeszcze inaczej opowiada o wyjeździe chłopców z WSP do Cottbus: „Nikolinski był jednym z organizatorów tego wyjazdu. Potem zresztą z nim rozmawiałem. Tłumaczył, że Glik nie trafił do Energie, bo za wszystko odpowiadał nie on, a Steinbach, jedna z osób zarządzających klubem. Odparłem, żeby nie mówił mi takich rzeczy, bo przecież sam o wszystkim decydował. Zresztą wspominał, że piłkarsko Miehle jest lepszy niż Glik. To jednak teraz nie ma znaczenia. Sam jestem szkoleniowcem, pracuję z młodzieżą i szukam chłopców, którzy mają taki charakter, że chcą grać i nastawiają się na to, że będą piłkarzami. Inna rzecz, że Janusz Pontus chciał za dużo pieniędzy. Zresztą patrząc z perspektywy, to może dobrze się stało. Glik grał potem w okręgówce, a następnie wyjechał do Hiszpanii i trenował w Realu. Na pewno dużo mu to dało".

Z Nikolinskim, który pracował później jako skaut Hamburger SV, Kamil spotkał się jeszcze raz. Było to jesienią 2008 roku. Niemiec obserwował mecze w ekstraklasie, ponieważ klub z Hamburga interesował się wtedy Semirem Štiliciem. Skaut HSV był na meczu Odry z Lechem (0:1), a przy okazji zobaczył w akcji Glika w derbowym spotkaniu Polonii z Piastem (1:0). „Kamila pamiętam jeszcze z okresu, kiedy grał w młodzieżowym klubie z Wodzisławia. Śledziłem jego karierę i to, jak mu szło w Hiszpanii. Przy okazji pobytu w Polsce chciałem zobaczyć, jakie robi postępy", mówił mi wtedy na stadionie przy ulicy Olimpijskiej w Bytomiu. Akurat mecz z Polonią nie do końca Kamilowi wyszedł, bo to po jego faulu na Jakubie Zabłockim bytomianie wykonywali rzut karny. Zagraniczni skauci mieli go jednak cały czas na oku.

Latem 2015 Nikolinski ponownie kontaktował się z Jeleniem. Chodziło o kontakt do Kamila, którego ściągnięciem był zainteresowany turecki Beşiktaş Stambuł. Sprawa wróciła w kolejnym zimowym okienku transferowym.

Jeśli chodzi o związki Kamila z Niemcami, to od dziecka jest kibicem Bayernu. Grając w Serie A, utrzymuje zresztą znajomość z byłym napastnikiem tego klubu i najskuteczniejszym snajperem w historii reprezentacji Niemiec Miroslavem Klose. „Po jednym z meczów podszedł i porozmawialiśmy. Wymieniliśmy się numerami i kontaktujemy się ze sobą", mówi. Niewiele zresztą brakowało, a sam trafiłby do klubu z Bawarii w ostatnim zimowym okienku transferowym. Po tym jak kontuzji nabawił się Jérôme Boateng, monachijczycy na szybko szukali jego zastępcy. Ostatecznie wypożyczyli ze Spartaka Moskwa Serdara Tasciego.

„Dostawałem sygnały od osób związanych z Bayernem, że jest zainteresowanie Kamilem. W takich przypadkach decydują jednak detale. Bayern zdecydował się na wariant oszczędnościowy. Co do ewentualnego transferu Kamila, to powiem, że kwota może się okazać najwyższa w historii polskiego piłkarstwa", zdradza menedżer Jarosław Kołakowski.

Najdroższe transfery polskich piłkarzy:
1. Jerzy Dudek z Feyenoordu do Liverpool FC za 7,4 miliona euro (2001),
2. Grzegorz Krychowiak ze Stade Reims do Sevilla FC za 5,5 miliona euro (2014),
3. Adrian Mierzejewski z Polonii Warszawa do Trabzonsporu za 5,25 miliona euro (2011),
4. Robert Lewandowski z Lecha Poznań do Borussii Dortmund za 4,75 miliona euro (2010),
5. Euzebiusz Smolarek z Borussii Dortmund do Racingu Santander za 4,5 miliona euro (2007).
Źródło: „Przegląd Sportowy".

W KADRZE JUNIORÓW I MŁODZIEŻÓWCE

Grając w Wodzisławskiej Szkole Piłkarskiej, Kamil był powoływany na konsultacje kadry narodowej swojego rocznika. Zaistniał w reprezentacji do lat 19 prowadzonej wtedy przed Radosława Mroczkowskiego i później w drużynie młodzieżowej, której trenerem był Andrzej Zamilski.

„Pamiętam pierwszą konsultację kadry U-16 czy U-17 w Ząbkach. Wtedy trener prowadził dwa roczniki, a ja pomagałem Andrzejowi Zamilskiemu. Potem się podzieliliśmy: trener Zamilski odpowiadał za rocznik 1985, a ja za 1988. Na konsultację przyjechała też wtedy trójka zawodników ze szkółki z Wodzisławia. Byli to Kamil Glik, Kamil Wilczek i Szymon Matuszek – opowiada Radosław Mroczkowski i dodaje: – Trener Zamilski ma świetne oko do selekcji. Jak mało kto zna się na tym, co robi. Sam zresztą wiele się od niego nauczyłem. Mówił mi, żeby nie patrzeć na wynik, ale na przydatność pod kątem pierwszej reprezentacji. Proszę zresztą spojrzeć na kształt obecnej kadry, ilu jest tam graczy z rocznika 1985: to Fabiański, Piszczek, Błaszczykowski, Peszko. Są też Kowalczyk i Madera. Z 1988 jest Glik, Grosicki, epizody grał też Lewandowski. To dziewięciu chłopaków. A ilu gra w dorosłej piłce z ekipy Dorny, która parę lat temu zdobyła medal mistrzostw Europy?”, pyta retorycznie.

W rocznikach *Encyklopedii piłkarskiej Fuji* nazwisko „Glik" pojawia się pod koniec 2006 roku. Kamil od prawie roku przebywał w hiszpańskiej Horadadzie. Razem z Kamilem Wilczkiem, wtedy również już zawodnikiem tamtejszego klubu, został powołany na towarzyskie spotkanie z Portugalią w Portalegre. Reprezentacja trenera Mroczkowskiego była akurat po udanej pierwszej fazie eliminacji mistrzostw Europy w swojej kategorii wiekowej – znalazła się przed Szwecją, Islandią i Wyspami Owczymi. „Nie mieli stamtąd daleko, bo wystarczyło przejechać granicę. Pamiętam, że Kamil zaprezentował się w tym meczu z dobrej strony. Wiele osób dziwiło się i mówiło: »Jak to, z trzeciej ligi powołujecie zawodników?«", wspomina Mroczkowski. W meczu z Portugalczykami, który z powodu ulewy został przerwany po pierwszej połowie i niedokończony, Kamil na środku obrony zagrał z Błażejem Augustynem. „Uważałem wtedy, że idealną parą na środku defensywy będą właśnie Glik i Augustyn. Tak się jednak złożyło, że nigdy jakoś nie mogłem ich ustawić razem. A to jeden nie mógł przyjechać, a to drugi był kontuzjowany. Augustyn w tym czasie prezentował wyższy poziom niż Glik. Obaj mieli świetne warunki fizyczne, a Augustyn po wyjeździe do szkółki w Boltonie zrobił jeszcze błyskawiczne postępy. Zabrakło mu jednak trochę dyscypliny i przeszkodziły problemy pozaboiskowe. Z Kamilem było odwrotnie: zawsze solidny, nie było z nim żadnych problemów. We Włoszech został jeszcze lepiej ustawiony taktycznie, do tego doszły świetne stałe fragmenty w jego wykonaniu", zwraca uwagę trener Mroczkowski.

Kapitanem tamtej drużyny był Arkadiusz Ryś, który podobnie jak Kamil wyjechał za granicę w bardzo młodym wieku, bo jako 17-latek. Grał w zespole juniorów AJ Auxerre, a następnie w zespole rezerw tego klubu, żeby wrócić do Polski i grać w klubach z pierwszej i drugiej ligi: GKS Katowice, Garbarni Kraków czy Okocimskim Brzesko. „Dla mnie ten wyjazd do dzisiaj pozostaje zagadką. Skontaktował się ze mną menedżer Michel Thiry i zaproponował sprawdziany w Auxerre. Wcześniej graliśmy we Francji mecze z reprezentacją Polski, więc może wtedy zostałem zauważony. Jeśli jeszcze raz miałbym podjąć taką decyzję, to byłaby ona taka sama. Teraz mamy coraz więcej lepszych szkółek i gonimy Zachód, wtedy jednak pod tym względem było inaczej. Zresztą poziom szkolenia w Niemczech, Francji czy Hiszpanii dalej jest dużo wyższy. W kadrze była wtedy sprawdzana duża grupa zawodników. Na grudniowe zgrupowanie w Portugalii zostali powołani Kamil Glik i Kamil Wilczek. Zostali dobrze przyjęci. Co do Kamila Glika, to na początku był spokojny, ale z każdym kolejnym zgrupowaniem czuł się pewniej. Można powiedzieć, że dobrze wkomponował się w zespół z rocznika 1988", mówi Ryś.

W kolejnym turnieju eliminacyjnym, który odbył się w maju 2007 roku w Izraelu i decydował o tym, kto wystąpi w finałach mistrzostw Europy juniorów, Kamil na środku defensywy w trzech meczach grał razem z Rysiem. Awansu nie udało się jednak wywalczyć, bo młodzi Polacy przegrali z Francją 1:3 i z Izraelem 1:4. Dopiero w ostatnim meczu pokonali Słowację 2:1. Nie pomogły trzy gole Kamila Grosickiego, który był najskuteczniejszym zawodnikiem turnieju. Awans do finałów ME U-19 w Austrii wywalczyli Trójkolorowi.

Szkoda, że nie udało się nam pojechać na żadną z imprez. Jeśli się spojrzy na skład, to mieliśmy naprawdę ciekawe drużyny. W swoim czasie tacy piłkarze jak Korzym czy Małecki należeli do czołowych juniorów czy młodzieżowców nie tylko w Polsce, ale i w Europie. Niestety, nie udało nam się awansować na turniej rangi mistrzowskiej.

Dla mnie jednak sama gra w reprezentacji była czymś wyjątkowym. Rozwijałem się tam jako zawodnik, ale też jako człowiek, a przy tym miałem możliwość zetknięcia się ze świetnymi osobami.

Myślę tu nie tylko o piłkarzach, ale również szkoleniowcach. Bardzo to sobie cenię.

„Jeśli chodzi o wynik, to drużyna z tego rocznika nie osiągnęła jakiegoś znaczącego rezultatu, ale za to wielu chłopaków grało czy gra na dobrym poziomie. Weźmy Małeckiego czy »Lewego«. Ten pierwszy krnąbrny, ale świetnie wyszkolony technicznie. Nie bez powodu jako 13-, 14-latek znalazł się w Wiśle. Niestety nie wiedział, jak się zachować w profesjonalnej piłce. Z kolei taki Lewandowski przyjeżdżał na zgrupowania, ale nie grał. W Legii zarzucono mu jakieś braki fizyczne i trafił do Znicza. Nie na darmo podaję te dwa przykłady, bo na nich widać, jak potem jeden czy drugi się rozwija. To nie jest tak, że można komuś w tyłek wsadzić termometr i sprawdzić, jak mu będzie szło w przyszłości. Z kolei Kamil Glik pojawiał się permanentnie przez cały okres rocznika tej reprezentacji i przebijał się dosyć topornie, bo techniką nie grzeszył. Od razu został zaszufladkowany jako środkowy obrońca", wspomina trener Zamilski. Z kolei Ryś mówi: „Już wtedy dysponował dobrymi warunkami fizycznymi i dobrze grał głową. Ja byłem niższy i miałem inne zadania. Było u niego widać tę hiszpańską szkołę – opanowanie, a przede wszystkim dobre wprowadzenie piłki. Pod tym względem jest jednym z najlepszych polskich obrońców. Co się rzucało w oczy? Był dobrym motywatorem. Dużo mówił, podpowiadał, jak mógł, jak to obrońca, a w szatni był mocnym charakterem. Z każdym kolejnym meczem łapał coraz więcej pewności siebie. Stał się takim prawdziwym liderem, choć przyznam, że nikt z nas nie przypuszczałby, że zrobi taki progres i będą się o niego starały czołowe kluby europejskie".

Kilka miesięcy później Kamil grał już w reprezentacji do lat 21. Zaczęło się od pamiętnego meczu z Hiszpanią we Włocławku, gdzie zamiast biegać po boisku, stał w bramce. Potem były kolejne mecze w eliminacjach MME. Kamil nie grał w nich jednak na środku obrony, bo tam występowali wtedy Jakub Rzeźniczak, Piotr Polczak czy Adam Kokoszka, tylko występował w środku pola jako defensywny pomocnik. To były dla niego szalone eliminacje. W przegranym 0:3 rewanżu z Hiszpanią w Ponferradzie, pod koniec pierwszej połowy strzelił samobójczego gola. Z kolei w wygranym 5:0 starciu z Gruzinami, które we wrześniu 2009 roku rozegrano w Mińsku, zaliczył dwa trafienia i ostatecznie razem z Maciejem Korzymem i Szymonem Pawłowskim był najskuteczniejszym zawodnikiem polskiej młodzieżówki w tamtych eliminacjach.

Pamiętam, że w Mińsku przed stadionem było sporo policji. Mimo że było to tylko spotkanie reprezentacji młodzieżowych, zostało potraktowane jako mecz podwyższonego ryzyka. Mnie na rozmokłym boisku udało się zdobyć dwie bramki i była to świetna sprawa. Nie co dzień udaje się przecież strzelić dwa gole. To było dla mnie duże wydarzenie.

Gruzja leży mi zresztą jako rywal. Kiedy graliśmy z nią w eliminacjach do Euro 2016, to też zdobyłem bramkę. Wygraliśmy wysoko, 4:0, ale wcale nie było to łatwe spotkanie. Wcześniej mieli dwie klarowne sytuacje. Gola w Tbilisi udało się strzelić w 50. minucie, potem padły kolejne bramki. Niby wydaje się, że zwyciężyliśmy łatwo i przyjemnie, a wcale tak przecież nie było. Podobnie jak w równie wysoko wygranym rewanżu u nas, też mieli swoje szanse. Dobrze, że ich nie wykorzystali, bo przecież punkty z tych meczów pozwoliły nam awansować na Euro.

Już po młodzieżowych eliminacjach, w marcu 2008 roku, reprezentacja Polski do lat 21 zagrała w Wolverhampton towarzyskie spotkanie z Anglikami. Mecz zakończył się bezbramkowym remisem. To po tym meczu jeden z wysoko postawionych dygnitarzy PZPN-u miał powiedzieć, że Kamil nie nadaje się do gry w kadrze. Jak udało się ustalić, tą osobą był dawny selekcjoner Jerzy Engel.

„Nie mam pewności, czy tak jest, ale wydaje mi się, że pobyt w Hiszpanii otworzył mu oczy na to, jak powinna wyglądać profesjonalna piłka. Zresztą z tego, co mówił, w Realu miał możliwość treningów z pierwszym zespołem, więc widział, jak to wszystko wygląda od środka. Natomiast jego wielkim sukcesem było to, że w miarę prędko wrócił do Polski. W Piaście bardzo szybko zaczął grać, a to dla młodego zawodnika podstawowy warunek rozwoju. Z »Lewym« było podobnie: trafił do Znicza, grał tam regularnie, zdobywając bramkę za bramką. Kiedy potem przyjeżdżał na młodzieżówkę, był już zupełnie innym zawodnikiem niż za czasów juniorskich. Kamil to samo. Dojrzał psychicznie, bo fizycznie zawsze był mocny, no a teraz to jest już szczytowanie", mówił mi w lipcu 2015 trener Zamilski.

W tamtym czasie regularnie korespondowałem z Kamilem. W lutym 2008 roku napisał: „Co tam słychać ciekawego? Jak tam sytuacja przed mistrzostwami Europy? Co tam nowego w polskich klubach? U mnie okej, wszystko do przodu. Dostałem powołanie do kadry na mecz z Anglią 25 marca w U-21. Nieoficjalnie dlatego, że na razie dzwonił tylko trener i powiedział, że powołanie przyjdzie mniej więcej za tydzień. Tak że jestem bardzo zadowolony z tego. A tak poza tym to okej, jest zdrowie i to najważniejsze". Z kolei trzy miesiące później, pod koniec maja, otrzymałem e-maila o treści: „Właśnie przyleciałem na zgrupowanie kadry U-21. Gramy dwa mecze. W niedzielę w Łukowie z Białorusią, a w środę z Finlandią u nich. Ogólnie u mnie w porządku. Najważniejsze, że jest zdrowie. Powiem szczerze, że jest kilka propozycji z Anglii z Championship, tj. drugiej ligi, ale póki co trzeba czekać do okienka transferowego. Rozmawiam z menedżerem codziennie i mam ciągle kontakt z ludźmi z Anglii. Na meczu z Białorusią mają mnie jeszcze raz oglądać, bo po spotkaniu z Anglią podobno im się spodobałem. Zobaczymy, co będzie".

DEBIUT

Latem 2008 roku Kamil podpisał kontrakt z Piastem, który właśnie znalazł się w ekstraklasie. Górnośląskiemu klubowi udało się to po raz pierwszy w historii, choć w Gliwicach nigdy nie brakowało dobrych piłkarzy. Dobrych to zresztą mało powiedziane – klub reprezentowali przecież tacy futboliści jak późniejsza wielka legenda Legii Lucjan Brychczy czy jedna z gwiazd mistrzostw świata w Hiszpanii w 1982 roku Andrzej Buncol. Do kadry trafiali jednak nie z Piasta, ale z innych zespołów. Z Gliwic pochodzi też jeden z najwybitniejszych piłkarzy w historii polskiej piłki Włodzimierz Lubański, czołowa postać wielkiego Górnika z lat 60. i reprezentacji Polski. Przed przejściem do Zabrza występował jednak w Sośnicy i GKS-ie Gliwice. W Gliwicach urodzili się też Lukas Podolski i Sebastian Boenisch.

Przez lata Piast grał ledwie na zapleczu ekstraklasy, w drugiej lidze, pozostając w cieniu wielkiego sąsiada, Górnika Zabrze. O tym, żeby któremuś z piłkarzy stamtąd udało się przebić do reprezentacji Polski, nie było więc mowy. „Powiedzmy sobie szczerze: o powołanie do reprezentacji Polski z takiego klubu jak Piast, przy całym oczywiście szacunku dla gliwiczan, nie jest łatwo. Piłkarzy klubów z tej półki do kadry nie powołuje się zbyt często. Wiadomo, jak to wszystko funkcjonuje. Futbol to przecież wielki biznes. Na pewno po cichu liczyliśmy, że Kamil w końcu dostanie swoją szansę i tak się faktycznie stało", mówi trener Dariusz Fornalak.

Po bardzo dobrym sezonie 2008/09, kiedy Glik należał do najlepszych w zespole, w Gliwicach po cichu liczono, że w końcu może dostanie też swoją szansę w reprezentacji prowadzonej wtedy przez Leo Beenhakkera. Współpracujący z holenderskim selekcjonerem Radosław Mroczkowski wspomina, że w rozmowach przewijało się nazwisko Glika: „Był jeszcze wtedy młodym graczem. Trener Beenhakker go obserwował. Mówił, że jego czas jeszcze przyjdzie. U niektórych piłkarzy przychodzi on wcześniej, u innych później". Natomiast Damian Seweryn, w tamtym czasie klubowy kolega Kamila, mówi: „W lidze szło mu dobrze, ale powołania do reprezentacji Polski jakoś nie mógł się doczekać. W szatni żartowaliśmy wtedy, że mamy u siebie Niemca Glücka. Miał przecież niemieckie pochodzenie. Federacja niemiecka mogła go powołać i tym samym zablokować mu drogę do gry w reprezentacji Polski, tak jak wcześniej uczyniła już kilkukrotnie".

Przez opieszałość szkoleniowców kadry, z Leo Beenhakkerem (67 l.) na czele, możemy stracić jednego z najbardziej utalentowanych obrońców w ekstraklasie! Chodzi o Kamila Glika (21 l.) z Piasta. Piłkarz na razie gra wprawdzie w polskiej młodzieżówce, ale licho nie śpi, a niemieccy skauci jeżdżą i obserwują chłopaka.

Glik to bez dwóch zdań jeden z najlepszych obrońców w naszej ekstraklasie. W zeszłym roku chłopak przebojem wywalczył sobie miejsce w jedenastce z Gliwic, gdzie razem z Adamem Banasiem (27 l.) stanowił zaporę nie do przejścia dla rywala. Po odejściu tego drugiego do Górnika Zabrze sam stał się liderem linii defensywnych Piasta i to w dużej mierze dzięki niemu śląska jedenastka jest teraz w czołówce ligowej tabeli.

Wysoki środkowy obrońca gra twardo, agresywnie i bezkompromisowo. Jest przy tym szybki oraz skoczny, a przeciwnikowi nie daje się ogrywać tak łatwo, jak kadrowicz Michał Żewłakow (33 l.), którego w sobotę ośmieszali napastnicy reprezentacji Irlandii Północnej.

Jeśli nasi szkoleniowcy nadal będą pomijali przy nominacjach do seniorskiej kadry Glika, to nie wiadomo, czy ten wkrótce nie dostanie powołania do reprezentacji... Niemiec! Młody piłkarz z Górnego Śląska ma bowiem podwójne obywatelstwo polsko-niemieckie, a po zmianie przepisów przez FIFA i mimo gry w naszej młodzieżowej kadrze mógłby zagrać w narodowym zespole naszego zachodniego sąsiada. Tym bardziej, że futbolista jest obserwowany przez skautów i trenerów z Niemiec. Nie tak dawno mówiło się o zainteresowaniu HSV Hamburg.

„Faktycznie na razie nie ma problemu i teoretycznie mógłbym zagrać w reprezentacji Niemiec. Ale ja nie mam wątpliwości, gdzie chcę grać. Jak dostanę powołanie do pierwszej reprezentacji Polski, to na pewno wybiorę ją", mówi „Faktowi" Glik.

Beenhakker i spółka nie powinni jednak zwlekać z powołaniem dla utalentowanego piłkarza, bo wkrótce na rzecz Niemców znowu możemy stracić zdolnego futbolistę! (*Glik zagra dla Niemiec?*, „Fakt", 8 września 2009 roku).

„Dla mnie nie było tematu – zaznacza Dariusz Fornalak, ówczesny szkoleniowiec jedenastki z Gliwic. – Występował przecież w młodzieżowej reprezentacji Polski. Gra dla kogoś innego nie wchodziła w rachubę". Zresztą ten doświadczony trener na długo przed debiutem Glika w reprezentacji, podczas wspólnej pracy w klubie z Gliwic (w 2009 roku), tak charakteryzował piłkarza: „Bardzo wysokie umiejętności techniczno-taktyczne; mimo młodego wieku dojrzały emocjonalnie, tkwią w nim rezerwy, jeżeli chodzi o wyprowadzenie piłki ze strefy obrony oraz zachowanie przy stałych fragmentach gry w ofensywie (mało zdecydowany); kandydat na reprezentanta Polski".

„Nie było jakiejś nerwowości czy złości, że nie jestem powoływany, bardziej zawód. Widocznie jednak byli lepsi, którzy przede

W barwach Piasta Gliwice

Fot. Piotr Kucza (2)

wszystkim grali w lepszych klubach niż ja. W tym czasie nie przypominam sobie, żeby trener Beenhakker obserwował jakikolwiek mecz Piasta. Przed każdym kolejnym powołaniem była jednak nadzieja, że może zostanę wreszcie dostrzeżony, że może dostanę swoją szansę", mówi dziś Kamil.

Późną jesienią 2009 roku sytuacja mocno się zmieniła. Po przegranych z kretesem eliminacjach do mundialu w Republice Południowej Afryki z posadą selekcjonera pożegnał się Beenhakker, który już zresztą od jakiegoś czasu nie potrafił się dogadać z oficjelami. Działacze futbolowej centrali, z prezesem Grzegorzem Latą na czele, zdecydowali, że zastąpi go Franciszek Smuda. To właśnie on miał poprowadzić Biało-Czerwonych na Euro 2012, którego Polska była współgospodarzem. Akurat wcześniej z powodzeniem radził sobie w Lechu Poznań, z którym w sezonie 2008/09 awansował do 1/16 finału Pucharu UEFA.

Zresztą doświadczony szkoleniowiec, który pochodzi spod raciborskiej Lubomi, gdzie swego czasu przez kilka miesięcy grał Kamil, pracę z kadrą miał rozpocząć już w 1999 roku. Świetnie szło mu z Widzewem czy Wisłą, z którymi zdobył mistrzostwo Polski. Ówczesny prezes PZPN-u Michał Listkiewicz postawił jednak wtedy na Jerzego Engela.

Na początku pracy z kadrą trener Smuda przystąpił do testowania nowych zawodników i budowania drużyny, która odniosłaby sukces na Euro. Przez pierwsze dwa lata popularny „Franz" sprawdził aż 71 piłkarzy. Znaleźli się wśród nich Tomasz Nowak, Jakub Tosik, Janusz Gancarczyk, Dawid Plizga, Maciej Jankowski czy Arkadiusz Woźniak.

Na początku mówiło się głównie o graczach z ligi polskiej. Potem skończyło się na zagranicznym zaciągu. Łącznie, podczas całego okresu pracy z reprezentacją, trener Smuda korzystał z usług 81 piłkarzy. Powołania w końcu doczekał się też Kamil, co w Gliwicach przyjęto z wielką radością.

9 listopada 2009 roku. Historyczny moment dla Piasta. 21-letni wówczas Glik jest pierwszym piłkarzem w historii górnośląskiego klubu, który dostał powołanie do reprezentacji Polski. „Mamy nadzieję, że Kamil na dłużej zadomowi się w kadrze. To zresztą bardzo poukładany chłopak. Zaimponował mi już wtedy, kiedy prowadziliśmy z nim rozmowy transferowe. On wie, czego chce i ma charakter", podkreślał wtedy Józef Drabicki, dyrektor Piasta (*Niespodziewane powołanie dla Glika,* „Fakt", 12 listopada 2009).

„Nie spodziewałem się tego powołania. Jeszcze w poniedziałek rano rozmawiałem z trenerem Zamilskim. Prosił o przyjazd na zgrupowanie młodzieżówki. Z kolei wieczorem zadzwonił do mnie nasz menedżer Janusz Bodzioch i poinformował, że mam jechać na kadrę", mówił mi w tamtym czasie Kamil.

Na zgrupowaniu w Grodzisku Wielkopolskim zamieszkał z również powołanym w ostatniej chwili Maciejem Rybusem z Legii. Debiutu w meczach przeciwko Rumunii i Kanadzie, które były też pierwszymi spotkaniami Franciszka Smudy na stanowisku selekcjonera, nie mógł być jednak pewny. Ostatecznie trener postawił na bardziej doświadczonych graczy. W przegranym 0:1 meczu z Rumunami na środku defensywy wystąpili Michał Żewłakow z Adamem Kokoszką. W kolejnej, wygranej 1:0 potyczce z Kanadyjczykami, partnerem Żewłakowa był Maciej Sadlok.

Szansę debiutu w narodowych barwach Kamil dostał kilka miesięcy później. W styczniu 2010 roku Biało-Czerwoni wzięli udział w Pucharze Króla Tajlandii. „Powołanie do kadry było konsekwencją dobrej gry u nas. W grupie zawodników z polskiej ligi powołanych na azjatycki wyjazd Kamil na pewno był jedną z wyróżniających się postaci. Potwierdził to zresztą sam, zdobył przecież bramkę", wskazuje Józef Drabicki.

W pierwszym meczu turnieju Biało-Czerwoni przegrali 1:3 z Danią. Kamil oglądał grę kolegów z ławki rezerwowych. Zagrał w kolejnym turniejowym spotkaniu, z gospodarzami, w Nakhon Ratchasima, i trzeba przyznać, że wejście do kadry miał bardzo udane. Dobrze prezentował się w defensywie, a jeszcze lepiej pod bramką rywala. Po dośrodkowaniach kolegów, Macieja Iwańskiego i Macieja Rybusa, piłka szukała go w polu karnym.

Wreszcie, pod koniec pierwszej części, przy stanie 0:0, świetnie znalazł się przed bramką przeciwnika i po kolejnej dobrej wrzutce Rybusa z kilku metrów zdołał załadować piłkę do siatki. Młody bramkarz Kawin Thamsatchanan, którego później selekcjoner Tajlandczyków Bryan Robson polecał do Manchesteru United, nie miał nic do powiedzenia.

> Zdawałem sobie sprawę, że ten wyjazd to dla mnie wielka szansa. Choć na ten turniej powołani zostali piłkarze tylko z polskiej ligi, to dla mnie było to wielkie wyróżnienie. Znalazłem się wśród graczy z takich wielkich klubów jak Lech, Wisła czy Legia, wśród najlepszych polskich piłkarzy. Na dodatek zostałem pierwszym piłkarzem Piasta, który został z gliwickiego klubu bezpośrednio powołany do kadry narodowej. To było coś.
>
> Liczyłem, że dostanę swoją szansę, że dostarczę też argumentów, żeby być powoływanym na kolejne spotkania. Trzymałem się tam z chłopakami, których znałem z reprezentacji młodzieżowej, Maciejem Rybusem czy Patrykiem Małeckim. Gol z Tajlandią w debiucie to też było wspaniałe doświadczenie. Rybus dobrze dośrodkował. Była przebitka ich bramkarza, a mnie nie pozostało nic innego, jak skierować piłkę do siatki.

Polacy wygrali z Tajlandią 3:1, a w kolejnym starciu z Singapurem 6:1 i skończyli Puchar Króla na drugim miejscu za Duńczykami. W 2010 roku Kamil wystąpił w sumie w siedmiu meczach reprezentacji na 14, jakie kadra wtedy rozegrała.

„Dla mnie, jako dla trenera reprezentacji, było wtedy bardzo mało piłkarzy na miarę potrzeb. W ogóle jeśli chodzi o obrońców, i nie tylko zresztą o nich. Trudno było zestawić blok defensywny. W tej sytuacji brało się nawet Pietrasiaka, który był u schyłku kariery – opowiada trener Smuda. – Pracę rozpoczynałem od trzech zawodników: Lewandowskiego, Kuby Błaszczykowskiego i Piszczka, dwóch bramkarzy, Szczęsnego i »Fabiana« oraz tego młodego z Jagiellonii [chodzi o Sandomierskiego – przyp. aut.]. Więcej nie miałem. Musiał być kierunek na młodych".

Spotykam się z nim w hotelu Diament w Zabrzu późną jesienią 2014 roku, akurat przed meczem jego Wisły z Piastem w Gliwicach. Kiedy rozmawiałem z nim kilka tygodni wcześniej i wytłumaczyłem, o co chodzi, zareagował w swoim stylu: „Chłop ma 22 lata i już ku... książki piszecie!?". Zgodził się jednak na spotkanie i rozmowę. „Interesowali mnie młodzi, którzy mają jakąś przyszłość, i na nich chciałem bazować, choć wtedy ich nie było. Teraz jest ich dużo więcej. Taki Krychowiak wtedy w ogóle nie grał, tak samo było z Kamilem. Był młody, więc się go powoływało", podkreśla.

W lutym 2011 roku po bramce Roberta Lewandowskiego Polska pokonała w Faro Norwegię 1:0. „Kamil zagrał wtedy kapitalny mecz z Głowackim na środku. Z tego co pamiętam, to był jego najlepszy w kadrze u mnie. Grał tak, jak obrońca grać powinien, to wybił, to wygłówkował. Ale w wielu meczach, jak drużyna rywala poklepała, to miał problemy. Jego występy były różne. Ja wiedziałem, nad czym musi pracować. Zresztą cały czas mu to powtarzałem: technika, zwrotność i koordynacja", wylicza.

W kolejnym roku pracy selekcjonera Smudy z reprezentacją Kamil wystąpił już tylko w 4 z 14 towarzyskich gier, bo przecież przed Euro 2012 Biało-Czerwoni rozgrywali tylko takie spotkania.

W listopadzie 2011 roku, podczas otwarcia stadionu we Wrocławiu, rywalem Polski byli Włosi. Na środku obrony grał wtedy duet Arkadiusz Głowacki – Damien Perquis, którego później zastąpił

Marcin Wasilewski. W tym meczu w reprezentacji Italii zadebiutował partner Kamila ze środka defensywy Torino Angelo Ogbonna. „Byłem z nim wtedy w kontakcie telefonicznym. Potem, już po przyjeździe, Angelo pytał, dlaczego nie jestem w kadrze: czy może mam jakiś konflikt z selekcjonerem, czy też może decyduje coś innego. Nic takiego oczywiście nie miało miejsca", tłumaczył Kamil.

Łącznie zagrał w 11 z 37 meczów, w których selekcjonerem był Smuda. Ostatnim występem Kamila za kadencji „Franza" był remis z Niemcami w Gdańsku 2:2 we wrześniu 2011 roku, gdzie w końcówce zastąpił Perquisa. U trenera Smudy zagrał w sumie więcej razy niż Francuz z polskim paszportem, Jakub Wawrzyniak czy Sebastian Boenisch, ale na Euro 2012 nie pojechał, w przeciwieństwie do kolegów.

Pytam, czy Kamil nie spełniał wtedy oczekiwań. „Parę fajnych meczów zagrał, ale parę katastrofalnych też, na przykład z Kamerunem. Eto'o robił z nim, co chciał. Ale to nieważne. To był młody chłopak i trzeba takim dać szansę, wybaczyć, a także wziąć te błędy na siebie. Do mojego stylu gry raczej nie pasował. On jest takim libero, który czyści. To nie jest chłopak, który zbuduje ci jakąś akcję. To typowy obrońca, nic więcej. Ja bazuję na czymś innym, zależy mi, żeby zawodnicy z tyłu potrafili wyprowadzić piłkę, tak by potem dało się coś zrobić w ofensywie – tłumaczy Smuda. Równocześnie jednak podkreśla: – Miał charakter. Siłą charakteru nadrabia wszystkie sprawy. W tym momencie, kiedy ja go powoływałem, na pewno nie był gotowy do reprezentacji. Niewiele jednak brakowało, żeby załapał się na Euro".

Nie lubię grać przeciwko dobrym napastnikom. Nie ma jakiegoś konkretnego typu. Wiadomo, że inaczej się gra, kiedy z przodu biega ktoś postury Ibrahimovicia, a inaczej, kiedy jest to malutki Insigne. Kiedy jednak jest to ktoś z wyższej półki, to wiadomo, że trzeba się sporo napracować. Jeśli miałbym kogoś wymienić, to pierwszy jest Higuaín. Najbardziej nieprzyjemny. Dużo się rusza, silny fizycznie, a przy tym cwaniak. Drugi to Klose, trzeci Icardi, czwarty Tévez, a piąty Okaka. Okaka ma wszystkiego po trochu, dużo umie.

NA EURO NIE POJECHAŁ

Na początku 2012 roku Kamil miał powody do zadowolenia. Torino prowadziło w Serie B, a on miał za sobą udaną pierwszą część rozgrywek. Nie martwił go specjalnie brak kontaktu ze sztabem reprezentacji. „Kiedy byłem powoływany, też nikt nie dzwonił. Mnie nie pozostaje nic innego, jak pracować i dobrze grać, tak żeby ponownie być zauważonym przez trenera Smudę. Mój cel na nowy rok jest jasny i taki sam jak w przypadku Angelo Ogbonny: awans z Torino do Serie A, a potem występy na Euro", snuł plany.

Swój pierwszy sezon w Torino skończył z wielkim sukcesem. Granata, po trzech latach przerwy, znowu znalazła się w ligowej elicie. Kamil wystąpił w sumie w 23 ligowych grach, strzelił dwa gole i zaliczył jedną asystę. Walnie przyczynił się do awansu.

Pod koniec maja wziął udział w ostatnim zgrupowaniu przed finałami mistrzostw Europy. Kadra uciekła od zgiełku do Austrii, gdzie we wschodnim Tyrolu, w miejscowości Lienz, na tamtejszym kameralnym Dolomitenstadion, przygotowywała się do finałów. Trenowało 26 piłkarzy. Później, w miejsce kontuzjowanego Łukasza Fabiańskiego, dojechał jeszcze Grzegorz Sandomierski. Z tej grupy trzech zawodników musiało odpaść. Swoją decyzję trener Smuda miał ogłosić 27 maja, dzień przed zakończeniem obozu, a już po towarzyskich grach z Łotwą (1:0) i Słowacją (1:0). Kamil nie wystąpił w nich ani przez minutę. W spotkaniu z Łotyszami w Klagenfurcie na środku defensywy zagrali Marcin Wasilewski z Tomaszem Jodłowcem, którego potem zastąpił Marcin Kamiński. Ze Słowakami w wyjściowym zestawieniu od pierwszej minuty grali z kolei Wasilewski z Perquisem, za którego potem wszedł Kamiński. Nie wróżyło to dobrze obrońcy Torino.

Niedziela 27 maja, Grand Hotel w Lienzu. Dziennikarze z niecierpliwością czekają na decyzję trenera Smudy odnośnie do 23-osobowej kadry na Euro 2012.

Zanosi się na to, że wśród trójki piłkarzy, która zostanie odesłana do domu, znajdzie się Kamil. Jeszcze przed ogłoszeniem decyzji przez selekcjonera mówił żurnalistom, że boli go brak szansy na choćby parę minut występu w towarzyskich meczach, ale każdą decyzję przyjmie ze spokojem, bo „nie ma tego złego, co by na dobre nie wyszło". „Co by nie mówić o Beenhakkerze, to on się jednak pytał o młodzieżowców czy młodszych zawodników: jak grają, jak im idzie, czy warto kogoś wypróbować. Zresztą sam dawał im szansę. W przypadku trenera Smudy nie było takiej dyskusji, bo on się o nic nie pytał. Mało tego, łamał pewne zasady. Zdarzało się, że byliśmy na zgrupowaniu, była kolacja, a nagle podchodziła dwójka piłkarzy i mówiła, że właśnie zostali dokooptowani do pierwszej reprezentacji i muszą wyjechać. Żadnej rozmowy, nic. Franek nie lubił zresztą młodych. Nie myślał perspektywicznie, koncentrował się na tym, co jest teraz. A przecież młodemu graczowi taki występ z orzełkiem na piersi w oficjalnym meczu daje niesamowitego kopa", tłumaczy mi były szkoleniowiec polskiej młodzieżówki Andrzej Zamilski.

Ostatecznie po południu Smuda decyduje, że na Euro nie pojadą Tomasz Jodłowiec, Michał Kucharczyk i Kamil Glik. „Jest mi żal każdego, no niestety. Był to dla mnie bardzo trudny moment, by powiadomić tych piłkarzy, że nie będą uczestniczyć w dalszym zgrupowaniu", mówił wtedy selekcjoner.

W takich sytuacjach zawsze pojawia się wiele komentarzy. Tak było choćby w 2002 roku, kiedy przed mundialem w Korei i Japonii Jerzy Engel nie zabrał na mistrzostwa Tomasza Iwana, i w maju 2006 roku, kiedy ówczesny selekcjoner Paweł Janas nie powołał na mundial do Niemiec, wydawałoby się, pewniaków: Jerzego Dudka i Tomasza Frankowskiego. „Smuda przy recepcji poinformował chłopaków: »Ktoś musiał nie jechać, padło na was«. Można to było inaczej rozwiązać", uważa Marta Glik.

„Trudno podważać wybór trenera Smudy. Sam jestem szkoleniowcem i wiem, jak często trzeba podjąć różne trudne decyzje. Trener jest jednak na miejscu, wszystko widzi i wie dużo więcej niż ktoś, kto jest na zewnątrz i wszystko obserwuje z boku. Ja sam patrzyłem na całą sprawę emocjonalnie, wiadomo, życzyłem Kamilowi jak najlepiej. Kiedy jednak został pominięty, zadzwoniłem do niego z prośbą, żeby nie komentował całej sprawy, żeby nie wdawał się w niepotrzebne medialne przepychanki, nie mówił, że czuje się poszkodowany. Coś takiego bowiem niczemu nie służy", zwraca uwagę trener Dariusz Fornalak.

Przed ostatecznym ogłoszeniem kadry, dwa, trzy dni wcześniej, dało się odczuć, że mogę być w gronie tych, którzy nie znajdą się w składzie na finałowy turniej. Psychologicznie przygotowałem się na to. Na początku była złość. Trener Fornalak, który zawsze był wobec mnie bardzo w porządku i traktował mnie jak ojciec, uczulał, żebym się nie odzywał, żebym pojechał na wakacje i odpoczął. Zresztą on czasami przymykał oczy na moje zachowanie, a potem tłumaczył, co i jak. Chcę mu za to podziękować. Do końca życia będę mu za to wdzięczny.

Kamil był wtedy mocno rozżalony. Rozmawiałem z nim 30 maja 2012 roku, trzy dni po tym, jak trener Smuda ustalił skład 23-osobowej kadry na Euro. „Kiedy przyjechałem na zgrupowanie reprezentacji do Austrii, nie przeczuwałem, że wszystko tak się potoczy. Czułem się dobrze i fizycznie, i psychicznie. Z Torino wywalczyliśmy przecież awans do Serie A, a ja regularnie grałem. Poza tym jedno zgrupowanie nie może decydować o tym, czy pojedziesz na mistrzostwa, czy nie. Niestety na miejscu okazało się, że w reprezentacji nie ma dla mnie miejsca. Nie dostałem szansy gry, a argumenty trenera, że nie byłem w pełni zdrowy, można włożyć między bajki. Już przed przyjazdem na obóz kadry normalnie trenowałem z Torino", tłumaczył.

Nie krył rozczarowania sposobem, w jaki powiedziano mu, że nie znajdzie miejsca w kadrze na Euro 2012: „Trener ani razu nie znalazł czasu, żeby porozmawiać. W dniu ogłaszania nominacji podał tylko suchą informację, że będę w trójce, której nie zabiera na turniej. Nie podał przy tym żadnego argumentu. Dla mnie to tym bardziej dziwne, że w kadrze nie ma środkowych obrońców. Na dodatek Perquis gra z jedną ręką, bo drugiej nie umie wyprostować. A przecież na Euro nikt nie odpuści, jak w sparingu. Tu punkty będziemy musieli wyszarpać. Jest żal i złość, ale po kilku dniach wszystko minie. Świat się nie kończy, a ja na reprezentację na pewno się nie obrażę. Wkrótce czekają nas przecież eliminacje mistrzostw świata, a mnie dodatkowo ekscytujące mecze w Serie A, w tym derby z Juventusem. Chłopakom będę kibicował. Jeśli się uda, to pojadę na mecz z Czechami do Wrocławia, dokąd mam blisko z Jastrzębia".

„Ja taką decyzję podjąłem i koniec! Sam jej zresztą nie podejmowałem. Było całe grono, cały sztab z lekarzem na czele – tłumaczy teraz trener Smuda. – To, że ktoś jest zły, to mnie nie interesuje. Gdyby trenerzy postępowali, tak jak piłkarze chcą, to nie trzeba by szkoleniowców i żaden trener nigdy nic by nie osiągnął. Nigdy! Był moment, kiedy pozbyłem się Boruca i Żewłakowa, że było głośno.

Za jakiś czas znowu jakaś bomba wypadnie. Ja zacząłem to czyścić. Taki Kucharczyk dziękował na przykład, że mógł być na zgrupowaniu. Niektórzy się obrażają. Kamil akurat ma szczęście, że w tym Turynie gra, bo co by było, gdyby tam nie występował? Akurat w życiu piłkarskim, zresztą nie tylko w nim, trzeba mieć trochę szczęścia, żeby się poukładało" – wygłasza swoje racje „Franz".

„Zaczął grać w reprezentacji u boku Żewłakowa czy Wasilewskiego. Wiadomo, był wtedy młody, grał, co mógł. W meczu z Hiszpanią Smuda zdjął go w przerwie, kiedy było 0:2. W jego miejsce wszedł Sadlok i skończyło się na 0:6. To, że Smuda nie zabrał go wtedy na mistrzostwa Europy, to był nonsens. Miał go w kadrze, widział z bliska. Uważam, że wyjazd na ten turniej jeszcze by mu pomógł w rozwoju kariery. Tutaj przypomina mi się sytuacja z młodym Dziekanowskim, który uchodził przecież za nieprzeciętny talent. Też zaczął już grać w reprezentacji, strzelał bramki, ale do Hiszpanii Piechniczek jako 20-latka go nie zabrał", mówi Jarosław Kołakowski.

Menedżer Kamila wspomina, że swego czasu, kiedy trener Smuda był szkoleniowcem Zagłębia Lubin, próbował zainteresować go możliwością sprowadzenia Glika: „Nie podjął jednak tematu". Jak widać, piłkarz nie miał szczęścia do „Franza"...

Zdziwieni pominięciem Kamila przy ogłoszeniu polskiej kadry byli też w Turynie. „To, że Kamil nie znalazł się w polskiej kadrze na Euro, było dla mnie dużym zaskoczeniem. Taką decyzję podjął jednak trener i trzeba to respektować", mówi klubowy szkoleniowiec Glika Giampiero Ventura.

Po kilku latach Franciszek Smuda dalej trzyma się swojej wersji: „Przyjechał na zgrupowanie, mówił, że kontuzja, że to, że tamto, i się go wtedy nie zostawiło w tej kadrze na Euro, tylko się wzięło Kamińskiego, który też nie był jeszcze gotowy na reprezentację". Pytam trenera, czy wtedy, w maju 2012 roku, miał dylemat, którego z graczy wziąć na Euro. „Nie, nie miałem żadnych dylematów. Wolałem zdrowego niż kontuzjowanego. Zresztą dokumentnie analizowaliśmy wtedy każdego, w jakiej jest akurat dyspozycji na ten dzień. Decydowała aktualna forma, to, co jest teraz, a nie, co było kiedyś". Mówię, że Kamil twierdzi coś innego... „Lekarz chyba jest ważniejszy od Kamila. A zresztą czy Kamiński, czy on, to i tak nie miało znaczenia. Chcieliśmy mieć kadrę 23 zdrowych graczy", podkreśla Smuda. Wspominam też, że Kamil swego czasu grał w Lubomi, skąd szkoleniowiec pochodzi, że również jest Ślązakiem, poza tym gra w dobrym zachodnim klubie. „Syn, brat, to mnie nie interesuje. Decyduje to, co kto prezentuje na boisku. Nie wiedziałem o tym, że grał w Lubomi, nie interesowałem się tym. Real Madryt to takie tam! Czasami nie wierzyłem, jak ktoś mi o tym mówił. Jak logicznie pomyślisz, nie krzywdząc nikogo, to chłopie, gdzie Real Madryt! Z drugiej strony bardzo dobrze, że był i sprawdził, ile musi pracować. Ja mu cały czas mówiłem: »Powinieneś mieć piłkę pod poduszką i cały czas tę technikę użytkową poprawiać, boś nie urodził się wirtuozem« – odpowiada Smuda. – We Włoszech pasuje do stylu i do funkcji, jaką tam pełni. Grają trzema stoperami i piątką obrońców. Wymiata, przecina, rzuca się pod nogi. Rzadko kto z piłkarzy gra z takim poświęceniem. Nie kopnie piłki, a rzuci się całym ciałem, zablokuje. Szalona ambicja, to trzeba mu przyznać". Pod koniec spotkania „Franz" na chwilę zamyśla się i mówi: „Kamiński na koniec, już po Euro, zaczął krytykować reprezentację. Taki gówniarz, 19 lat, bierze się do krytykowania. Mówiłem do chłopaków: »Lepiej tego Kamila było wziąć, bo chłopak z charakterem, a nawet jak miał kontuzję, to by ją w tym czasie wyleczył«. No więc tak to było. – Po chwili trener dodaje: – Życzę mu jak najlepiej, ile jeszcze będzie grał. Najważniejsze, żeby nie miał kontuzji. A na mnie może być zły całe życie, mnie to nie przeszkadza".

PEWNIAK U FORNALIKA

W lipcu 2012 roku, po przegranym Euro, Smudę na stanowisku selekcjonera zastąpił Waldemar Fornalik, prowadzący wcześniej z sukcesami Ruch Chorzów. Jego asystentem został Marek Wleciałowski, który świetnie znał Kamila z czasów wspólnej pracy w Piaście.

„Po odejściu z Piasta pracowałem w Cracovii i Śląsku. Obserwowałem jego rozwój w lidze, a gry stanowiły okazję do spotkań. Kamil czuł, że byłem tą osobą, która dała mu szansę zaistnienia. To miłe. To zresztą jego cecha: pamięć o tym, skąd pochodzi, skąd startował do piłkarskiej kariery. Taki entuzjazm było też widać przy narodzinach jego córki. Autentycznie z tego się cieszył. Wiadomo jednak, że poziom reprezentacyjny to już zdecydowanie inne wymagania. Tutaj stykają się gracze z najwyższej półki", podkreśla Wleciałowski. Pytam, co sądzi na temat braku Kamila na Euro 2012. „Zadawaliśmy sobie pytanie, dlaczego nie znalazł się w kadrze na mistrzostwa Europy. Nie wchodziliśmy jednak za bardzo w ten temat, bo przecież każdy trener ma swoją wizję i trzeba to uszanować. To była zamknięta historia. Decydował stan faktyczny. Trener Fornalik jednoznacznie postawił na Kamila, który w tym czasie dalej się rozwijał i czerpał z doświadczenia zdobywanego w Torino. Był już zaadaptowany w dorosłej piłce", stwierdza. A zarzut trenera Smudy co do nie najlepszego, jego zdaniem, wyprowadzania piłki przez Kamila z defensywy? „Bardzo dobrze to robi. Wszystko zależy jednak od tego, czego wymaga od niego trener. Wiadomo, że inaczej gra się przy takim zawodniku jak Piszczek, który często włącza się do akcji ofensywnych i trzeba zaasekurować jego stronę, a inaczej przy innym piłkarzu. Pozycja Kamila jest specyficzna. Grając na niej, nie można oczekiwać fajerwerków. Zresztą byłyby one nawet niewskazane. On przez lata, mimo stosunkowo młodego wieku, zbudował swoją pozycję. Z zadań wywiązuje się bez zarzutu, a jeśli chodzi o wyszkolenie, to nic nie można mu zarzucić", ocenia trener Wleciałowski.

W debiucie trenera Fornalika Biało-Czerwoni przegrali 0:1 z Estonią w Tallinnie. Na środku obrony zagrała jeszcze dwójka obrońców z turnieju Euro: Marcin Wasilewski i Damian Perquis. „To był dla mnie mecz otwarcia. Nie chciałem z góry skreślić zawodników, którzy grali na Euro i którzy byli w tej reprezentacji dość długo. Chciałem zobaczyć, jak się zachowają po mistrzostwach Europy, i przyjrzeć im się w szatni. Zobaczyć, jak reagują na pewne decyzje, na pewne rzeczy na boisku. Po tym meczu byłem już mądrzejszy i mogłem podjąć konkretne decyzje przed eliminacyjnym spotkaniem z Czarnogórą. Gdybym w tym meczu wprowadził więcej zmian, to nie wiadomo, czy byłaby to dobra decyzja, gdyż nie mógłbym określić, czy ci, którzy grali wcześniej, zawiedli, czy spisali się dobrze. To spotkanie pokazało, że trzeba dokonywać zmian i nie ma co czekać. Byłem przeświadczony o tym, że podejmuję właściwe wybory", tłumaczy mi trener Fornalik.

W pierwszym eliminacyjnym spotkaniu do mundialu w Brazylii, który Polska rozegrała na kameralnym stadionie w Podgoricy, Kamil grał już od pierwszej minuty. Tak było też potem w kolejnych grach.

Z 18 meczów, w których reprezentację Polski poprowadził trener Fornalik, Kamil wystąpił w 11. Pod tym względem więcej zagrali tylko Adrian Mierzejewski (15 meczów), Robert Lewandowski i Grzegorz Krychowiak (13), Jakub Błaszczykowski oraz Jakub Wawrzyniak (12). Kamil tych gier miałby z pewnością więcej, gdyby nie kontuzja mięśni brzucha wiosną 2013 roku. „Zaczynałem skład od ustalenia pięciu nazwisk i Kamil był w tej piątce. Reszta się zmieniała. Nie była to komfortowa sytuacja, bo optymalnie jest, kiedy ma się ośmiu, dziewięciu pewnych do grania, a tych dwóch czy trzech się zmienia", mówi Waldemar Fornalik.

Z byłym selekcjonerem spotkałem się w styczniu 2015 roku w Hotelu Olimpia w Kamieniu koło Rybnika. W latach 70. częstym gościem była tam kadra „Orłów" Kazimierza Górskiego. Na początku lat 80. przyjeżdżał tam też z reprezentacją Antoni Piechniczek. Teraz to jedno z najczęściej wybieranych miejsc dla ekstraklasowych zespołów z Górnego Śląska.

„Po Euro wszyscy wiedzieliśmy, że konieczne są zmiany, że potrzebne są korekty w składzie, który grał w turnieju. Jedni widzieli kilku zawodników, którzy powinni grać w tej reprezentacji, z kolei inni twierdzili, że paru graczy powinno zakończyć karierę w kadrze. Nie kierowałem się tymi opiniami. Zdałem się na własne obserwacje i analizy. Widziałem i obserwowałem piłkarzy, którzy spisywali się raz lepiej, raz gorzej. W tak krótkim okresie, jaki wtedy mieliśmy, trener nie jest w stanie w 100 procentach wyselekcjonować najlepszej ekipy. Kamil nie był powołany do kadry na Euro, ale wydawało mi się, że jest jednym z tych, którzy mogliby do niej dołączyć. Warto było przyjrzeć mu się z bliska, czy to w meczach ligowych, czy w reprezentacji. Uznałem, że to ten moment, bo jak nie teraz, to kiedy? Przypomnę jeszcze, że mieliśmy deficyt czasu, było go mało na stworzenie nowej drużyny. Te ruchy musiały być czasami śmiałe, odważne, ale nie było wyjścia", ocenia sytuację z początku swojej pracy z reprezentacją były selekcjoner.

Jeszcze raz wracam do tematu pominięcia Kamila przez Franciszka Smudę przy nominacji na turniej Euro 2012. „Każdy trener ma swoją wizję grania, zawodników, którzy powinni spełniać pewne kryteria na konkretnej pozycji. Trudno wchodzić w kompetencje trenera Smudy, który miał swoją koncepcję i który układał zespół według swoich wymagań. Na to zupełnie nie patrzyliśmy. Kamil grał w meczach towarzyskich i widziałem, że jest w nim potencjał, że może dać tej reprezentacji w przyszłości określoną wartość. Może do niej wejść i być jej mocnym punktem", zaznacza Fornalik. Pytam o jego ocenę Kamila. Kto jak kto, ale były defensor najlepiej potrafi ocenić piłkarza grającego na tej pozycji. „Na pewno jest typem zawodnika, który bardzo żywiołowo reaguje na to, co dzieje się na boisku. Czasami, ponieważ jest obrońcą, może mu to nawet trochę przeszkadzać, ale widzę, że coraz lepiej sobie z tym radzi. Podejmuje właściwe decyzje, jego zachowania są bardziej odpowiedzialne. Przychodzi to z czasem, wraz z liczbą rozegranych meczów. Jest kapitanem Torino. To nie przypadek, że ktoś powierzył mu opaskę w takim klubie. To bardzo dobry defensor, ale i przywódca w szatni, człowiek, na którym można polegać. Takie cechy decydują, czy się zostaje kapitanem", wskazuje. Jak układała się jego współpraca z Kamilem? „To nie tak, że zawsze się głaskamy, chwalimy. Piłka jest taką samą dyscypliną jak wszystkie inne. Każdy jest rozliczany. Są pozytywy i negatywy. Szczerze rozmawialiśmy. Jeśli były jakieś problemy, to Kamil słyszał o tym bezpośrednio ode mnie. Nie było tak, że gdzieś z boku dochodziły informacje o zastrzeżeniach trenera, ale nie wiadomo jakich. Zawsze wyznawałem zasadę, że zawodnik ma usłyszeć od trenera to, co ten ma mu do przekazania, a nie od kogoś innego. Z kolei jeżeli robi coś dobrego, pozytywnego, to musi czuć się dowartościowany, zauważony, musi wiedzieć, że jest to doceniane. I tak było", mówi były selekcjoner.

Eliminacje do brazylijskiego mundialu Polska rozpoczęła od remisu 2:2 z Czarnogórą. Potem była wygrana 2:0 z Mołdawią we Wrocławiu. Kamil w obu meczach grał na środku defensywy razem z Wasilewskim. „Z Czarnogórą to był rollercoaster. I my mieliśmy sytuacje, i rywal je miał. Można było wygrać, ale się nie udało. Kamil wszedł do drużyny. Nie mogę powiedzieć, że nie popełnił błędu. Nie. To nie jest jednak tak, że wchodzi się do zespołu i od razu jest się czołowym zawodnikiem. Potrzeba czasu, żeby nabrać pewności siebie. Kamil z pewnością był jednak mocnym punktem", ocenia dziś trener Fornalik.

A jak Glik odnajdywał się wtedy w nowo tworzonej grupie? „Nie miał żadnych kompleksów. Gra przecież w jednej z najsilniejszych lig na świecie. Co tydzień rywalizuje z czołowymi zawodnikami. Wnosi te doświadczenia ze sobą. Z drugiej strony trzeba pamiętać, że reprezentacja to jedna grupa, jedna rodzina. Wszystkim zależy na dobrym wyniku", akcentuje Marek Wleciałowski. Z kolei były selekcjoner mówi: „Liderem może nie był. W defensywie na pewno tak, ale lider to nie ktoś taki, co dużo mówi, ale ktoś, kogo kreuje boisko. On mimo młodego wieku dawał radę. Można powiedzieć, że w jego wypadku zwyciężył charakter. Nie złamał go spadek z Piastem czy potem z Bari. Bronił się i broni swoją postawą na boisku, a także poza nim. Chyba też czuwa nad nim Opatrzność. Widać to po podejmowanych decyzjach, po mądrości, jaka nim kieruje. Widać też, jak jest teraz, jak się zachowuje, kiedy wokół niego jest wiele szumu, kiedy jest olbrzymie ciśnienie czy zainteresowanie. Dobrze sobie ze wszystkim radzi. – Były selekcjoner dodaje: – Ja postawiłem na Kamila Glika. Długo nadzieją był Marcin Wasilewski, w pierwszej fazie bardzo dobrze się spisywał, ale potem »wyskoczył« na pół roku w Anderlechcie i konieczne było szukanie rozwiązań, z różnym skutkiem. Dopiero pojawienie się Łukasza Szukały spowodowało, że wszystko ruszyło z miejsca, było widać, że to jest ta para. To, że Kamil grał u mnie taką liczbę meczów, to nie przypadek. Był potrzebny tej drużynie. Niektórzy zarzucali nam rotację, ale w takim meczu z Mołdawią, który zremisowaliśmy 1:1, kontuzjowany był i Glik, i Łukasz Piszczek, zmiany były więc wymuszone. Problemem było to, że jesienią piłkarze grali w swoich klubach. Potem nastąpiły roszady, zmiany, co nie wpływało na konsolidację drużyny".

BABCIA TO PRZEWIDZIAŁA

Niewielu polskich piłkarzy strzelało bramki reprezentacji Anglii. W 19 dotychczasowych międzypaństwowych meczach pomiędzy obu zespołami ta sztuka udała się tylko 11 graczom. Pierwszym był nieżyjący już Jerzy Sadek. Napastnik ŁKS-u Łódź trafił w towarzyskim meczu w Liverpoolu w 1966 roku, który Biało-Czerwoni zremisowali z późniejszymi mistrzami świata 1:1.

Te najsłynniejsze gole nasi piłkarze strzelali Wyspiarzom w 1973 roku w eliminacjach mistrzostw świata. W Chorzowie, w wygranym 2:0 spotkaniu, bramki zdobywali Robert Gadocha i Włodzimierz Lubański, choć wokół pierwszego trafienia do dziś są kontrowersje, bo wielu przypisało je Janowi Banasiowi. Z kolei w legendarnym meczu na Wembley, zakończonym remisem 1:1, który dał nam awans do mundialu w RFN, bramkę zdobył Jan Domarski.

W bardziej współczesnych czasach do siatki trafiali tacy napastnicy jak Marek Citko, Maciej Żurawski czy Tomasz Frankowski, ale z reguły te bramki na niewiele się przydawały i nasza reprezentacja przegrywała z Anglikami ważne mecze o punkty.

W eliminacjach do mundialu w Brazylii Polacy grali na Stadionie Narodowym z jedenastką z Wysp Brytyjskich swoje trzecie grupowe spotkanie. Mecz miał być rozegrany we wtorek 16 października

2012 roku, ale z powodu ulewy przeniesiony został na środowe popołudnie. Był to jeden z najlepszych występów Biało-Czerwonych w okresie, kiedy zespołem dowodził trener Fornalik.

Choć do przerwy goście prowadzili po trafieniu Wayne'a Rooneya, ostatecznie skończyło się na remisie 1:1, a w głównej roli wystąpił Kamil. Goniąc wynik, nasza reprezentacja atakowała. W 70. minucie do wykonywania rzutu rożnego podszedł Ludovic Obraniak. Dokładnie i mocno bita lewą nogą piłka zmierzała w kierunku linii bramkowej. Kamil świetnie wystartował do dobrego dośrodkowania. Uprzedził źle interweniującego Joego Harta, a potężnie zbudowany obrońca Joleon Lescott odbił się od niego jak od betonowego muru i padł na murawę. Kamil trafił idealnie, a piłka wylądowała w siatce. Na trybunach zapanował szał radości.

Bramka strzelona Anglii na Stadionie Narodowym to na pewno była wielka sprawa. Wiadomo, dla nas, Polaków, mecze z Niemcami, Rosją czy Anglią mają specjalne znaczenie. Szkoda tylko, że to trafienie nie dało nam czegoś więcej, jedynie remis. Dla mnie na pewno był to krok do przodu w reprezentacyjnej karierze.

Tamtego gola przewidziała… babcia Kamila. „Muszę powiedzieć, że bardzo się denerwowałam podczas tego meczu. Były momenty, że musiałam wyjść do kuchni. Z drugiej strony czułam, że Kamil dokona czegoś szczególnego. I tak się rzeczywiście stało. Strzelił pięknego gola. Po tym jego trafieniu było dużo radości. Szkoda tylko, że nasi nie wygrali, bo przecież dobrze się prezentowali i mieli wiele innych okazji – mówi językiem piłkarskiego fachowca pani Krystyna Glik. – Sama nieraz jeździłam na mecze Kamila: czy to jak grał u Pontusa w szkółce, czy potem, kiedy występował w Piaście, a mecze rozgrywali w Wodzisławiu. A co się nakrzyczałam na tych meczach! O Jezu!".

Z gry Kamila zadowoleni byli szkoleniowcy. „Kamil ten pierwszy egzamin zdał. Czas pracował na jego korzyść, a były też oznaki, że wkrótce może być jednym z liderów kadry, tak jak ma to miejsce dzisiaj. Otwierał się przed nim nowy rozdział", ocenia Marek Wleciałowski, wtedy drugi trener reprezentacji.

W niespełna miesiąc po dobrym spotkaniu z Anglią Polacy zmierzyli się w Warszawie z silnym Urugwajem. Ten mecz Kamilowi nie wyszedł – w pierwszej połowie strzelił samobójczego gola. „Cavani robił z nim, co chciał. Brał go na zamachy, założył mu siatę", przypomniał Franciszek Smuda, kiedy z nim rozmawiałem. „Mecz z Urugwajem? To był rywal światowego formatu. Takie mecze i takie starcia tylko potem procentują. A błędy? Popełnia je każdy, nawet najlepszy zawodnik. Tutaj wyszła też bezkompromisowość Kamila. Nie poddaje się, robi swoje", zaznacza trener Wleciałowski.

KOZIOŁ OFIARNY

Mundialowych eliminacji w 2013 roku Polacy nie zaczęli najlepiej, bo od przegranej u siebie z Ukrainą 1:3. W kolejnym meczu, z Mołdawią (1:1), który odbył się w czerwcu, Kamil nie zagrał z powodu kontuzji mięśni brzucha. Mimo straty punktów wciąż istniała szansa na awans. Jesienią Biało-Czerwonych czekały jednak trudne spotkania. Najpierw zremisowali u siebie z Czarnogórą 1:1, a potem polegli w październikowych starciach z Ukrainą 0:1 i na Wembley z Anglią 0:2.

Po eliminacjach pracę stracił trener Fornalik. Mocno dostało się też Kamilowi. Najostrzej zaatakował go futbolowy ekspert Polsatu i były reprezentant Polski Wojciech Kowalczyk: „On zawalił całe eliminacje. Nie uczepiłem się, bo z obrońców zagrał najwięcej meczów i to on miał kierować defensywą, a robił to tak, że przykro było patrzeć. Z niego żaden lider formacji, a na takiego był kreowany. Lider powinien być bardziej zwinny, ruchliwy, szybszy. Umówmy się, że gdybym stanął na »stoperku« gdzieś w drugiej lidze, wyglądałbym jak Glik".

Co zarzucano Kamilowi? „W meczu z Czarnogórą w Podgoricy przy rzucie rożnym zgubił krycie Vučinicia. Przy trzecim trafieniu dla Ukrainy spóźnił się, kiedy piłkę głową do Zozuli podawał

Jarmołenko. Na Stadionie Narodowym ograł go Bošković, który następnie skutecznie dograł do Damjanovicia. Nieporadnie zachował się także przy golu Gerrarda na Wembley, który Mateusz Borek opisał brutalnie, choć słusznie: »Ograny jak dzieciak«. Z tych czterech sytuacji Glik dramatyczne błędy popełnił przy golu Vučinicia i Gerrarda. W dwóch pozostałych sytuacjach zawiodło krycie »na radar«, o które do stopera można mieć największe pretensje. Tak doświadczony piłkarz powinien mieć świadomość swoich ograniczeń szybkościowych. Glik chyba jej nie miał, bo zostawił napastnikom rywali tak dużo miejsca, że nie nadążał z nadrabianiem zgubionego dystansu, *vide* gol Zozuli", wyliczał inny komentator Polsatu Sport, Sebastian Staszewski.

„Nie rozumiem tych, którzy tak Kamila nie lubią. Rozumiem krytykę, ale takie zdanie, jak wypowiedział pan Kowalczyk, że to przez Glika przegraliśmy eliminacje do mistrzostw świata, jest nie w porządku. Oglądam *Cafe Futbol*, jestem na bieżąco z tym, co się dzieje. Czasem to miałabym ochotę coś Kowalczykowi powiedzieć – mówi Grażyna Glik, a następnie przyznaje: – Jak oglądam mecze Kamila w lidze włoskiej, to jestem spokojna o wszystko. Tam go uwielbiają i cenią. Nie popełnia błędów. Co innego kiedy gra w reprezentacji. Wtedy wolę oglądać mecz sama, a siedzę jak na szpilkach. Strasznie się zdenerwuję".

Kamil do wszystkiego podchodził spokojnie. Z błędów starał się wyciągnąć odpowiednie wnioski, tak żeby w kolejnych spotkaniach było lepiej.

„Tak już jest z komentatorami, że często chcą powiedzieć coś, co zostanie zauważone, żeby komuś dopiec. Tak też było w przypadku Kowalczyka. A Kamil w reprezentacji rozwijał się z meczu na mecz. Z Anglią zdobył bramkę. W innych spotkaniach też pokazywał się z dobrej strony. Jakby przeanalizować stracone bramki z Ukrainą, to widać, że Kamil nie ponosi za nie odpowiedzialności, że były poprzedzone sekwencją wcześniejszych błędów", uważa Jarosław Kołakowski.

Fot. Michał Chwieduk / Edytor.net

Kamil z mamą Grażyną przed meczem w lidze z Odrą latem 2009 roku

Mało czytam gazet i w Polsce, i we Włoszech. Dało się jednak odczuć krytyczne głosy czy opinie, na pewno nie jest to przyjemna rzecz. Kowalczyk użył mocnych słów, po części słusznych, po części nie, a potem poszedł za ciosem. Ja mam jednak taki charakter, że po złych momentach zawsze się podnoszę. Potrafię sobie dać radę z krytyką. Nie wpływa ona na moją postawę. Jestem na nią uodporniony.

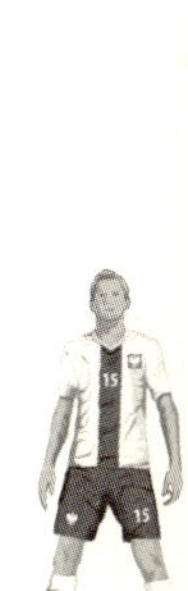

Pytam trenera Fornalika, czy Kamil był tym, przez którego Polska przegrała eliminacje do mundialu w Brazylii. „Nie, nie, nie. Każdy popełniał błędy i nie może być tak, że jeden czy dwóch ponosi

odpowiedzialność. Tutaj trzeba spojrzeć na wszystko w szerszym kontekście: jak grają boczni obrońcy, jak zachowują się defensywni pomocnicy. Trzeba spojrzeć na grę defensywną całego zespołu. Eliminacje przegrała drużyna, myśmy przegrali eliminacje. Z jednej strony straciliśmy bramki, a z drugiej nie strzelaliśmy goli. Jakbym chciał to zsumować, to stworzyliśmy kilkanaście stuprocentowych okazji. W dwóch ostatnich meczach z Ukrainą czy Anglią było z cztery czy pięć takich sytuacji, że wydawało się, że bramki dla nas muszą paść. Proszę zauważyć, że z Ukrainą para Szukała – Glik rozegrała bardzo dobre zawody. Nieszczęściem było to, że Szukała złapał żółtą kartkę i w meczu na Wembley nie mógł wystąpić. Znowu potrzebna była roszada, a mówiąc o środkowych obrońcach, trzeba mówić o parze. Dzisiaj widzimy, że to duet, na którym opiera się gra defensywna. Widzimy, że te wybory dokonywane przez nas były ze wszech miar trafne", odpowiada były selekcjoner. „Po tych eliminacjach przeszedł do następnego etapu swojej kariery. Grał przeciwko zawodnikom najwyższego formatu i nabył doświadczenia, które teraz procentuje", dodaje Marek Wleciałowski.

KŁÓTNIA Z BOŃKIEM

Po przegranym meczu na Wembley załamani zawodnicy siedzieli w szatni. Wszedł do niej prezes PZPN-u Zbigniew Boniek i ostro naskoczył na piłkarzy, a jak twierdzą świadkowie zdarzenia, najbardziej dostało się Kamilowi, którego szef piłkarskiej centrali ostro zaatakował.

„Czy była kłótnia Kamila z Bońkiem? Wie pan co, ja byłem wtedy na konferencji, ale z tego co się orientuję, Kamil nie był faworytem pana prezesa i nie wykluczam, że taka sytuacja mogła mieć miejsce", stwierdza Waldemar Fornalik, a Marek Wleciałowski tak mówi o całej sprawie: „Jak to między dorosłymi ludźmi. Są rozmowy, są emocje, ale żeby była jakaś kłótnia, scysja? Byłoby nadużyciem stwierdzenie, że coś takiego miało miejsce".

Proszę Zbigniewa Bońka, by odniósł się do słów trenera Fornalika. „Że nie lubiłem Kamila? Wręcz przeciwnie. Kiedy się jest w szatni, trudno mieć pretensje do młodego, wchodzącego dopiero do zespołu zawodnika. Kamil był zaś ważnym elementem tej drużyny. W dyskusji mogą paść różne słowa. W życiu można się lubić, szanować, są różne tematy, natomiast stwierdzenia trenera Fornalika niepoparte są żadnymi konkretami. Są absurdalne", mówi Boniek.

Prezesa PZPN-u pytam, jak bardzo zmienił się Glik jako piłkarz podczas trzech kolejnych kadencji selekcjonerskich: Smudy, Fornalika i Nawałki. „Z tego pierwszego okresu nie pamiętam już dokładnie, jak mu szło. U Fornalika widać było, że w każdym meczu, w którym grał, starał się dać z siebie wszystko. Kiedy jednak nie pojawiają się wyniki, odpowiedzialność spada też na zawodników. Natomiast dzisiejszy Kamil Glik to dobry i mocny punkt zespołu".

Kłótnią bym tego nie nazwał. To była raczej sprzeczka. Prezes po meczu zszedł do szatni i powiedział do zawodników, że nie mają sił, żeby biegać przez 90 minut. Dziwił się też, że piłkarz, który gra w Serie A, nie może wybiegać całego spotkania. Mam taki charakter, że wstałem i zapytałem, czy prezes mówi do mnie. Odpowiedział, że tak. Na to zareagowała reszta chłopaków: wstali i uspokoili sytuację. Na tym się skończyło. To była taka słowna sprzeczka. Nic poważnego.

DROGA DO FRANCJI

1 listopada 2013 roku nowym selekcjonerem reprezentacji Polski został Adam Nawałka i długo mogło się wydawać, że to koniec Glika w kadrze. Minęło sporo czasu, nim dostał pierwsze powołanie. Gdy w końcu nadeszło, chwycił szansę obiema garściami i z kozła ofiarnego wyrósł na jednego z liderów kadry.

Ustalając skład na dwa pierwsze mecze, ze Słowacją i Irlandią, Nawałka postawił na wielu nowych graczy, z kilkoma zawodnikami Górnika Zabrze – klubu, w którym wcześniej pracował – na czele. Niektórzy przyklasnęli, że wśród powołanych zabrakło Glika. „Przyjąłem to bardzo spokojnie. Zero stresu, naprawdę. W dniu powołań trener do mnie dzwonił i porozmawialiśmy trochę. W sumie nie mówił nic ciekawego, tyle tylko, że ma zamiar wybrać się na jakiś mój mecz i że mnie obserwuje. Owszem, liczyłem na powołanie, ale go nie dostałem i nic się nie dzieje. Życie toczy się dalej", tak wtedy Kamil skomentował decyzję nowego selekcjonera.

W pierwszych kilku towarzyskich grach na środku obrony grali Marcin Kowalczyk, Jakub Rzeźniczak, Maciej Wilusz i Wojciech Golla. Dopiero w piątym towarzyskim meczu pod wodzą Nawałki, ze Szkocją, Kamil zagrał od pierwszej minuty (z Szukałą). W sumie w pierwszych siedmiu spotkaniach nowy selekcjoner dał mu szansę tylko dwa razy – oprócz spotkania ze Szkotami (0:1) w marcu 2014 roku także w towarzyskim meczu z Litwą (2:1) trzy miesiące później.

Eliminacje Euro 2016 Kamil zaczyna jednak w wyjściowym składzie. W krótkim czasie staje się nie tylko filarem defensywy, ale także jednym z liderów biało-czerwonej kadry oraz jednym z najlepszych piłkarzy tych rozgrywek. Od pierwszego spotkania o punkty, z Gibraltarem, które Polska wygrała w portugalskim Faro 7:0, gra w 14 z 15 kolejnych meczów reprezentacji. Wyjątkiem jest spotkanie z Gruzją w czerwcu 2015 roku, kiedy to musiał pauzować za żółte kartki. Jest jednym z tych piłkarzy, na których trener Nawałka opiera skład. Po wygranej z Gibraltarem przyszedł czas na spotkanie z mistrzami świata – Niemcami.

Począwszy od 1933 roku, od pierwszego starcia z naszym zachodnim sąsiadem, nie udało się z nim wygrać żadnego z 18 bezpośrednich meczów. Polska zwyciężała z Brazylią, Włochami, Argentyną, Anglią czy Hiszpanią, ale z Niemcami nigdy.

„Z psychologicznego punktu widzenia dobrze by było, gdyby Polska z Niemcami wreszcie wygrała. Nie udało się to w Gdańsku na otwarciu nowego stadionu, choć było blisko", mówił w Katowicach znany niemiecki dziennikarz i pisarz Thomas Urban przy okazji polskiej premiery swojej książki *Czarny orzeł, biały orzeł. Piłkarze w trybach polityki.*

W Gdańsku, we wrześniu 2011 roku, Biało-Czerwoni prowadzili 2:1 do 94. minuty, żeby stracić bramkę na 2:2 po błędzie Jakuba Wawrzyniaka i trafieniu Cacau. Na mecz w Warszawie 11 października 2014 roku Niemcy przylecieli po planowym zwycięstwie na inaugurację eliminacji ze Szkocją.

Ich selekcjoner Joachim Löw przed spotkaniem na Stadionie Narodowym miał spore problemy kadrowe, bo kontuzjowani byli akurat Bastian Schweinsteiger, Marco Reus i Sami Khedira. Były jednak wszystkie inne gwiazdy z fantastycznym bramkarzem Manuelem

Neuerem, Matsem Hummelsem, Mariem Götze i Thomasem Müllerem na czele.

Drużynie Adama Nawałki udało się wreszcie osiągnąć to, co nie udawało się poprzednikom przez ponad 80 lat. Po bramkach Arkadiusza Milika i Sebastiana Mili w drugiej połowie przyszła wygrana 2:0. Świetnie zagrali wszyscy nasi piłkarze. W bramce zaporą nie do przebycia okazał się Wojciech Szczęsny, Glik w obronie robił, co mógł, żeby powstrzymywać wściekłe ataki przeciwników, a grą z przodu kierował Robert Lewandowski.

„Dokonaliśmy historycznej rzeczy i pokazaliśmy charakter. Mimo osłabienia Niemców nie byliśmy faworytem tego spotkania. Wszyscy zagraliśmy nie na 80 czy 90 procent swoich możliwości, ale na 100. Jedna zdobyta bramka nas nie zadowoliła. Zresztą po trafieniu Arka Milika na 1:0 było jeszcze sporo grania, a 20 czy 30 minut to w piłce cała wieczność. W końcówce Robert zaliczył megaasystę, Sebek dołożył nogę i było po meczu. Myślę, że nawet gdybyśmy zremisowali to spotkanie, nie mielibyśmy do siebie pretensji, kibice do nas też. Walczyliśmy bowiem, jak mogliśmy. Te trzy punkty są bezcenne", mówił Kamil dwa dni po historycznej wygranej w programie *Kropka nad i*, gdzie gościł wraz z Sebastianem Milą. „Już w ciągu tygodnia poprzedzającego spotkanie z mistrzami świata dało się odczuć, że możemy coś zrobić na boisku", zwracał uwagę. Pytany o heroiczne pojedynki w defensywie mówił: „Kilka bojów, nawet wręcz, trzeba było stoczyć. Wiadomo, że taki piłkarz jak Müller nigdy nie odpuszcza. Na wiele mu jednak nie pozwoliłem. Chciałbym po każdym meczu być tak poobijany. Byliśmy mentalnie przygotowani do tego spotkania, dlatego na boisku wyglądało to tak dobrze".

Niewiele brakowało, a pojedynku z Niemcami nie zobaczyłyby żona, córeczka i mama Kamila. „W dniu meczu była akurat mgła. Zadzwoniłam więc na lotnisko do Krakowa, żeby zapytać o nasz lot z godziny 12.50. Dowiedziałam się, że takiego lotu nie ma. Okazało się, że przy rezerwacji pomyliłam daty. Taki lot był, ale za miesiąc…

Szybko wsiadłyśmy więc z teściową i małą do samochodu i pojechałyśmy na mecz do Warszawy", wspomina z uśmiechem Marta Glik.

14 października 2014 roku Biało-Czerwoni zmierzyli się z kolejnym przeciwnikiem w eliminacjach – Szkocją. To niewygodny rywal nie tylko dla nas. Polska wygrała z nimi tylko trzy z dziesięciu spotkań, po raz ostatni w Poznaniu w 1980 roku 1:0, po trafieniu Zbigniewa Bońka. Przed eliminacjami Szkoci byli jednym z głównych pretendentów do zajęcia drugiego miejsca w grupie D. „Numerem jeden są oczywiście Niemcy. O drugą premiowaną awansem pozycję będą walczyć trzy zespoły: Irlandczycy, Szkoci i Polacy. Trudno wskazać, kto będzie lepszy, bo te drużyny prezentują bardzo podobny poziom.

Podczas meczu ze Szkocją w eliminacjach do Euro 2016 pokazał wszystkim kibicom, że trudno jest go złamać, Warszawa, 2014 rok

Fot. Piotr Kucza

Powiedziałbym, że w bezpośrednich meczach decydować będzie aktualna dyspozycja. Wiele osób uważa, że mogliśmy trafić do łatwiejszej grupy. Stało się jednak inaczej. Grupa jest trudna, bo oprócz reprezentacji, o których mówiłem wcześniej, jest jeszcze Gruzja. To zespół, który jest szczególne groźny na swoim terenie. Z drugiej strony dla kibiców dobrze się stało, że gramy ze sobą. Spotykają się ze sobą kraje, które są mocno zorientowane na futbol. Już widzę, jak nasza »Szkocka Armia« kibiców jedzie na mecze do Niemiec, Polski czy Irlandii. To będzie wydarzenie", mówił mi przed rozpoczęciem eliminacyjnych bojów Alan Rough, bramkarz reprezentacji Szkocji, który w kadrze swojego kraju zagrał 53 razy i był na trzech mundialach: w 1978, 1982 i 1986 roku.

Oba mecze Polski ze Szkocją w eliminacjach Euro 2016 były dla Biało-Czerwonych dramatyczne, a dla Kamila w szczególności. W pierwszym spotkaniu w Warszawie drużyna Nawałki przegrywała 1:2, żeby wyrównać po strzale Milika w 76. minucie. Glik przez godzinę grał z rozbitą głową, a pokrwawioną białą koszulkę musiał zmieniać w trakcie gry aż dwa razy. Wszystko to efekt starcia w 32. minucie z napastnikiem gości Stevenem Fletcherem. Obaj skakali do powietrznego pojedynku, po którym hiszpański arbiter Alberto Undiano Mallenco odgwizdał faul dla… Szkotów. Przeciwnicy nie patyczkowali się zresztą w tym starciu. Zaraz na początku w nogi Roberta Lewandowskiego bez pardonu wszedł Gordon Greer. Nie skończyło się nawet na kartce.

Spotkanie z Wyspiarzami jak zawsze mocno przeżywała babcia piłkarza. „Siostra zadzwoniła do mnie i krzyczy: »O Jezu, jak ten Kamil się poświęca!«. Ale on już taki jest", tłumaczy Krystyna Glik.

Kilka dni po zremisowanym spotkaniu ze Szkotami Kamil znowu gościł w telewizji. W niedzielnym *Dzień dobry TVN* on i Marta są gośćmi, *via* Skype, Kingi Rusin i Bartosza Węglarczyka.

„Kontuzje takie jak ta, której doznałem w meczu ze Szkocją, też się zdarzają. Miałem rozbity łuk brwiowy i trudno było zatamować krew, stąd dwa razy musiałem zejść z boiska, żeby zmienić koszulkę, bo na białym trykocie było widać każdą kropelkę", tłumaczył, a jego żona dodała: „To nie była aż tak straszna kontuzja. Raz zdarzyła się taka sytuacja, że po zderzeniu się głową Kamil zemdlał. Teraz też wprawdzie miałam łzy w oczach, ale już jest wszystko w porządku".

Po trzech pierwszych potyczkach eliminacyjnych Polska miała na koncie siedem punktów i liderowała w grupie. „W meczu z Niemcami pokazaliśmy, że powstała drużyna. Zresztą w obu tych spotkaniach dobrze funkcjonowaliśmy jako zespół. Tak to powinno wyglądać. Wcześniej zarzucano nam, że jest za mało zaangażowania, za mało walki. Teraz widać, że się staramy, że każdy daje z siebie, ile może, tak żebyśmy i my, i kibice nie mieli do siebie pretensji. Pokazaliśmy, że potrafimy bardzo dobrze grać w piłkę. Jest optymizm przed kolejnymi spotkaniami. Teraz przed nami wyjazd do Gruzji, gdzie na pewno też będzie bardzo ciężko. Dla mnie fajnie jest wrócić do Włoch po takich wynikach i odbierać gratulacje od kolegów", podkreślał Kamil.

Miesiąc później Polska grała na stadionie Borisa Paiczadze z Gruzją. Dla naszego rywala, po dwóch wcześniejszych porażkach, było to starcie przesądzające o wszystkim. A także mecz na wyjątkowo gorącym terenie – przekonała się o tym w 1997 roku kadra prowadzona przez Janusza Wójcika, która w eliminacjach do mundialu we Francji przegrała tam aż 0:3. Jak się okazało, eliminacje do Euro 2016 przegrała tam potem prowadzona przez Gordona Strachana reprezentacja Szkocji. Wyspiarze ulegli Gruzinom we wrześniu 2015 roku 0:1.

Kamil w Tbilisi nie tylko bezbłędnie wywiązał się ze swoich zadań w defensywie, ale też na początku drugiej połowy otworzył worek z bramkami. W 51. minucie nasi mieli rzut rożny. Do piłki podszedł Mila. Dośrodkował w pole karne na głowę Grzegorza Krychowiaka. Ten odegrał do Glika, który z pięciu metrów skierował futbolówkę do siatki. Prowadziliśmy 1:0 i można było spokojnie kontrolować przebieg wydarzeń na murawie. Ostatecznie skończyło się na wygranej 4:0, bo w końcówce do siatki trafili jeszcze Krychowiak, Mila i Milik. Dla Gruzinów była to najbardziej dotkliwa porażka w tych eliminacjach.

Dla Kamila zaś początek świetnej serii. Wtedy miał na koncie jednego gola w Serie A, zdobytego w meczu z Cagliari na początku rozgrywek we wrześniu. Potem zaczął regularnie trafiać do siatki, co przyniosło mu wyrównanie rekordu Bońka na ligowych boiskach we Włoszech.

Rok 2014 Glik kończył w świetnym stylu w klubie i reprezentacji. „Dla reprezentacji Polski to był bardzo dobry rok, zwłaszcza jesień. Przede wszystkim wreszcie są wyniki, ale też jest drużyna, która się rozumie. Miło spogląda się na tabelę, w której mamy dziesięć punktów, a mogliśmy mieć nawet 12. Na razie o tym zapominamy. To historia. Liczy się to, co będzie w kolejnych spotkaniach. Nie czuję się teraz lepszym piłkarzem czy jakimś wielkim liderem. Mam dobrą jesień, ale nie zmieniłem się jako obrońca. Gram swoje, staram się cały czas doskonalić. Co tydzień gram z rywalami na wysokim poziomie, jestem otoczony piłkarzami z wysokiej półki. To na pewno mi pomaga", podkreślał.

Glik mocno chwali obecnego selekcjonera. Trenerowi Nawałce udało się stworzyć coś, co nie udało się jego poprzednikom na tym stanowisku.

Piłkarz mówił o tym w wywiadzie dla Wirtualnej Polski (*Wszyscy chcą się bić za reprezentację*, 14 stycznia 2015): „W drużynie jest niesamowita atmosfera, trener Adam Nawałka żyje kadrą każdego dnia. To naprawdę duża wartość, selekcjoner dzwoni po naszych meczach ligowych, odwiedza nas, w Turynie jest już trzeci raz. Takie zachowanie trenera daje mi poczucie, że jestem potrzebny reprezentacji, nie ma nic cenniejszego niż codzienne wsparcie od szkoleniowca. To wszystko wytworzyło taką atmosferę, że wszyscy chcą przyjeżdżać na zgrupowania i bić się za reprezentację. A Franciszek Smuda i Waldemar Fornalik nie znaleźli czasu, by przyjechać do Turynu chociaż raz.

Fornalik latał za to na mecze Borussii, jak grała w Lidze Mistrzów z Arsenalem".

Były selekcjoner tak komentuje wypowiedź dawnego podopiecznego: „Trochę przykre słowa. Mój wyjazd do Turynu niekoniecznie musiał zmienić sytuację. Takie stwierdzenie ze strony Kamila jest nieeleganckie. Też przecież dzwoniłem, też rozmawiałem, interesowałem się, jak mu idzie. Gdybym nie postawił na Glika, to nie wiadomo, czy Kamil byłby dzisiaj w tym miejscu, w którym jest. Był taki moment, że Kamil walczył o miejsce w swoim klubie, a ja na niego stawiałem. To na pewno mu pomogło, bo w klubie ugruntował swoją pozycję i grał. Jeżeli takiego dopieszczenia i dowartościowania potrzebuje, żeby do niego ciągle dzwonić i jeździć, to, no cóż, niech tak będzie... Wprost zapytam: czy trenerzy innych reprezentacji też tak jeżdżą, żeby rozmawiać z zawodnikami i ich odwiedzać?", mówił mi trener Fornalik.

Marek Wawrzynowski, dziennikarz i właściciel Wydawnictwa Kopalnia, był na mistrzostwach świata w Niemczech i RPA. Jest blisko kadry od wielu lat. „Trener Fornalik to typ warsztatowca – twierdzi. – Dla niego najważniejszy jest trening. Mówił, że podczas zgrupowań ma za mało czasu, żeby zajmować się czymś takim jak budowanie atmosfery. U Nawałki to jeden z priorytetów. Choć umówmy się, to tylko jeden z elementów walki o wynik. Nawałka pracował razem z Beenhakkerem, podpatrzył więc warsztat Holendra. Za jego kadencji piłkarze byli w fabryce Porsche w Lipsku, jeździli na gokartach, zaliczyli wycieczkę krajoznawczą w RPA. To był element pracy z reprezentacją. Fornalik tego nie czuł".

W magazynie „FourFourTwo" Kamil tak mówił o pracy z Nawałką: „Wprowadził nowe metody i na razie jego koncepcja sprawdza się znakomicie. Personalnie natomiast ta reprezentacja nie zmieniła się jakoś znacząco, bo 70–80 procent ludzi jest tych samych co za kadencji Waldemara Fornalika. Jak widać, kluczowy okazał się pomysł nowego selekcjonera, jego sposób bycia i system pracy. Dużo bardziej skupiamy się na taktyce, nie ma też tylu zajęć czysto fizycznych. Ponadto trener Nawałka każdemu zawodnikowi daje odczuć, że jest on potrzebny reprezentacji. Nikomu nie umknął fakt, że nowy sztab szkoleniowy kadry lata na mecze ligowe w każdym możliwym kierunku, a nie ogranicza się do kilku lig, jak to wcześniej bywało. Może jest to błahostka, ale zawodnikom naprawdę daje to poczucie pewności siebie i tego, że jest się kimś ważnym dla reprezentacji. To działa też w drugą stronę, bo zawodnik później stara się zrewanżować na boisku jeszcze lepszą postawą. Nowemu selekcjonerowi udało się to fajnie sklecić i oby tak dalej!" (*Ważne, aby iść swoją drogą,* „FourFourTwo", styczeń 2016, str. 22).

Teraz atmosfera w kadrze jest taka, że każdy się trzyma z każdym. Wiadomo jednak, że są w zespole zawodnicy, z którymi znamy się jeszcze z czasów gry nie tyle w pierwszej reprezentacji, ale z młodzieżówki. To Kamil Grosicki, Maciek Rybus. Z tego samego rocznika jest też Robert Lewandowski. Dobrze rozumiem się też z Kubą Wawrzyniakiem.

Z kadry największym kawalarzem jest chyba Kamil Grosicki, który potrafi rozśmieszyć czy zrobić komuś jakiś kawał. W klubie najweselszym graczem, jakiego spotkałem, był Valerio Di Cesare. Nie żeby robił jakieś szalone rzeczy, ale potrafił na przykład na żyrandolu powiesić koszulkę, w której przyszło się na trening, albo naszyć na niej nazwisko wielkiej gwiazdy Torino Puliciego czy innego piłkarza z przeszłości. Jeśli chodzi o najbardziej ambitnego zawodnika, jakiego spotkałem, chyba wymieniłbym Łukasza Krzyckiego z Piasta. Cholernie ambitny gość. Nie grał wiele, ale robił mnóstwo i starał się, jak mógł. Chciał się rozwijać, chciał iść do przodu. Na pewno miał charakter i to mogło imponować.

Wiosną 2015 roku kadra grała nie tylko kolejne spotkania w eliminacjach z Irlandią (1:1) i Gruzją (4:0) – głośno było też o konflikcie o opaskę kapitańską. Wcześniej zespół narodowy na murawę wyprowadzał ten z zawodników, który w kadrze rozegrał najwięcej meczów. Pod tym względem nie do pobicia był Jakub Błaszczykowski. Kolejne kontuzje ambitnego skrzydłowego spowodowały jednak, że opaskę przejął Lewandowski. W końcu, kiedy Kuba wrócił na boisko, trener Nawałka zdecydował, że mimo większej liczby gier to jednak nie on będzie kapitanem, a „Lewy". Spór i konflikt spowodował, że część komentatorów i kibiców zaczęła nawet optować za tym, żeby wybrać jeszcze inne rozwiązanie i kapitanem uczynić Kamila Glika, „Il Capitano" Torino FC.

„Wiadomo, jaka jest sytuacja: trener przychodzi i ma prawo zdecydować, z kim chce pracować. To tyczy się bramkarza, obrońcy czy zawodnika z każdej innej pozycji. Tak samo jest z opaską kapitana. Z drugiej strony rozumiem Kubę, który kapitanem reprezentacji był przez wiele lat. Trudno było mu się pogodzić z tą sytuacją. Trener Nawałka w szczerej rozmowie z nim wszystko jednak wyjaśnił. To media rozdmuchały całą sprawę – uważa Kamil, który w towarzyskim meczu z Grecją (0:0), w czerwcu 2015 roku w Gdańsku, pod nieobecność Błaszczykowskiego i Lewandowskiego założył opaskę kapitańską. – Bycie kapitanem reprezentacji Polski to spełnienie marzeń. Najpierw chciało się w ogóle zagrać w kadrze. Potem zadomowić się w niej na dłużej, wyrobić pozycję, a teraz założenie opaski na rękę. To wiele wyrzeczeń i szczególny moment".

Opaskę kapitana założył też w końcówce jesiennego eliminacyjnego meczu z Gibraltarem (8:1), kiedy na murawie również nie było Kuby i „Lewego", czy podczas niedawnego towarzyskiego spotkania z Serbią (1:0). Z kolei w marcowym sprawdzianie z Finlandią (5:0) we Wrocławiu wyprowadził reprezentację na murawę Stadionu Miejskiego.

Wrzesień 2015 roku, końcówka eliminacji. Polska gra rewanż z Niemcami we Frankfurcie nad Menem. W 1974 roku, na zalanym frankfurckim stadionie w finałach mistrzostw świata, kadra Kazimierza Górskiego przegrała tam 0:1 po trafieniu Gerda Müllera.

„Wiadomo, jaka jest sytuacja w naszej grupie. Niemcy grają u siebie i muszą to spotkanie wygrać. Tym bardziej, że zaraz po meczu z nami mierzą się ze Szkocją. Jak zagrać? Przede wszystkim skutecznie, czyli podobnie jak w Warszawie. To nie my będziemy się dłużej utrzymywali przy piłce. Rywalizując z mistrzami świata, nie możemy się odkryć i grać otwartej piłki, bo mogłoby się to źle skończyć. Swojej szansy musimy upatrywać w atakach z kontry i przy stałych fragmentach gry", zwracał uwagę Kamil. Pytam go, czy z racji pochodzenia to spotkanie ma dla niego jakieś szczególne znaczenie. „Absolutnie nie – deklaruje. – Ten mecz jest dla mnie tak samo wyjątkowy jak dla innych. Nie ma żadnych podtekstów. Wiadomo, że spotkania z Niemcami, Rosją czy Anglią, ze względu na zaszłości historyczne, zawsze wywołują dodatkowe emocje. Teraz dodatkowo dochodzi fakt, że lider grupy gra z wiceliderem, więc wynik jest ważny dla układu tabeli. Co do niemieckiego paszportu, to mam przygotowane wszystkie papiery, żeby taki dokument wyrobić i w każdej chwili mógłbym o to wystąpić. Jesteśmy jednak w Unii Europejskiej i do niczego nie byłoby mi to przydatne".

W kadrze na mecze z Niemcami i Gibraltarem znalazł się też kolega Glika z gry w Wodzisławskiej Szkole Piłkarskiej, UD Horadada i Piaście Gliwice, Kamil Wilczek. „Kamil zasłużył sobie na to powołanie, bo ma za sobą bardzo dobry rok. Dobrze też radzi sobie na zgrupowaniu. Ze swojej strony staram mu się pomagać, jak mogę, i wprowadzać do zespołu", mówił Glik.

We Frankfurcie, po dobrym meczu, przegrywamy ostatecznie 1:3 i Niemcy przeskakują nas w końcu w grupie. Sprawa awansu rozstrzyga się więc w kolejnych grach.

8 października 2015 roku. Dramatyczny mecz ze Szkocją na Hampden Park w Glasgow. Przegrywamy 1:2. Węgierski sędzia Viktor Kassai dolicza cztery minuty. Pod pole karne rywala rusza też Kamil. Nie ma już czego bronić, bo w Dublinie Irlandia prowadzi z Niemcami 1:0 i teraz nawet ona przeskakuje nas w grupie, a bezpośrednio awansują przecież tylko dwa pierwsze zespoły.

93. minuta. Kamil zostaje sfaulowany przed polem karnym rywala przez strzelca bramki na 1:1 Matta Ritchiego. Rzut wolny wykonuje Kamil Grosicki. W ogromnym zamieszaniu piłka odbija się od słupka szkockiej bramki, bramkarz David Marshall nie daje rady jej zatrzymać, do futbolówki dopada będący w życiowej formie i strzelający gola za golem Robert Lewandowski i wpycha piłkę do siatki. Jest 2:2! Dzięki temu po dramatycznym meczu ze Szkocją utrzymujemy drugie miejsce w tabeli grupy D i w ostatnim spotkaniu wystarczy nam remis z Irlandią, ale nie wyższy niż 1:1.

Nie wiedzieliśmy, jak idzie Irlandczykom. W przerwie była tylko informacja, jaki jest wynik, ale potem, w trakcie meczu, nikt się tym nie interesował. W końcówce nie było już czego bronić, poszedłem więc do przodu i w walce o górną piłkę zostałem trochę zahaczony. Dodałem nieco od siebie i sędzia przyznał nam wolnego. Wrzutka Kamila Grosickiego wcale nie była dobra: piłka leciała nisko i niewiele dało się z nią zrobić. Na szczęście potoczyła się do słupka, Robert dopadł do niej i umieścił w siatce. Niesamowita sprawa.

11 października 2015 roku. 53. minuta dramatycznego meczu z Irlandią na Stadionie Narodowym. Piłka na środku boiska kierowana jest do jednego z najskuteczniejszych napastników rywala, Shane'a Longa. To on w marcowym meczu w Dublinie wyrównał w ostatniej minucie na 1:1. Kamil ostrym i bezpardonowym

wślizgiem przez nogi rywala wybija mu piłkę spod nóg. Turecki sędzia Cüneyt Çakır nie dopatruje się faulu, mimo wściekłych protestów Irlandczyków i ich szkoleniowca Martina O'Neilla. Long po tym zagraniu nie podnosi się już z boiska i na noszach opuszcza murawę. Kamil najpierw przeprasza rywala na boisku, a potem jeszcze raz podbiega i klepie znoszonego z murawy zawodnika. „To był czysty wślizg. Long rozluźnił się, myślał, że nikogo nie ma za sobą, kiedy ja zaatakowałem i odebrałem mu piłkę. Wiem, że zranił staw skokowy. Po meczu jeszcze raz podszedłem do niego i przeprosiłem. Powiedział, że OK, że nie ma do mnie pretensji", tłumaczy.

Z Irlandią, po bramkach Krychowiaka i Lewandowskiego, wygrywamy 2:1. 57 tysięcy kibiców na Stadionie Narodowym w Warszawie świętuje z piłkarzami awans do Euro 2016.

Zanim wróciliśmy ze Stadionu Narodowego i zjedliśmy kolację, był już środek nocy. Nie pamiętam dokładnie, o której poszliśmy spać, ale było to gdzieś blisko poranka, o śniadaniu wczesną porą nie było więc mowy. Większość z nas przebywała w hotelu ze swoimi najbliższymi. Razem ze mną była Marta i kilkoro przyjaciół z rodzinnego Jastrzębia. Victoria została z dziadkami – ma dopiero dwa latka, to nie byłby najlepszy pomysł, żeby zabierać ją na stadion, a potem na świętowanie awansu.

Polska, z 21 punktami na koncie, zajmuje drugie miejsce w grupie D za Niemcami. Ostatecznie awans do finałowego turnieju uzyska też potem Irlandia, która w barażach okazuje się lepsza od Bośni i Hercegowiny.

To wielki sukces polskiej piłki, trenera Nawałki i jego zespołu. Sypią się też wyróżnienia dla zawodników. Robert Lewandowski jest najskuteczniejszym strzelcem całych eliminacji – zdobywa aż

13 bramek i wyrównuje rekord reprezentanta Irlandii Północnej Davida Healy'ego, który tyle samo goli strzelił w eliminacjach Euro 2008.

„Lewy" znajduje się też oczywiście w jedenastce najlepszych graczy całych eliminacji. Kamil jest wśród kilku rezerwowych. Oto wyróżniony przez UEFA zespół: Thibaut Courtois (Belgia) – Matteo Darmian (Włochy), Ashley Williams (Walia), Gary Cahill (Anglia), Răzvan Raţ (Rumunia) – Gylfi Sigurðsson (Islandia), Thomas Müller (Niemcy), Steven Davis (Irlandia), David Alaba (Austria), Gareth Bale (Walia), Robert Lewandowski (Polska). Rezerwowi: Ciprian Tătăruşanu (Rumunia), Jordi Alba (Hiszpania), Kamil Glik (Polska), Marek Hamšík (Słowacja), Ivan Perišić (Chorwacja), Kevin De Bruyne (Belgia), Artiom Dziuba (Rosja).

„Każde wyróżnienie tego typu to zawsze miłe doświadczenie. Fajnie znaleźć się w takim gronie, ale najważniejsze, że stworzyliśmy coś jako drużyna i zrealizowaliśmy postawiony przed sobą cel. Gdybyśmy nie awansowali do mistrzostw Europy, indywidualne zdobycze nie miałyby żadnego znaczenia. Najlepiej, gdybyśmy tę osiemnastkę obsadzili w komplecie, tylko że to akurat nie było możliwe", mówił Kamil w rozmowie z prasą (*Zibi palcem nie pogrozi,* „Sport", 19 października 2015, str. 15).

SZKODA, ŻE Z NAMI NIE GRAŁ

12 czerwca w Nicei Biało-Czerwoni grają pierwszy mecz Euro 2016, z Irlandią Północną. Cztery dni później odbędzie się spotkanie z Niemcami na reprezentacyjnym stadionie w Saint-Denis, a na koniec zmagań w grupie C, 21 czerwca, starcie z Ukrainą w Marsylii.

„Niemcy, wiadomo, jedna z najlepszych drużyn na świecie. Nie ma się co czarować, to bez dwóch zdań faworyt. Co do pozostałych rywali, to myślę, że i Irlandczycy z Północy, i Ukraińcy myślą podobnie jak my. Nastawiają się na walkę o premiowane awansem do następnej rundy miejsce w bezpośrednich spotkaniach z nami. Wierzę, że ten turniej nam wyjdzie i znowu będziemy mieli powody do zadowolenia – zaznacza Kamil i dodaje: – W jakimś sensie Euro 2016 to na pewno spełnienie marzeń. Tym bardziej, że nie udało mi się zagrać na mistrzostwach Europy przed czterema laty. Mam nadzieję, że to nie będzie mój jedyny turniej. Marzeniem jest zagranie na mundialu w Rosji w 2018 roku i na kolejnych »objazdowych« mistrzostwach Europy. Tym bardziej, że ten ostatni awans bardzo smakował. To było naprawdę coś".

Czy Kamil na tym turnieju znowu czymś zaskoczy? Czy zrobi kolejny krok do przodu w swojej karierze? „Wszyscy wiemy, jak gra i czego się po nim można spodziewać. Zaskoczyć to już nas raczej nie zaskoczy. Ma umiejętności, w każdym meczu jest skoncentrowany. To dla polskiej reprezentacji ważny piłkarz nie tylko na boisku, ale i poza nim. Dobrze wpływa na zawodników formacji, w której występuje. Dobrze odnajduje się w grupie. Osobiście życzę mu jak najlepiej: żeby dalej się rozwijał, a reprezentacja miała z niego taki pożytek, jak teraz", mówi prezes PZPN.

Byłego reprezentanta Polski pytam, czy Kamila można porównać z takimi obrońcami jak Władysław Żmuda czy Paweł Janas, z którymi sam grał i z którymi Biało-Czerwoni w składzie kończyli mistrzostwa świata w RFN czy potem w Hiszpanii na trzecim miejscu. „Wiadomo, że dzisiejszy futbol jest inny, bo gra się czwórką obrońców w linii – mówi Zbigniew Boniek. – Ale uważam, że gdyby Kamil urodził się wcześniej i grał w piłkę z nami, to byłby jednym z najlepszych obrońców na świecie. Wtedy grało się z tyłu z libero i z wysuniętym obrońcą z przodu. W roli takiego klasycznego forstopera Kamil z pewnością świetnie by sobie radził. Nie dałby pograć napastnikom w pojedynkach jeden na jednego czy z boku. Byłby niesamowicie trudny do ogrania".

Coś w tym jest, że Kamila wiele osób przyrównuje do obrońców z przeszłości i ich stylu gry. Mówili też o tym Willie Peyote czy Francesco Bevilacqua w Turynie. Kamila w Torino porównuje się przecież do legendy Granaty, wieloletniego kapitana zespołu Giorgio Ferriniego.

Miło słyszeć takie słowa od prezesa Bońka, który sam tyle znaczył w europejskim i światowym futbolu. Co do mojej roli na boisku, teraz są inne czasy. Jestem typowym środkowym obrońcą, ale jeśli chciałem grać w Serie A i w reprezentacji, musiałem się nauczyć nie tylko dobrze bronić, ale też swobodnie posługiwać się piłką przy nodze, tak żeby pomóc piłkarzom z przednich formacji. Myślę, że udało mi się tego dokonać.

„Dobre podanie wprowadzające po ziemi to coś, co go charakteryzuje. Świetnie się czuje w bezpośrednich starciach z rywalem. Nie pozwala się odwrócić napastnikowi. Do tego dochodzi coś, co jest jego wizytówką: bezkompromisowość w grze. Tak jest w defensywie, ale też i wtedy, kiedy przy stałych fragmentach gry podchodzi pod bramkę przeciwnika. Nie idzie tam po to, żeby spróbować strzelić gola. On tę bramkę autentycznie chce zdobyć. To widać w jego zachowaniu", ocenia trener Marek Wleciałowski.

Kamil nie tylko grą, ale też swoją postawą nawiązuje do przeszłości. Za nic ma rozmaite ekstrawagancje, nie ma potrzeby wyróżniać się za sprawą tatuaży, kolczyków czy fryzury. „Mnie on imponuje jednym: że po trupach dąży do celu. Chce być coraz lepszym piłkarzem. Być może gdybym dalej był selekcjonerem, to znalazłby się w moim zespole. Ja nie jestem złośliwy w stosunku do zawodników, bo nie mogę być. Dziś jest na takim poziomie rozwoju, a jutro na innym, wyższym czy jeszcze wyższym. Nie wolno nigdy nikogo przekreślać", mówi Franciszek Smuda.

Były reprezentacyjny bramkarz Jerzy Dudek dobrze pamięta Kamila z okresu jego gry w trzecim zespole Los Blancos: „Nie jest to na pewno przykład standardowej kariery. Myślę, że w jego przypadku procentowała praca, którą wykonał w Realu. W sporcie jednak trudno cokolwiek przewidzieć. Nie można przecież zakładać, że najpierw dobrze będę grał w juniorach, potem w ekstraklasie, aż wreszcie trafię do reprezentacji Polski. Każdy przypadek trzeba rozpatrywać indywidualnie. Zresztą najważniejsze jest to, co każdy ma w głowie. Kamil na pewno był najbardziej zdeterminowany, żeby zostać zawodowym piłkarzem. Niektórym w ogóle nie udaje się tego osiągnąć. Inni, kiedy już się wdrapią na szczyt, potem spadają z piedestału. Kamil za to ciężko pracował i bardzo chciał osiągnąć jak najwięcej".

Menedżera Kamila Jarosława Kołakowskiego pytam, jak widzi przyszłość swojego zawodnika. „Chciałbym, żeby wiodło mu się jak najlepiej, czy to w Torino, czy w innym klubie. Chciałbym, żeby w reprezentacji przekroczył też barierę 100 meczów. Stać go na to, bo kontuzje go omijają, a w reprezentacji jest znaczącą postacią. Fajnie byłoby też, gdyby ta grupa piłkarzy coś osiągnęła. Wcześniej przez 20 lat było wielu utalentowanych i zdolnych piłkarzy, a niewiele zdołaliśmy z nimi zdziałać, często nie udawało się awansować do ważnego turnieju. Teraz jest inaczej. Jest grupa dobrych piłkarzy, która może coś zawojować i na Euro, i w kolejnych mistrzostwach świata".

„To zawodnik, który wciąż ma duży potencjał i kilka lat grania na wysokim poziomie przed sobą. Ja go widzę w Bundeslidze. Moim zdaniem najbardziej pasuje stylem do niemieckiej piłki, na pewno by się u nas sprawdził. Nie jest może piłkarzem na topowe kluby takie jak Real czy Bayern, ale na inne czołowe drużyny – jak najbardziej", mówi z kolei Ulrich Nikolinski, niemiecki trener, skaut i menedżer, który monitoruje karierę Kamila od czasu, kiedy ten był juniorem.

O tym, że Glik może jeszcze bardziej wszystkich zaskoczyć, mówi też były selekcjoner Waldemar Fornalik: „Na pewno przyjemnie patrzy się na jego grę w reprezentacji – na zaangażowanie, determinację, poświęcenie dla drużyny. Jest w bardzo dobrym punkcie swojej kariery i stać go na to, żeby zrobić jeszcze jeden krok i żeby stać się jednym z kilku czołowych obrońców w Europie".

Giampiero Ventura zna Kamila jak mało kto. To on przecież ściągał go do Bari zimą 2011 roku, a potem, pół roku później, do Torino. To on też powierzył naszemu obrońcy opaskę kapitana turyńskiej jedenastki. Jak mówi, wierzył w niego zawsze: „Kiedy ściągałem Kamila do Bari, wiedziałem, że ma umiejętności, które sprawią, że zostanie liczącym się graczem, że będzie w tym miejscu, w którym jest teraz. Praca z nim to przyjemność, a powód jest prosty: on zawsze chce być lepszy. Teraz zbiera owoce swojej i naszej wspólnej pracy".

15

KALENDARIUM

marzec 1998
początek treningów w MOSiR-ze Jastrzębie

grudzień 2000
dołączenie do szkółki Janusz Pontusa

luty 2001
wyjazd z WSP do Portugalii

październik 2004
roczna dyskwalifikacja nałożona przez ŚZPN

jesień 2005
gra w Silesii Lubomia

grudzień 2005
wyjazd do Hiszpanii, gra w UD Horadada

luty 2007
przejście do Realu Madryt

lato 2008
przejście do Piasta Gliwice

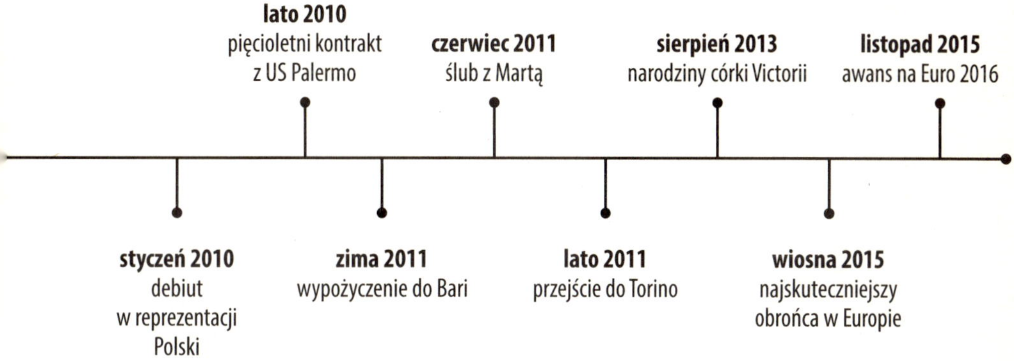
styczeń 2010
debiut w reprezentacji Polski
lato 2010
pięcioletni kontrakt z US Palermo
zima 2011
wypożyczenie do Bari
czerwiec 2011
ślub z Martą
lato 2011
przejście do Torino
sierpień 2013
narodziny córki Victorii
wiosna 2015
najskuteczniejszy obrońca w Europie
listopad 2015
awans na Euro 2016

Fot. Irek Dorożański / Edytor.net

Przed świętami Bożego Narodzenia w 2009 roku. Od lewej: mama Grażyna, brat Mateusz i Marta

KAMIL I JEGO RODZINA

Kamil Glik
data urodzenia: 3 lutego 1988 roku
miejsce urodzenia: Jastrzębie-Zdrój
wzrost: 190 cm
waga: 80 kg
pozycja na boisku: obrońca

rodzice: Grażyna, Jacek
brat: Mateusz
żona: Marta
córka: Victoria
dziadkowie: Krystyna i Walter (ze strony ojca), Irena i Stanisław Brzezińscy (ze strony matki)

KLUBY

(w nawiasach podano liczbę meczów i zdobytych bramek)

1998–2000
MOSiR Jastrzębie-Zdrój

2001–2005
Wodzisławska Szkoła Piłkarska

2005 (jesień)
Silesia Lubomia (16/1)

2006
UD Horadada (20/2)

2006–2008
Real Madryt „C" (18/0)

2008/09
Piast Gliwice (26/0)

2009/10
Piast Gliwice (28/2)

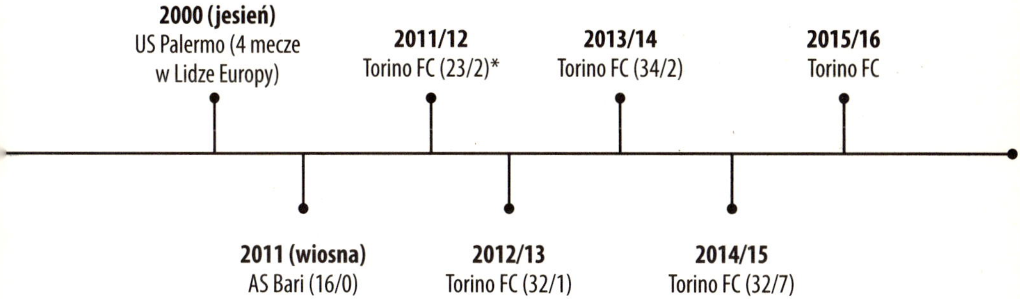
2000 (jesień)
US Palermo (4 mecze w Lidze Europy)
2011 (wiosna)
AS Bari (16/0)
2011/12
Torino FC (23/2)*
2012/13
Torino FC (32/1)
2013/14
Torino FC (34/2)
2014/15
Torino FC (32/7)
2015/16
Torino FC

*Serie B

MECZE W REPREZENTACJI

20 stycznia 2010, Nakhon Ratchasima, Tajlandia – Polska 1:3. 79 minut na boisku, 1 bramka.

23 stycznia 2010, Nakhon Ratchasima, Singapur – Polska 1:6. Cały mecz.

3 marca 2010, Warszawa, Polska – Bułgaria 2:0. Cały mecz.

2 czerwca 2010, Kufstein, Serbia – Polska 0:0. Cały mecz.

8 czerwca 2010, Murcja, Polska – Hiszpania 0:6. Zagrał w I połowie.

11 sierpnia 2010, Szczecin, Polska – Kamerun 0:3. Cały mecz.

12 października 2010, Montreal, Ekwador – Polska 2:2. Cały mecz.

9 lutego 2011, Faro, Norwegia – Polska 0:1. Cały mecz.

23 marca 2011, Kowno, Litwa – Polska 0:2. Cały mecz, żółta kartka.

2 września 2011, Warszawa, Polska – Meksyk 1:1. Wszedł na boisko w 71. minucie.

6 września 2011, Gdańsk, Polska – Niemcy 2:2. Wszedł na boisko w 72. minucie.

7 września 2012 (el. MŚ), Podgorica, Czarnogóra – Polska 2:2. Cały mecz.

11 września 2012 (el. MŚ), Wrocław, Polska – Mołdawia 2:0. Cały mecz.

17 października 2012 (el. MŚ), Warszawa, Polska – Anglia 1:1. Cały mecz, 1 bramka, żółta kartka.

14 listopada 2012, Gdańsk, Polska – Urugwaj 1:3. Zagrał w I połowie.

6 lutego 2013, Dublin, Irlandia – Polska 2:0. Cały mecz, żółta kartka.

22 marca 2013 (el. MŚ), Warszawa, Polska – Ukraina 1:3. Cały mecz.

26 marca 2013 (el. MŚ), Warszawa, Polska – San Marino 5:0. Zagrał w I połowie.

14 sierpnia 2013, Gdańsk, Polska – Dania 3:2. Cały mecz.

6 września 2013 (el. MŚ), Warszawa, Polska – Czarnogóra 1:1. Cały mecz, żółta kartka.

11 październik 2013 (el. MŚ), Charków, Ukraina – Polska 1:0. Cały mecz.

15 październik 2013 (el. MŚ), Londyn, Anglia – Polska 2:0. Cały mecz.

5 marca 2014, Warszawa, Polska – Szkocja 0:1. Cały mecz.

6 czerwca 2014, Gdańsk, Polska – Litwa 2:1. Cały mecz.

7 września 2014 (el. ME), Faro, Gibraltar – Polska 0:7. Cały mecz, żółta kartka.

11 października 2014 (el. ME), Warszawa, Polska – Niemcy 2:0. Cały mecz.

14 października 2014 (el. ME), Warszawa, Polska – Szkocja 2:2. Cały mecz.

14 listopada 2014 (el. ME), Tbilisi, Gruzja – Polska 0:4. Cały mecz, 1 bramka, żółta kartka.

17 listopada 2014, Wrocław, Polska – Szwajcaria 2:2. Cały mecz.

29 marca 2015 (el. ME), Dublin, Irlandia – Polska 1:1. Cały mecz, żółta kartka.

16 czerwca 2015, Gdańsk, Polska – Grecja 0:0. Cały mecz.

4 września 2015 (el. ME), Frankfurt nad Menem, Niemcy – Polska 3:1. Cały mecz.

7 września 2015 (el. ME), Warszawa, Polska – Gibraltar 8:1. Cały mecz.
8 października 2015 (el. ME), Glasgow, Szkocja – Polska 2:2. Cały mecz.
11 października 2015 (el. ME), Warszawa, Polska – Irlandia 2:1. Cały mecz, żółta kartka.
13 listopada 2015, Warszawa, Polska – Islandia 4:2. Cały mecz.
17 listopada 2015, Wrocław, Polska – Czechy 3:1. Zagrał w I połowie.
23 marca 2016, Poznań, Polska – Serbia 1:0. Cały mecz.
26 marca 2016, Wrocław, Polska – Finlandia 5:0. Cały mecz.

Łącznie: 39 spotkań, 3 bramki (bilans na koniec marca 2016 roku).

BILANS INNYCH CZOŁOWYCH ŚRODKOWYCH OBROŃCÓW W BIAŁO-CZERWONYCH BARWACH

(w nawiasach podano liczbę meczów i zdobytych bramek)

Michał Żewłakow (102/3)
Jacek Bąk (96/3)
Władysław Żmuda (91/2)
Tomasz Wałdoch (74/2)
Roman Wójcicki (62/2)
Stanisław Oślizło (58/1)
Jerzy Gorgoń (55/6)
Paweł Janas (53/1)
Władysław Szczepaniak (34/0)
Roman Korynt (34/0)

WILLIE PEYOTE, *GLIK*

verse 1
faccio cadere i corpi a terra, non scrivo strofe, cronache di guerra
potrebbe andare peggio, da domani piove merda!
e sta tranquillo qua chi non si è mai schierato
pugno chiuso e braccio alzato contro il vostro braccio armato.
vengo a riprendermi quello che mi hanno tolto
il mio futuro è morto, sto mese sto un po' a corto come il mese scorso
ma tutto quel che so è che non sono un black block, sono incazzato e dammi torto.
i tuoi eroi fanno cilecca sul più bello
fighetti strapagati come Matri e Borriello
esproprio proletario ti entro in casa col crick
fanculo i radical chic restiamo hardcore come Kamil Glik.

chorus
Glik, Glik, Glik, Glik ecc ecc
ti entro in casa col crick, restiamo hardcore come Kamil Glik.

verse 2
ehi, hai rotto il cazzo col fair play
sei un pagliaccio anche se cambi l'aka
peyote brings the pain
vogliamo il gioco sporco tanto è sporco il mondo dove sei
lontano dagli dei, fake.
sembri quei calciatori ricchi e belli
che se toccano la palla poi si aggiustano i capelli.
sei carino, sei sensibile e si sente
ma saresti più credibile togliessi l'assorbente.
one two three and then the four
da zitto sembro hipster ma se rappo suona hardcore
quando scrivo è l'armaghedon ma a livello indoor
let the bodies hit the floor, resto senza nome come i conti off shore.
i tuoi eroi fanno cilecca sul più bello
fighetti strapagati come Matri e Borriello
esproprio proletario ti entro in casa col crick
fanculo i radical chic restiamo hardcore come Kamil Glik.

***

Ciała padają na ziemię, nie piszę zwrotek, lecz kroniki wojny
Może być gorzej, od jutra będzie gówno padać nam na głowy!
Jest spokojny ten, kto nigdy nie stanął w rzędzie
Zaciśnięte pięści i ręce uniesione przeciwko waszym uzbrojonym rękom
Przyszedłem odebrać to, czego mnie pozbawili
Nie mam przyszłości, jestem spłukany w tym miesiącu, tak jak i w poprzednim byłem
Ale na pewno nie jestem demonstrantem ustawionym w czarny blok
Jestem wkurzony, powiedz, że to błąd
Twoje gwiazdy w najważniejszych chwilach spieprzą

Przepłacani lalusie tacy jak Matri i Borriello,
Proletariackie wywłaszczenie – wyważę twego domu drzwi
Pieprzyć radykalny szyk, pozostaniemy hardkorowi
jak Kamil Glik
refren
Glik, Glik, Glik, Glik
Wyważę twojego domu drzwi, pozostaniemy hardkorowi,
jak Kamil Glik
Hej, pierdolisz z tym fair play
Będziesz pajacem, nawet gdy zmienisz swoją ksywkę
Peyote brings the pain
Chcemy gry tak brudnej, jak brudny świat ten jest
Daleko od Bogów, fake
Wyglądasz jak tamci piłkarze bogaci i piękni
Którzy po każdym kopnięciu poprawiają fryz
Jesteś ładny i wrażliwy, lecz jak się wydaje
Byłbyś bardziej wiarygodny bez podpasek
One two three and then four
Milcząc, wyglądam jak hipster, ale kiedy rapuję, jestem hardkor
Kiedy piszę, jest armagedon, ale wewnątrz
Let the bodies hit the floor
Pozostanę anonimowy jak posiadacz zagranicznych kont
Twoje gwiazdy w najważniejszych chwilach spieprzą
Przepłacani lalusie tacy jak Matri i Borriello,
Proletariackie wywłaszczenie – wyważę twego domu drzwi
Pieprzyć radykalny szyk, pozostaniemy hardkorowi jak Kamil Glik.

(Tłumaczenie: „Magazyn Mecz", styczeń 2015, str. 17).

BIBLIOGRAFIA

KSIĄŻKI

Encyklopedia Piłkarska Fuji, Andrzej Gowarzewski, Wyd. GiA, Katowice 2006

Wielcy piłkarze, sławne kluby, Andrzej Gowarzewski, Grzegorz Stański, Wyd. Sport i Turystyka, Warszawa 1979

Szlakami Zielonego Śląska 3, Aleksander Żukowski, Daniel Jakubczyk, Wyd. Vectra, Czerwionka-Leszczyny 2015

Jastrzębie-Zdrój: 50 lat miasta 1963–2013, Marcin Boratyn, Wyd. MOK w Jastrzębiu-Zdroju, Jastrzębie-Zdrój 2013

Szlak nadziei, Norman Davies, Wyd. Rosikon Press, Warszawa 2015

Toro. I migliori derby della nostra vita, Massimo Gramellini, Wyd. Priuli & Verlucca, Scarmagno 2007

PRASA

„Dziennik Polska-Europa-Świat"„Fakt"

„Przegląd Sportowy"

„Sport"

„Gazeta Wyborcza"

„FourFourTwo"

„Magazyn Mecz"

„Magazyn Futbol”
„Tuttosport”
„La Gazzetta dello Sport”

INTERNET, TELEWIZJA

90minut.pl
hppn.pl
wp.pl
interia.pl
onet.pl
weszlo.com
tuttomercatoweb.com
transfermarkt.de
polsatsport.pl
dziendobry.tvn.pl
tvn24.pl
sport.tvp.pl

SPIS TREŚCI

Najlepsze książki piłkarskie

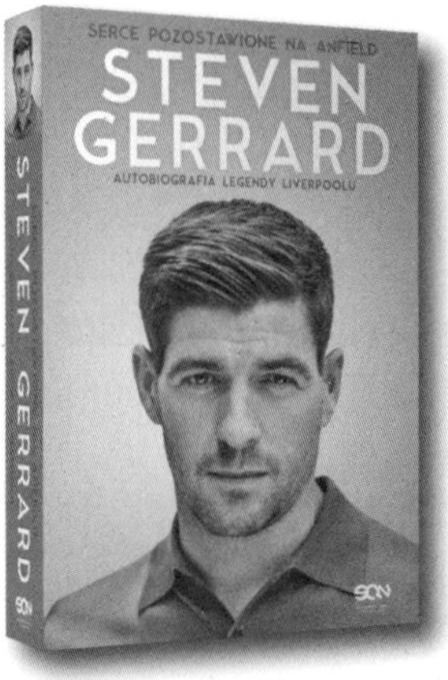

Szukaj w dobrych księgarniach i na
www.labotiga.pl

WYDAWNICTWO
SINE QUA NON

www.wsqn.pl

Wydawnictwa SQN

Szukaj w dobrych księgarniach i na www.labotiga.pl

WYDAWNICTWO
SINE QUA NON

www.wsqn.pl

WYDAWNICTWO
SINE QUA NON

Bądź na bieżąco, śledź nas na:
WydawnictwoSQN
SQNPublishing
wydawnictwosqn
wydawnictwosqn
WydawnictwoSQN
www.wsqn.pl

Nasza księgarnia internetowa:
www.labotiga.pl

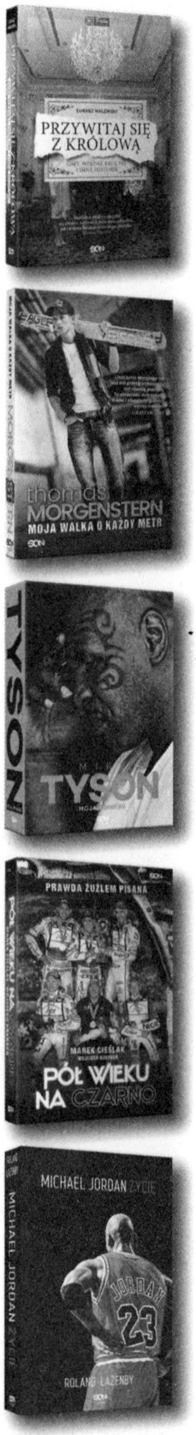